小型建设工程施工项目负责人岗位培训教材

港口与航道工程

小型建设工程施工项目负责人岗位培训教材编写委员会　编写

中国建筑工业出版社

图书在版编目（CIP）数据

港口与航道工程/小型建设工程施工项目负责人岗位培
训教材编写委员会编写. —北京：中国建筑工业出版社，
2013.8
小型建设工程施工项目负责人岗位培训教材
ISBN 978-7-112-15571-2

Ⅰ.①港…　Ⅱ.①小…　Ⅲ.①港口工程-岗位培训-教材
②航道工程-岗位培训-教材　Ⅳ.①U65②U61

中国版本图书馆 CIP 数据核字（2013）第 142999 号

　　本书是《小型建设工程施工项目负责人岗位培训教材》中的一本，是港口与
航道工程专业小型建设工程施工项目负责人参加岗位培训的参考教材。全书共分
3章，包括港口与航道工程施工的基础知识和基本技能，港口与航道工程施工案
例以及港口与航道工程施工执业管理规定及相关要求。本书可供港口与航道工程
专业小型建设工程施工项目负责人作为岗位培训参考教材，也可供港口与航道工
程专业相关技术人员和管理人员参考使用。

＊　　＊　　＊

责任编辑：刘　江　岳建光　万　李
责任设计：李志立
责任校对：姜小莲　赵　颖

小型建设工程施工项目负责人岗位培训教材
港口与航道工程
小型建设工程施工项目负责人岗位培训教材编写委员会　编写
＊
中国建筑工业出版社出版、发行（北京西郊百万庄）
各地新华书店、建筑书店经销
北京科地亚盟排版公司制版
河北省零五印刷厂印刷
＊
开本：787×1092毫米　1/16　印张：12½　字数：300千字
2014年4月第一版　　2014年4月第一次印刷
定价：**34.00**元
ISBN 978-7-112-15571-2
（24157）

小型建设工程施工项目负责人岗位培训教材

编写委员会

主　编：缪长江

编　委：（按姓氏笔画排序）

王　莹	王晓峥	王海滨	王雪青
王清训	史汉星	冯桂炬	成　银
刘伊生	刘雪迎	孙继德	李启明
杨卫东	何孝贵	张云富	庞南生
贺　铭	高尔新	唐江华	潘名先

序

为了加强建设工程施工管理，提高工程管理专业人员素质，保证工程质量和施工安全，建设部会同有关部门自 2002 年以来陆续颁布了《建造师执业资格制度暂行规定》、《注册建造师管理规定》、《注册建造师执业工程规模标准》（试行）、《注册建造师施工管理签章文件目录》（试行）、《注册建造师执业管理办法》（试行）等一系列文件，对从事建设工程项目总承包及施工管理的专业技术人员实行建造师执业资格制度。

《注册建造师执业管理办法》（试行）第五条规定：各专业大、中、小型工程分类标准按《注册建造师执业工程规模标准》（试行）执行；第二十八条规定：小型工程施工项目负责人任职条件和小型工程管理办法由各省、自治区、直辖市人民政府建设行政主管部门会同有关部门根据本地实际情况规定。该文件对小型工程的管理工作做出了总体部署，但目前我国小型建设工程还未形成一个有效、系统的管理体系，尤其是对于小型建设工程施工项目负责人的管理仍是一项空白，为此，本套培训教材编写委员会组织全国具有丰富理论和实践经验的专家、学者以及工程技术人员，编写了《小型建设工程施工项目负责人岗位培训教材》（以下简称《培训教材》），力求能够提高小型建设工程施工项目负责人的素质；缓解"小工程、大事故"的矛盾；帮助地方建立小型工程管理体系；完善和补充建造师执业资格制度体系。

本套《培训教材》共 17 册，分别为《建设工程施工管理》、《建设工程施工技术》、《建设工程施工成本管理》、《建设工程法规及相关知识》、《房屋建筑工程》、《农村公路工程》、《铁路工程》、《港口与航道工程》、《水利水电工程》、《电力工程》、《矿山工程》、《冶炼工程》、《石油化工工程》、《市政公用工程》、《通信与广电工程》、《机电安装工程》、《装饰装修工程》。其中《建设工程施工成本管理》、《建设工程法规及相关知识》、《建设工程施工管理》、《建设工程施工技术》为综合科目，其余专业分册按照《注册建造师执业工程规模标准》（试行）来划分。本套《培训教材》可供相关专业小型建设工程施工项目负责人作为岗位培训参考教材，也可供相关专业相关技术人员和管理人员参考使用。

对参与本套《培训教材》编写的大专院校、行政管理、行业协会和施工企业的专家和学者，表示衷心感谢。

在《培训教材》的编写过程中，虽经反复推敲核证，仍难免有不妥甚至疏漏之处，恳请广人读者提出宝贵意见。

小型建设工程施工项目负责人岗位培训教材编写委员会

2013 年 9 月

前　　言

随着我国水运事业的蓬勃发展，大量小型港口与航道工程建设项目被提到了日程上来，大量的中、青年施工项目负责人担负着施工项目管理和实施的责任。

港口与航道工程的小型施工项目，由于其工程位置多处于偏远海隅，河滩独特的固定性决定了施工队伍转场作业的流动性，作业人员变换频繁；大量的海（河）水上作业，受自然因素影响大。港口与航道工程的小型工程结构形式较简单，技术难度一般不大，施工的因陋就简是普遍存在的现象；施工工期不长，但管理头绪较复杂，管理人员到位率多难保证；法律规范意识较淡，以致业主甚至施工队常有变更的随意性；业主（监理）、承包商普遍存在着偏重结果而忽视过程控制的弊病，时常会酿成不可挽回的质量安全事故。

港口与航道的小型工程规模虽小，但其施工程序和内容、项目负责人的责任与大、中型项目并无大异。单一的港口工程一般也都包含着基础、主体、上部结构施工的工序；航道工程包含着挖、运、抛的作业过程。因此，小型工程正常、合理的施工同样包含着合同、进度、质量、安全、技术管理等全面内容，忽视了哪一方面，小工程同样会出大事故。

为了帮助和提高港口与航道小型工程施工项目负责人的技术水平和管理能力，本着针对性、实用性和可操作性的原则编写了本培训教材。

本教材共分为3章，其中包括重点突出总结施工技术、技能的案例和施工项目管理案例70余个。这些案例都是从工程实践中总结提炼出来的，具有极强的针对性和可借鉴性。

限于时间和水平，教材中难免存在不妥和疏漏之处，恳请读者提出宝贵意见。

目　　录

第1章　港口与航道工程施工的基础知识和基本技能

本章内容是各类港口与航道工程施工中所经常遇到和必须掌握的基础知识和基本技能。重点要掌握港口与航道工程所处的特殊自然环境条件及其对工程的影响；掌握各种结构形式码头及航道整治工程的施工技术。

1.1　港口与航道工程的施工技术

1.1.1　工程施工环境条件

（1）波浪

波浪是在外力（风、地震、船行等）的作用下，形成海平面（内河的水平面）有规律的波动。如图 1-1 所示。

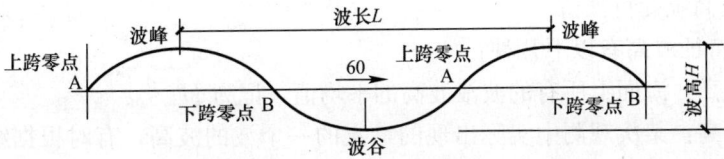

图 1-1　波浪要素示意图

1）波浪要素

反映波浪形态和几何特征的量，如波高、波长、波向、波速、波陡、波浪周期等称为波浪要素。

① 波高：相邻的波峰与波谷的高度差，常用符号 H 表示。

② 波长：相邻的两个上跨零点（指从波谷到波峰的波形线与静水面的交点）或下跨零点（指从波峰到波谷的波形线与静水面的交点）之间的水平距离。对于规则波而言，就是相邻两个波峰（或波谷）之间的水平距离，波长常用符号 L 表示。

③ 波陡：波高与波长之比，$\delta = H/L$。

④ 波浪周期：波形传播一个波长的距离所需要的时间，常用符号 T 表示。波浪观测中常采用相邻两个波峰先后通过同一地点的时间间隔作为周期。

⑤ 波速：单位时间内波形传播的距离，常用符号 C 表示。波速、波长（L）和波浪周期（T）之间的关系式为：$C = L/T$。

2）波浪玫瑰图

表示某地各个不同方向各级波浪出现频率的图称为波浪玫瑰图。波浪玫瑰图有各种形式，图 1-2 所示即为其中的一种，即用极坐标的径向长度表示频率，垂直于径向的横向长度表示波高大小，所在方位表示波浪方向。

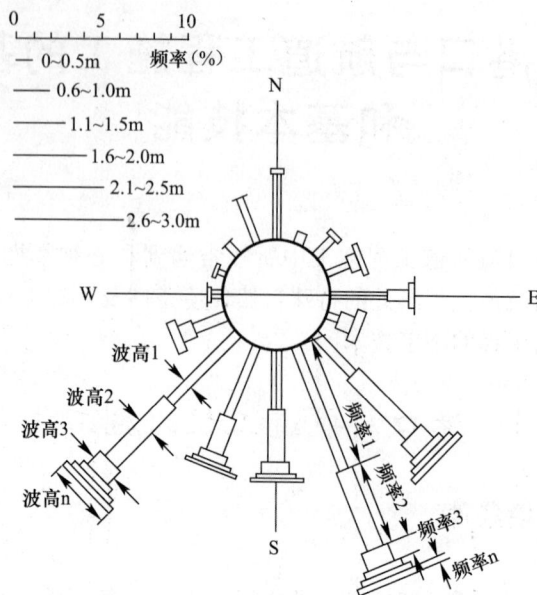

图 1-2　波浪玫瑰图

3）常用波高统计特征值

常用统计特征波高有以下几种：

① 平均波高：海面上所有的波浪波高的平均值，记为 H。

② 最大波高：某次观测中实际出现的最大的一个波的波高，有时根据统计规律推算出在某种条件下出现的最大波高，记为 H_{max}。

③ 1/10 大波波高（$H_{1/10}$）：海浪连续记录中波高总个数的 1/10 个大波的波高平均值；其对应周期的平均值为 1/10 大波周期（$T_{1/10}$）。

④ 有效波高（H_S）：海浪连续记录中波高总个数的 1/3 个大波的波高平均值；其对应周期的平均值为有效波周期（T_S）。习惯上，可把 H_S 记写为 $H_{1/3}$。H_S 的波高，其大小和海面上定期出现的显著大波的平均波高相近，因而也称其为显著波高。

4）波浪对工程施工的影响

① 波浪对工程施工质量和安全的影响

对于港口工程的海上施工，波浪直接作用于建筑物，对工程施工质量、施工人员、施工船舶和设备、工程结构的安全构成威胁和破坏，例如，波浪流会对刚开挖完成的基槽造成回淤；可能摧毁正在施工来不及防护的防波堤抛石段，淘空围堰的大充砂袋；可能致使沉桩完成但没有充分夹桩的孤立桩和排桩倾斜、位移，甚至折断；可能致使刚刚安放完毕的沉箱位移，甚至倾翻；施工船舶、机械为安全起见，不得不在大风浪（台风和热带风暴）来临前中止作业、封舱加固，到避风区避风避浪等。对于施工作业而言，受波浪影响最大的应是施工船只。大风浪中，当船长与波长接近、波速与船速接近时顺浪航行危险最大，从尾淹和打横的角度考虑，当波长超过 2 倍船长、波速与船速接近时顺浪航行危险最大；从横摇的角度考虑，横浪或者斜顺浪航行较顶浪或者斜顶浪航行更容易发生横谐摇。

因此在实际施工过程中，必须充分重视波浪对施工船舶安全的影响。

② 波浪对工程施工进度和工期的影响

对于港口工程海上施工的工期安排中，在工期的自然天数中必须充分考虑波浪的影响，计算有效的施工天数；在施工工序的安排中，也必须考虑波浪的影响，合理地安排流水作业段，形成有效的防风浪保护；对于不可预见的突发大风浪造成的毁损，不仅使工程质量受到影响、工期拖延、经济损失，而且还可能造成施工船机的毁损、人员的伤亡等安全事故。

（2）潮位基准面与设计潮位（水位）

1）潮位基准面

海图深度基准面就是计算海图水深的起算面，一般也是潮汐表的潮高起算面，通常也称为潮高基准面。在水深测量或编制海图时，通常采用低于平均海平面的一个面作为海图深度基准面，此面在绝大部分时间内都应在水面下，但它不是最低的深度面，在某些很低的低潮时还会露出来。我国 1956 年以后基本统一采用理论深度基准面作为海图深度基准面。目前，我国规定以"理论最低潮位"为海图深度基准面，亦为潮位基准面。

平均海平面是多年潮位观测资料中，取每小时潮位记录的平均值，也称平均潮位。平均海平面是作为大地测量中计算陆地海拔高度的起算面，我国规定以黄海（青岛验潮站）平均海平面作为计算中国陆地海拔高度的起算面。

2）设计潮位（水位）

海港工程的设计潮位（水位）应包括：设计高水位、设计低水位；极端高水位、极端低水位。

① 对于海岸港和潮汐作用明显的河口港，设计高水位应采用高潮累积频率 10％的潮位，简称高潮 10％；设计低水位应采用低潮累积频率 90％的潮位，简称低潮 90％。

② 对于海岸港和潮汐作用明显的河口港，如已有历时累积频率统计资料，其设计高水位和设计低水位也可分别采用历时累积频率 1％和 98％的潮位。

③ 对于汛期潮汐作用不明显的河口港，设计高水位和设计低水位应分别采用多年的历时累计频率 1％和 98％的潮位。

④ 海港工程的极端高水位应采用重现期为 50 年的年极值高水位；极端低水位应采用重现期为 50 年的年极值低水位。

3）施工水位

施工水位是根据工程结构的具体情况、所在海域的水文情况、所采用的施工工艺等具体条件综合确定的能满足施工工艺和施工质量要求、安全施工和工期要求的潮位（水位）。

《水工建筑定额》中的施工水位以设计规定为准。如设计无规定时，在有潮港中，以建筑物所在地平均高潮位以下 1m 为界线。

（3）内河特征水位

内河常用的特征水位有下列几种：

1）最高水位：即在研究时期内出现的最高水位。最高水位有：月最高水位、年最高水位、历年最高水位。

2）最低水位：即在研究时期内出现的最低水位。最低水位有：月最低水位、年最低水位、历年最低水位。

3）平均水位：在研究时期内水位的算术平均值，又可分为：月平均水位、年平均水位、历年平均水位。

4）平均最高水位：每年最高水位的算术平均值。

5）平均最低水位：每年最低水位的算术平均值。

6）正常水位：多年水位平均值。

7）中水位：在研究时期的水位累积曲线（历时曲线）上相当于历时50％的水位。

（4）风级

1）风级与风速

目前的风速用蒲福风级来表示，见表1-1。蒲福风级按风速大小不同分为12级。

蒲福风级　　　　　　　　　　　　　　表1-1

蒲福风级	一般描述	风速约数（m/s）	浪高（m）	征状	
				海岸	内陆
0	平静	0.0～0.2	0	海面如镜	烟直上
1	软风	0.3～1.5	0.1～0.2	出现很小的波纹，但尚无飞沫状波峰	烟能显示出风向，但风向标不能转动
2	轻风	1.6～3.3	0.3～0.5	出现小的子波，但波峰平静而不破碎	人面感觉有风，树叶沙沙响，风向标转动
3	微风	3.4～5.4	0.6～1.0	出现大的子波，波峰顶开始破碎，形成散乱的白浪	树叶和细枝动摇不息，旌旗展开
4	和风	5.5～7.9	1.5	小波浪变长，形成频繁的白浪	能吹起尘土和松散的纸张，树的小枝摇动
5	清劲风	8.0～10.7	2.0	中等波浪，出现许多白浪，偶然出现激溅浪花	有叶小树摇摆，风过水面有小波
6	强风	10.8～13.8	3.5	大波浪出现，白色飞沫的波峰延至各处，可能出现激溅浪花	大树枝摇动，电线呼呼作响，举伞困难
7	疾风	13.9～17.1	5.0	海面起伏，碎波的白色飞沫开始被风吹成条纹，开始见到激溅浪花	全树摇动，迎风步行感到不便
8	大风	17.2～20.7	7.5	较长的较高的波浪出现；飞沫被吹成明显条纹；波峰顶边缘破碎成浪花	细枝被折，人向前行进阻力甚大
9	烈风	20.8～24.4	9.5	出现高波浪；浪翻卷；激溅浪花影响能见度	不结实的建筑物发生危险，烟囱管帽和房屋摇动
10	狂风	24.5～28.4	12.0	出现很高的波浪；长的悬浪和翻卷浪重重地撞击，整个海面呈白色，飞沫成片，并被吹成浓白条纹	内陆少见，树被连根拔起，很多建筑发生危险
11	暴风	28.5～32.6	15.0	出现异常高的波浪，海面已被长条状白色飞沫完全覆盖；中小尺度的船舶可能久时隐没于波浪背后	极少出现，有则必有严重损毁
12	飓风	32.7～36.9		空中充满飞沫和激溅浪花；推进着的激溅浪花使海面变成白色，能见度极低	极少出现，有则必有严重损毁

2）强风与大风

风速为10.8～13.8m/s或风力达6级的风称为强风。在港口与航道工程中，施工船舶的防风、防台是指船舶防御风力在 6 级以上的季风和热带气旋。

施工船舶在未来 48h 以内，遭遇风力可能达到 6 级以上，则称船舶"在台风威胁中"。

施工船舶在未来 12h 以内，遭遇风力可能达到 6 级以上，则称船舶"在台风严重威胁中"。

风速为 17.2～20.7m/s 或风力达 8 级的风称为大风。一日中如有此级风出现，即视为大风日。大风对航运及海上作业都有很大危害，常造成重大事故；如与天文高潮相遇，常形成风暴潮，使海水泛滥，危害更严重。

施工船舶接近台风中心，风力达 8 级以上时，称船舶"在台风袭击中"。

我国沿海，东海沿岸大风最多；其次是黄海、渤海沿岸；南海沿岸大风最少。一般沿海岛屿的大风比大陆岸边的大风多。

3）风玫瑰图

所谓风玫瑰图是指用来表达风的时间段、风向、风速和频率四个量的变化情况图。风玫瑰图一般按 16 个方位绘制。这四个量有各种不同的组合方式，而且一幅风玫瑰图也常常不能表达出这四个量的全部情况，所以常按工程需要绘制各种形式的风玫瑰图，其最常见的有：

① 风向频率玫瑰图：见图 1-3。图中某一方向的线段长度与图例中单位长度的比值即为该方向风的频率值。

② 最大风速玫瑰图：见图 1-4。图中某一方向的线段长度与图例中单位长度的比值即为该方向的最大风速。

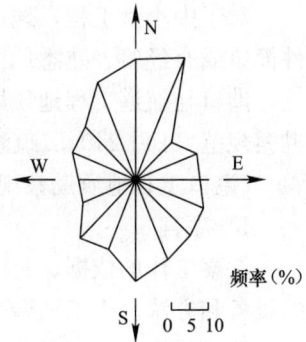

图 1-3　风向频率玫瑰图

③ 大于某一风级的风频率玫瑰图：见图 1-5。图中某一方向的线段中阴影部分长度与图例中单位长度的比值即为该方向大于等于 6 级风的频率。

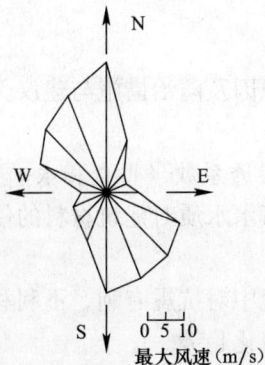

图 1-4　最大风速玫瑰图

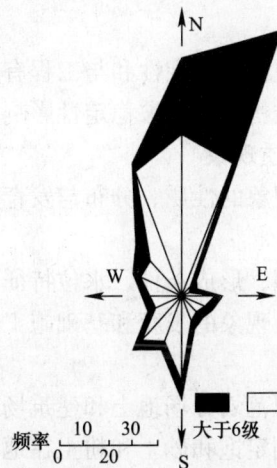

图 1-5　风频率玫瑰图

4）台风与热带风暴

台风是发生在东经 180°以西的北太平洋和南中国海的热带低压气旋（风暴）。世界气象组织将太平洋的风暴分为三个等级：中心最大风力在 12 级或 12 级以上的风暴称为台风，

5

10～11级风暴称为强热带风暴，8～9级风暴称为热带风暴。低于8级的称为热带低压。

5）风对工程施工的影响

对于港口工程的海上施工，风不但直接作用于结构物构成风荷载，而且生成波浪和风成流，对工程施工质量、施工人员、施工船舶和设备、工程结构的安全构成威胁和破坏，

对于港口工程海上施工的工期安排中，在工期的自然天数中必须充分考虑风浪的影响，计算有效的施工天数；在施工工序的安排中，必须考虑风浪的影响，合理地安排流水作业段，形成有效的防风浪保护；对于不可预见的突发大风浪造成的毁损，不仅使工程质量受到影响、工期拖延、经济损失，而且还可能造成施工船机、人员等的毁损、伤亡安全事故。海上施工必须事先制定有效的防风、防台预案。

（5）工程地质

对于中小型工程，地质勘察可划分为初步设计和施工图设计两个阶段，当工程地质条件简单或有经验、熟悉地区的工程，也可以合并为一个勘察阶段。

港口与航道工程地质勘察，应满足《岩土工程勘察规范》GB 50021、《港口工程地质勘察规范》JTJ 240、《疏浚岩土分类标准》JTJ/T 320等要求。

《港口工程地质勘察规范》JTJ 240对勘察报告的格式和内容规定如下：

1）序言

勘察工作的依据、目的和任务，工程概况和设计要求、勘察沿革等。勘察和原位测试的设备和方法。土工试验采用的仪器设备、测试方法、试样的质量评价等。

2）地貌

港湾或河段地形特征，各地貌单元的成因类型、特征及分布。与工程有关的微地貌单元（如岸坡区、填土区、掩埋的古冲沟分布区等）的特征与分布。

3）地层

岩土层的分布、产状、性质、地质时代、成因类型、成层特征等。

4）地质构造

场地的地质构造稳定性和与工程有关的地质构造现象，其对工程影响的分析和防治措施的建议，地质构造对岸坡稳定性影响的分析。

5）不良地质现象

不良地质现象的性质、分布与发育程度、形成原因及防治措施与建议。

6）地下水

地下水类型、形成条件、水位特征、含水层的渗透系数（垂直和水平方向）。地下水活动对不良地质现象的发育和基础施工的影响。地下水水质对建筑材料的侵蚀性。

7）地震

按照地震规范划分场地土和建筑场地类别，场地中对抗震有利、不利和危险地段。根据地震烈度，判定饱和砂土和粉土在地震作用下的液化趋势。

8）岩土物理力学性质

各岩土单元体的特性、状态、均匀程度、密实程度和风化程度等物理力学性质指标的统计值。

9）岩土工程评价

对各岩土单元体的综合评价及工程设计所需的岩土技术参数；对持力层的推荐和施工

中应注意的问题；天然岸坡稳定性的评价；不良地质现象的整治方案建议；地基处理方案的建议；工程活动对地质环境的作用和影响等。

　　10）附图和附表

　　① 勘察点平面位置图

　　以地形图为底图，标有各类勘察点、剖面线的位置和序号，勘探点坐标、高程数据表。

　　② 综合工程地质图

　　以地形图为底图，根据地貌、构造、地层时代、岩土性质、不良地质现象等所做的综合工程地质分区。列有综合柱状图。

　　③ 工程地质剖面图

　　根据岸线方向、主要地貌单元、地层的分布、地质构造线、建筑物轮廓线等确定的剖面位置，绘制纵横工程地质剖面图。图上画有该剖面的岩土单元体的分布、地下水位、地质构造、标准贯入试验击数、静力触探曲线等。

　　④ 钻孔柱状图

　　反映钻孔深度内岩土层厚度、分布、性质、取样和测试的位置、实测标准贯入击数、地下水位，有关的物理力学指标（如天然含水量、孔隙比、无侧限抗压强度等）随钻孔深度的变化曲线。

　　⑤ 原位测试图表

　　反映标准贯入、静力触探等原位测试成果的图表。

　　⑥ 土工试验图表

　　土工试验成果表、固结试验数据表、颗粒级配曲线等。

　　⑦ 各岩土单元体的物理、力学指标统计表。

　　⑧ 对于特殊地质条件或为满足特殊需要而绘制的专门图件。

　　《港口工程桩基规范》附录 A　桩基工程勘察要点的要求：各层土的物理力学性能指标试验宜包括含水量、重力密度、孔隙比、流限、塑限、灵敏度、颗粒成分、密实度、压缩系数、压缩模量、无侧限抗压强度、黏聚力、内摩擦角、标准贯入击数和现场十字板剪切强度等。有条件时宜进行静力触探试验。

　　11）港口工程地质勘察成果指标及其应用

　　① 含水量 W（％）：土中水重/土颗粒重。用于确定淤泥性土的分类。

　　② 孔隙比 e：孔隙体积/土粒体积。用于确定淤泥性土的分类和确定单桩极限承载力。

　　③ 孔隙率 n（％）：土中孔隙体积/土体总体积。

　　④ 液限 W_L：由流动状态变成可塑状态的界限含水量。用于计算塑性指数 I_P 和液性指数 I_L。

　　⑤ 塑限 W_P：土从可塑状态转为半固体状态的界限含水量。用于计算塑性指数 I_P 和液性指数 I_L。

　　⑥ 塑性指数 I_P：土颗粒保持结合水的数量，说明可塑性的大小。用于确定黏性土的名称和确定单桩极限承载力。

　　⑦ 液性指数 I_L：说明土的软硬程度。用于确定黏性土的状态和确定单桩极限承载力。

　　⑧ 黏聚力 c：用于土坡和地基稳定验算。

⑨ 内摩擦角 φ：用于土坡和地基稳定验算。

⑩ 标准贯入试验：标准贯入试验击数 N 值系指质量为 63.5kg 的锤，从 76cm 的高度自由落下，将标准贯入器击入土中 30cm 时的锤击数。可根据标准贯入试验击数，结合当地经验确定砂土的密实度、砂土的内摩擦角和一般黏性土的无侧限抗压强度，评价地基强度、土层液化可能性、单桩极限承载力、沉桩可能性和地基加固效果等。

⑪ 十字板剪切试验：系指用十字板剪切仪在原位直接测定饱和软黏土的不排水抗剪强度和灵敏度的试验。十字板剪切强度值，可用于地基土的稳定分析、检验软基加固效果、测定软弱地基破坏后滑动面位置和残余强度值以及地基土的灵敏度。

⑫ 静力触探试验：静力触探试验适用于黏性土、粉土和砂土。可根据静力触探资料结合当地经验和钻孔资料划分土层，确定土的承载力、压缩模量、单桩承载力，判断沉桩的可能性、饱和粉土和砂土的液化趋势。

港口工程地质勘察成果的应用如表 1-2～表 1-7 所示。

砂土按密实度分类　　　　　　　　　　　　　　　　　　表 1-2

标准贯入击数 N	密实度	标准贯入击数 N	密实度
$N \leqslant 10$	松散	$30 < N \leqslant 50$	密实
$10 < N \leqslant 15$	稍密	$N > 50$	极密实
$15 < N \leqslant 30$	中密		

粉土的分类　　　表 1-3

名　称	黏粒含量 Mc（%）
黏质粉土	$10 \leqslant Mc < 15$
砂质粉土	$3 \leqslant Mc < 10$

黏性土的分类　　　表 1-4

塑性指数 I_p	土的名称
$I_p > 17$	黏土
$10 < I_p \leqslant 17$	粉质黏土

黏性土的状态　　　　　　　　　　　　　　　　　　表 1-5

状　态	坚　硬	硬　塑	可　塑	软　塑	流　塑
液性指数 I_L	$I_L \leqslant 0$	$0 < I_L \leqslant 0.25$	$0.25 < I_L \leqslant 0.75$	$0.75 < I_L \leqslant 1$	$I_L > 1$

黏性土的天然状态　　　　　　　　　　　　　　　　表 1-6

黏性土状态	坚　硬	硬	中　等	软	很　软
N	30～15	15～8	8～4	4～2	2

淤泥性土的分类　　　　　　　　　　　　　　　　　表 1-7

土的名称 　　　　　　　指标	孔隙比 e	含水率 ω（%）
淤泥质土	$1.0 < e \leqslant 1.5$	$36 < \omega \leqslant 55$
淤泥	$1.5 < e \leqslant 2.4$	$55 < \omega \leqslant 85$
流泥		$85 < \omega \leqslant 150$
浮泥		$\omega > 150$

12）航道疏浚工程地质勘察成果的应用

在航道疏浚工程设计与施工进行之前，必须充分调查现场的地质条件，对岩土进行分析试验，并对其疏浚吹填特性做出评价。对工程量较小，已进行疏浚，有一定经验且地质条件简单的地区，可简化勘察工作。工程勘察成果在航道疏浚工程上的应用，主要是用以判定疏浚土的工程特性、进行分类和判定挖泥船对疏浚土的可挖性，见表1-8、表1-9所列。

挖泥船对疏浚岩土的可挖性 表1-8

岩土类别	级别	状态	耙吸（舱容）（m³）		绞吸（泥泵功率）（kW）		链斗（m³）		抓斗（m³）		铲斗（斗容）（m³）	
			≥3000	<3000	≥2940	<2940	≥500	<500	≥4	<4	≥4	<4
有机质土及泥炭	0	极软	容易	容易	容易	容易	容易	容易	容易	容易	不适	不适
淤泥土类	1	流态	较易	较易	容易	较易	较易	较易	不适	不适	不适	不适
	2	很软	容易	容易	容易	容易	容易	容易	容易	容易	较易	较易
黏性土类	3	软	容易	容易	容易	容易	容易	容易	容易	容易	容易	容易
	4	中等	较易	尚可	较易	较易	较易	较易	较易	较易	容易	容易
	5	硬	困难	困难	较难	较难	较难	较难	较难	尚可	较易	尚可
	6	坚硬	很难	很难	困难	困难	困难	困难	困难	很难	较难	较难
砂土类	7	极松	容易	容易	容易	容易	容易	容易	容易	容易	容易	容易
	8	松散	容易～较难	较易	容易	较易	较易	较易	容易	容易	容易	容易
	9	中密	尚可～较难	较难	较易	较易	较易	尚可	较难	较难	容易	较易
	10	密实	较难～困难	困难	困难	困难	较难	困难	困难	很难	尚可	尚可
碎石土类	11	松散	困难	困难	很难	很难	较易	尚可	较易	尚可	容易	较易
	12	中密	很难	不适	很难	不适	困难	很难	尚可	困难	较易	尚可
	13	密实	不适	不适	不适	不适	很难	不适	困难	不适	较难	困难
岩石类	14	弱	不适	不适	尚可	不适	困难～很难	很难	困难	不适	尚可～困难	很难
	15	稍强	不适	不适	困难	不适	不适	不适	不适	不适	不适	不适

（6）港口与航道工程地形图和水深图

1）地形图

利用经纬仪、水平仪等各种测量仪器将地球表面各点的位置、高度以及各种地形、地物的位置和形状测出，并按一定比例尺和规定的符号，绘在图纸上，形成地形图。地形图的比例尺，又称缩尺，是图上直线长度与地面上相应直线水平投影长度之比。如1：500即是说地面上直线水平投影长度500m相当于图上1m。一般说，比例尺越大，反映测区的地形越详细、精确。

地形图测图比例尺应根据测量类别、测区范围、任务来源和经济合理性按表1-10选用。

疏浚岩土工程特性和分级

表 1-9

岩土类别	级别	状态	强度及结构特征	判别指标			辅助指标						
				标贯击数 N	天然重力密度 (N/m³)	抗压强度 (NPa)	天然含水量 ω (%)	液性指数 I_L	孔隙比 e	抗剪强度 r (kPa)	附着力 F (g/cm²)	相对密度 D_r	烧失量 Q_1 (%)
有机质土及淤泥	0	极软	密实的或松软的，强度和结构构在水平和垂直方向上可能相差很大，并存在气体		<12.8								≥5
淤泥土类	1	流态			<14.9		>85		>2.4				
	2	很软	极易在手指内挤压	<2	<16.6		55~85	>1.0	>1.5	<13	<50 无		
	3	软	极易用手指捏成形	<4	≤17.6			≤1.0		≤25			
黏性土质	4	中等	稍用力捏可成形	≤8	≤18.7			≤0.75		≤50	50~150 弱		
	5	硬	手指需用力捏才成形	≤15	≤19.5			≤0.60		≤100	150~250 中等		
	6	坚硬	不能用手指捏成形，可用大拇指压出凹痕	>15	≥19.5			<0.25		>100	>250 强		
砂土类	7	极松	极容易将12mm钢筋插入土中	≤4	<18.3		满足 C_U≥5，C_C=1~3 为良好级配的砂 (SW)，不能满足上述条件的为不良级配砂 (SP)						
	8	松散	极容易将12mm钢筋插入土中	≤10	≤18.6								
	9	中密	用2~3kg重锤很容易将12mm钢筋打入土中	≤30	≤19.5								
	10	密实	用2~3kg重锤可将12mm钢筋打入土中30mm	>30	>19.5								
碎石土类	11	松散	骨架颗粒含量<总质量的60%，排列混乱，大部分不接触，充填物包裹大部分骨架颗粒，且呈疏松状态或骨架颗粒可塑状态	$N_{63.5}$<7	DG<65		满足 C_U≥5，C_C=1~3 为良好级配砾石 (GW)，不能满足上述条件的为不良级配砾石 (GP)						
	12	中密	骨架颗粒含量为总质量的60%~70%，呈交错排列，大部分连续接触，充填物包裹大部分骨架颗粒，或只有部分接触，但充填物呈中密状态或连续接触	$N_{63.5}$ 7~18	DG 65~70								
	13	密实	骨架颗粒含量为总质量的70%，呈交错排列，连续接触，或只有部分接触，但充填物呈紧密状态或呈连续坚硬状态	$N_{63.5}$>18	DG>70								
岩石类	14	弱	锹镐可挖掘	<50		≤10							
	15	稍强	锹镐难挖掘，锤可击碎			<30							

10

地形图测图比例尺的选择   表 1-10

测量类别	项目（阶段）	测图比例尺
航道测量	沿海	1∶2000～1∶50000
	内河	1∶1000～1∶25000
港口工程测量	规划可行性研究	1∶2000～1∶20000
	初步设计	1∶1000～1∶5000
	施工图设计	1∶500～1∶2000
疏浚工程测量	航道	1∶1000～1∶5000
	港池	1∶1000～1∶2000
	泊位	1∶500～1∶1000
	吹填区	1∶500～1∶2000
航道整治工程测量	初步设计	1∶1000～1∶5000
	施工图设计	1∶500～1∶5000

注：1. 不分设计阶段的小型工程，其面积小于 0.3km² 时，比例尺可采用 1∶500～1∶1000。
　　2. 疏浚卸泥区测图比例尺可按航道测量比例尺要求进行。

海面水位有涨有落，但多年的水位观测值的算术平均值却是（接近）一个常数，高度变化不大，可将其看作地面点高度的起算面。从 1957 年起，我国采用青岛验潮站所测的黄海平均海平面作为全国地面高程的起算面。某地面点到该平均海平面的竖直距离称为该地面点的高程（对于高山也称为海拔高度）。地面上点的高程在地形图上用等高线表示。等高线即地面上高程相等的地点所连成的平滑曲线，它是一系列的闭合曲线，能表示出地面高低起伏的形态。两相邻等高线间的高程差称为等高线的等高距，常以 H 表示，在同一幅地形图上，等高距相同；相邻等高线之间的水平距离称为等高线平距，常以 D 表示。因为同一张地形图内等高距是相同的，所以等高线的密度越大（等高线平距越小），表示地面坡度越大。

2）水深图

在大地测量中，对于平均海平面即基准面以下的地面点，其高程则用从平均海平面向下量的负高程表示，如水面下某点距平均海平面的竖直距离为 12m，则标为 −12m。水下地形用连接相同水深点的等深线表示，形成水下地形图。

港口与航道工程及航运上常用的水深图（海图或航道图），其计量水深用比平均海平面更低的水位作为水深的起算面，称为理论深度基准面。这是因为一年内约有一半左右的时间海水位低于平均水位，为了保证船舶航行的安全，使图上标注的水深有较大的保证率。我国海港采用的理论深度基准面，即各港口或海域理论上可能达到的最低潮位。理论深度基准面是通过潮汐的调和分析和保证率计算，然后通过与实际观测资料对照调整后，由国家颁布。内河港口则采用某一保证率的低水位作为深度基准面。

对于理论深度基准面以上，随天文、气象变化的那部分水深，则用潮汐表进行预报。所以，某一水域某时刻的实际水深由两部分组成：一部分是基准面以下的有保证的水深，即海图中所标注的水深，需再加上另一部分基准面以上的受天文、气象影响的那部分水深，即潮汐表中给出的潮高（或潮升）值。图 1-6 是地形、水深与基准面关系的示意图。

3）地形图、水深图的应用

有了地形图、水深图，就可以进行工程的规划布置、施工测量。在应用这些图时，应

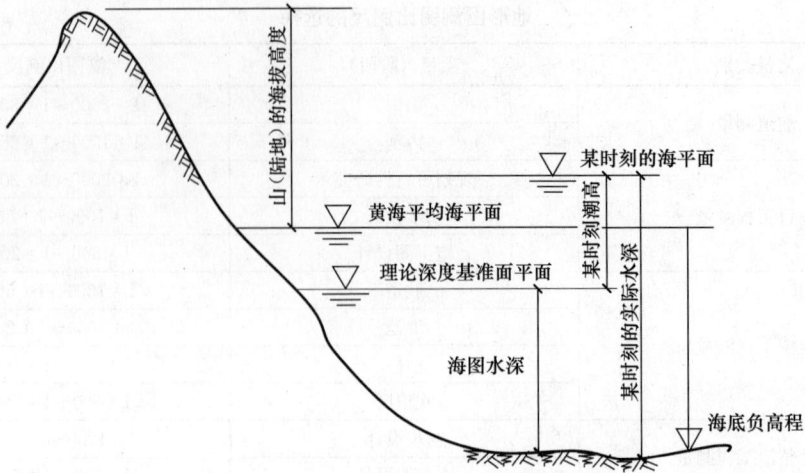

图 1-6　地形海拔高度（负高程）、水深图（理论深度基准面）之间的关系

注意到，由于历史上的各种原因，不同时期不同地区或水域的测图（地形图、水深图、海图或航道图），它们所使用的基准面可能不同，各地有其习惯使用的零点（如吴淞零点、大沽零点等）故应对其高程差进行换算。在工程设计图纸中，一般都注明该工程所使用的基准面，该基准面与工程所在地区其他常用或习惯使用的基准面之间的关系。

1.1.2　港口与航道工程常用工程材料

（1）常用水泥品种及其应用范围

1）港口与航道工程常用水泥品种

港口与航道工程常用的水泥为现行国家标准《通用硅酸盐水泥》GB 175 中所规定采用的，其品种和强度等级是：

①硅酸盐水泥（代号：PⅠ、PⅡ）；其强度等级分为：42.5、42.5R；52.5、52.5R；62.5、62.5R 级。

②普通硅酸盐水泥（代号：PO）；其强度等级分为：42.5、42.5R；52.5、52.5R 级。

③矿渣硅酸盐水泥（代号：PS）；其强度等级分为：32.5、32.5R；42.5、42.5R；52.5、52.5R 级。

④火山灰质硅酸盐水泥（代号：PP）；其强度等级分为：32.5、32.5R；42.5、42.5R；52.5、52.5R 级。

⑤粉煤灰硅酸盐水泥（代号：PF）；其强度等级分为：32.5、32.5R；42.5、42.5R；52.5、52.5R 级。

2）不同品种水泥在港口与航道工程中的应用范围

①配制港口与航道工程混凝土可采用硅酸盐水泥、普通硅酸盐水泥、矿渣硅酸盐水泥、火山灰质硅酸盐水泥、粉煤灰硅酸盐水泥。必要时也可采用其他品种水泥，这些水泥均应符合有关现行国家标准。普通硅酸盐水泥和硅酸盐水泥熟料中的铝酸三钙含量宜在6%～12%范围内。

②立窑水泥在符合有关标准的情况下，可用于不冻地区的素混凝土和一般建筑物的

钢筋混凝土工程；当有充分论证时，方可用于不冻地区海水环境中的钢筋混凝土和受冻地区的素混凝土工程。在使用中均应加强质量检验。

③ 在混凝土中，应根据不同地区、不同部位选用适当的水泥品种。

（a）有抗冻要求的混凝土，宜采用普通硅酸盐水泥和硅酸盐水泥，不宜采用火山灰质硅酸盐水泥。

（b）不受冻地区海水环境浪溅区部位混凝土，宜采用矿渣硅酸盐水泥，特别是大掺量矿渣硅酸盐水泥。

（c）烧黏土质火山灰质硅酸盐水泥，在各种环境中的港口与航道工程均不得使用。

④ 与其他侵蚀性水接触的混凝土所用水泥，应按有关规定选用。

⑤ 采用矿渣硅酸盐水泥、粉煤灰硅酸盐水泥、火山灰质硅酸盐水泥时，宜同时掺加减水剂或高效减水剂。

（2）港口与航道工程常用钢筋品种及其应用范围

1）港口与航道工程常用钢筋、钢丝、钢绞线的品种

① 钢筋

（a）低碳钢热轧盘条（Q215、Q235）。

（b）热轧光圆钢筋，钢筋级别为Ⅰ级（Q235、Q300）。

（c）热轧带肋钢筋，钢筋级别为Ⅱ级〔20MnSi、20MnNb（b）〕、Ⅲ级（20MnSiV、20MnTi、K20MnSi）、Ⅳ级（40Si$_2$MnV、45SiMnV、45Si$_2$MnTi）。

（d）余热处理钢筋，钢筋级别为Ⅲ级。

（e）冷拉钢筋，钢筋级别为Ⅰ级、Ⅱ级、Ⅲ级、Ⅳ级。

② 钢丝、钢绞线

（a）矫直回火钢丝。

（b）冷拉钢丝。

（c）刻痕钢丝。

（d）预应力钢绞线。

2）港口与航道工程常用钢筋、钢丝、钢绞线的物理力学性能

① 钢筋的物理力学性能

（a）低碳钢热轧盘条的主要物理力学性能

低碳钢热轧盘条的屈服强度为215~235MPa；伸长率为23%~27%。

（b）热轧光圆钢筋的主要物理力学性能

热轧光圆钢筋的屈服强度为235MPa；抗拉强度为370MPa以上；伸长率为25%。

（c）热轧带肋钢筋的主要物理力学性能

热轧带肋钢筋的屈服强度为335~540MPa；抗拉强度为490~835MPa；伸长率为10%~16%。

（d）余热处理钢筋的主要物理力学性能

余热处理钢筋的屈服强度为440MPa；抗拉强度在600MPa以上；伸长率为10%~16%。

（e）冷拉钢筋的主要物理力学性能

冷拉钢筋的屈服强度为280~700MPa；抗拉强度为370~835MPa；伸长率为8%~

11%。

② 钢丝、钢绞线的物理力学性能

（a）矫直回火钢丝的主要物理力学性能

矫直回火钢丝的屈服强度为 $1255\sim1410N/mm^2$；抗拉强度为 $1470\sim1670N/mm^2$；伸长率为 4%左右。

（b）冷拉钢丝的主要物理力学性能

冷拉钢丝的屈服强度为 $1100\sim1255N/mm^2$；抗拉强度为 $1470\sim1670N/mm^2$；伸长率为 4%左右。

（c）刻痕钢丝的主要物理力学性能

刻痕钢丝的屈服强度为 $1000\sim1255N/mm^2$；抗拉强度为 $1180\sim1470N/mm^2$；伸长率为 4%左右。

（d）预应力钢绞线的主要物理力学性能

预应力钢绞线通常使用的规格是 $\Phi^s15.2$，强度等级为 1860MPa，伸长率为 3.5%。

（e）各类钢筋、钢绞线的弹性模量 E 值可按表 1-11 采用。

钢筋、钢绞线的弹性模量 E 值   表 1-11

钢筋种类	弹性模量 E（$\times10^5$MPa）
Ⅰ级钢筋、冷拉Ⅰ级钢筋	2.1
Ⅱ、Ⅲ、Ⅳ级钢筋、热处理钢筋、碳素钢丝	2.0
冷拉Ⅱ、Ⅲ、Ⅳ级钢筋，钢绞线	1.8
热轧带肋钢筋	1.9

3）应用范围

前述的各种钢筋、钢丝、钢绞线广泛地应用于港口与航道工程的水工建筑物及各种钢筋混凝土与预应力混凝土构件中，其中：

① 钢筋混凝土结构的钢筋和预应力混凝土结构中的非预应力钢筋，宜采用Ⅰ级、Ⅱ级、Ⅲ级钢筋和 LL550 级冷轧带肋钢筋，也可采用冷拉Ⅰ级（$d\leqslant12mm$）钢筋；

② 预应力混凝土结构中的预应力筋，宜采用冷拉Ⅱ、Ⅲ、Ⅳ级钢筋，也可采用碳素钢丝、钢绞线和热处理钢筋以及 LL650 级或 LL800 级冷轧带肋钢筋。

港口与航道工程中常用钢筋、钢丝、钢绞线的应用范围如表 1-12 所示。

港口与航道工程中常用钢筋、钢丝、钢绞线的应用范围   表 1-12

名　　称		应用范围
钢筋混凝土结构	低碳钢热轧盘条	钢筋混凝土箍筋、焊接网等
	热轧光圆钢筋	中小构件主筋、箍筋、环氧涂层钢筋的材料
	热轧带肋钢筋	钢筋混凝土结构主筋、箍筋、环氧涂层钢筋的材料
	余热处理钢筋	钢筋混凝土结构用配筋
	冷拉钢筋	中小构件主筋、箍筋、焊接网等
预应力混凝土结构用钢	热轧带肋钢筋	预应力混凝土构件的主筋
	矫直回火钢丝	预应力混凝土构件的主筋
	冷拉钢丝	预应力混凝土构件的主筋
	刻痕钢丝	预应力混凝土构件的主筋
	预应力钢绞线	预应力混凝土构件的主筋

（3）港口与航道工程常用土工织物的种类及其应用范围

1）港口与航道工程常用土工织物的种类

① 编织土工布；

② 机织土工布；

③ 非织造（无纺）土工布；

④ 复合土工布及其相关制品。

2）港口与航道工程常用土工织物的主要功能

① 过滤功能

把土工织物置于土体表面或相邻土层之间，在允许土中的水、汽通过的同时，可以有效地阻止土颗粒通过，从而可防止因土颗粒流失而导致的土体破坏。

② 排水作用

利用土工织物可以在土体中形成排水通道，把土中的水分汇集起来，沿竖向或水平向排出土体外。

③ 隔离作用

一些土工织物能够把两种不同粒径的土、砂、石料或把土、砂、石料与地基或与其他建筑物隔离开来，以免相互混杂。

④ 加筋作用

把一些土工织物埋在土体之中，可以扩散土体的应力，增加土的模量，传递拉应力，限制土体的侧向位移；能增大土体与织物下材料之间的摩阻力提高土体及建筑物的稳定性。

⑤ 防渗作用

土工膜及复合型土工合成材料，可防止液体渗漏、气体挥发（密封状态），有利于建筑物的安全和环保。

⑥ 防护作用

多种土工织物对土体可以起到保护等综合作用。

例如：

（a）编制土工布：具有加筋、隔离、和防护的功能。

（b）机织土工布：具有加筋、隔离、反滤和防护的功能。

（c）非织造（无纺、针刺）土工布：具有反滤、隔离、排水的功能。

（d）土工模袋：具有柔性模板功能，在压力下充填流动性混凝土（砂浆），硬化后形成混凝土（砂浆）板块。

（e）土工带：具有加筋功能。

（f）土工网：具有加筋、防护功能。

3）港口与航道工程常用土工织物的主要性能指标

① 产品形态指标：材质、幅度、每卷的长度等。

② 物理性能指标：织物厚度、有效孔径、（或开孔尺寸）、单位面积（或单位长度）质量、耐热性（软化点）等。

③ 力学性能指标：断裂抗拉强度、断裂伸长率、撕裂强度、顶破强度、耐磨性、与岩土间的摩擦系数等。

④ 水力学性能指标：渗透系数等。

⑤ 耐久性（耐酸、耐碱、抗微生物）、抗老化（耐紫外线）要求。

4）不同种类土工织物的主要物理力学性能指标

无纺土工布：断裂强度为 $3.34\sim8.4kN/m$；断裂伸长率为 $9\%\sim30\%$。

机织土工布：断裂强度为 $3.96\sim7.9kN/m$；断裂伸长率为 $7\%\sim60\%$。

5）土工织物在港口与航道工程中的应用

土工织物在港口与航道工程中的码头、防波堤、堆场与道路、海岸防护、围海造陆等项目中广泛地应用了其过滤、排水、隔离、加筋、防渗、防护等功能。

① 在码头工程中的应用

土工织物在码头工程中主要是应用其反滤功能。

（a）重力式码头

在重力式码头工程中，采用土工织物作为反滤层，代替传统的粒状反滤材料具有许多优点：首先，土工织物是连续的，不必担心因滤层的不连续致使反滤失效；其次，复杂形状断面的滤层施工也很方便；施工中不存在粒状材料滚滑的问题。

对岸壁缝隙多而分散的方块码头，应在背后棱体的顶面和后坡面设置反滤层，反滤层的形状依棱体的形状而变化。

对分缝少而集中的沉箱码头和扶壁式码头，可在接缝处设置反滤腔（在接缝空腔内设置反滤层）。

（b）高桩码头和板桩码头

用土工织物代替高桩码头后方抛石棱体上的反滤层，以防止抛石棱体后方回填土因潮位变化而流失，反滤作用良好，施工也很方便。

在板桩码头的板桩墙面设有排水孔，以减少水位变化时所形成的墙前后水头差，排水孔一般孔径为 $5\sim10cm$，间距为 $3\sim5m$，采用土工织物代替结构比较复杂、施工比较烦琐的传统的反滤体，简单而有效。

由于涨、落潮使作为反滤层的土工织物承受正、反双向渗流的作用，因此，应按双向渗流设计土工织物反滤层；施工中织物下棱体表面要做整平处理，防止织物被顶破；铺设织物时，应留有褶皱，以免因棱体的不均匀沉降拉坏织物。

② 在防波堤工程中的应用

将土工织物铺设于软基上所建斜坡堤的堤基表面，将起到以下作用：

加筋作用：可减少堤基的差异沉降和侧向位移，提高堤基的整体稳定性；

排水作用：在土工织物层以上堤身荷载的预压作用下，织物层下软基中的水沿织物层排出，加速软基的固结；

隔离作用：隔离开堤身抛填料（抛石、人工块体等）与堤基软土，避免两种材料的互混，既节省抛填料，又防止软土挤入抛填料中而降低其抗剪强度，提高堤身的整体稳定性；

防护作用：土工织物软体排对铺设范围内的水下基底起到防冲刷的防护作用；

在长江口深水航道治理工程中，大量应用土工织物软体排（砂肋软体排、混凝土连锁块软体排、混合结构软体排）作为导流堤的护底结构，显示了独到的技术、经济优势。

（a）软体排有柔性、强度高、整体性好，对地形的适应性强，发挥护底作用中，对周

16

围水势变化影响小。

（b）土工织物虽孔径小，但透水性好，具有良好的透水保土效果。

（c）软体排整体稳定性好，土工织物强度高，与砂肋、混凝土连锁块接合紧密、牢固。

（d）工厂化生产，质量均一有保证。

（e）施工简便、效率高，工程造价低。

③ 在堆场与道路工程中的应用

（a）堆场工程

土工织物广泛应用于港区堆场软基加固中的塑料排水板（带）、袋装砂井的包覆过滤材料，还被用做排水盲沟中的包裹透水材料。

（b）道路工程

土工织物在港区道路中的应用有：

由于土工织物的隔离、过滤、加筋、排水作用，所以将土工织物铺设于路基与基土之间，可减少路基厚度，并可提高道路的使用年限；

可防治和消除道路的翻浆、冒泥问题；

在软基上筑路时，可作为表面地基加固处理的材料。

④ 海岸防护工程中的应用

（a）护坡

块石护坡，是海岸防护工程中应用得最广泛的结构形式之一，将土工织物铺设在块石护面层与坡内土料之间作反滤层，因织物的整体性好，所以反滤的效果突出，施工容易，质量容易保证。

（b）护岸墙

护岸墙多用于防护陡岸，可以用土工织物替代墙后传统的排水结构，将土工织物沿墙竖向设置与排水砾石层组合成排水结构。

（c）模袋混凝土护岸

用大型土工织物模袋充灌混凝土作护岸，施工快、美观、耐久。

⑤ 在围海造陆工程中的应用

围海造陆工程的关键是建造海堤、围堰，采用土工织物具有很多优点，甚至过去许多难以解决的问题，使用包括土工织物在内的土工合成材料后可以迎刃而解了，而且造价低廉、施工简单、可靠性高。

大型土工织物充砂袋、大型土工织物固化土填充袋已经广泛应用于大面积围海造陆的围堰建造中。

大型土工织物模袋混凝土已应用于造陆围堰顶、内外坡护面结构，围堰的整体稳定性好。

1.1.3 港口与航道工程混凝土的施工特点

（1）港口与航道工程混凝土的特点及其配制要求

1）港口与航道工程混凝土特点

由于港口与航道工程多处于海水（淡水）的环境中，遭受着波浪、海（水）流、潮汐等物理化学作用，因此，港口与航道工程混凝土在材料、配合比设计、施工及对其性能要求都有别于一般工程的混凝土，其主要特点是：

① 港口与航道工程混凝土建筑物部位的划分

港口与航道工程混凝土建筑物按不同的标高划分为不同的区域，不同区域的混凝土技术条件、耐久性指标、混凝土的钢筋保护层厚度等均有不同的规定。

（a）海水环境港口与航道工程混凝土区域的划分

海水环境港口与航道工程混凝土区域的划分见表1-13所示。

海水环境港口与航道工程混凝土区域的划分   表 1-13

大气区	浪溅区	水位变动区	水下区
设计高水位加 1.5m 以上的区域	设计高水位加 1.5m 至设计高水位减 1.0m 之间的区域	设计高水位减 1.0m 至设计低水位减 1.0m 之间的区域	设计低水位减 1.0m 以下的区域

注：对开敞式建筑物，其浪溅区上限，可根据受浪的具体情况适当调高；对掩护条件良好的建筑物，其浪溅区上限可适当调低。

（b）淡水环境港口与航道工程混凝土部位的划分

淡水环境港口与航道工程混凝土部位的划分见表1-14。

淡水环境港口与航道工程混凝土部位的划分   表 1-14

水上区	水下区	水位变动区
设计高水位以上的区域	设计低水位以下的区域	水上区与水下区之间的区域

注：水上区也可按历年平均最高水位以上划分。

② 港口与航道工程对混凝土材料的要求和限制

在港口与航道工程的混凝土中，应根据不同地区、不同部位选用适当的水泥品种：

（a）有抗冻要求的混凝土，宜采用普通硅酸盐水泥和硅酸盐水泥，不宜采用火山灰质硅酸盐水泥。

（b）不受冻地区海水环境浪溅区部位混凝土，宜采用矿渣硅酸盐水泥，特别是大掺量矿渣硅酸盐水泥。

（c）各种环境中的港口与航道工程混凝土均不得使用烧黏土质火山灰质硅酸盐水泥。

（d）港口与航道工程混凝土用细骨料中杂质含量限值见表1-15。

港口与航道工程混凝土用细骨料中杂质含量限值   表 1-15

项 次	项 目	有抗冻性要求		无抗冻性要求		
		$>$C40	$\leqslant$C40	$\geqslant$C60	C55~C30	$<$C30
1	总含泥量（以重量百分比计）	$\leqslant$2.0	$\leqslant$3.0	$\leqslant$2.0	$\leqslant$3.0	$\leqslant$5.0
	其中泥块含量（以重量百分比计）	$<$0.5		$\leqslant$0.5	$\leqslant$1.0	$<$2.0
2	云母含量（以重量百分比计）	$<$1.0		$\leqslant$2.0		
3	轻物质含量（以重量百分比计）	$\leqslant$1.0		$\leqslant$1.0		
4	硫化物及硫酸盐含量（以 SO$_3$ 重量百分比计）	$\leqslant$1.0		$\leqslant$1.0		
5	有机物含量（用比色法）	颜色不应深于标准色，否则应进行砂浆强度对比试验，相对抗压强度不应低于 95%				

（e）港口与航道工程混凝土粗骨料杂质含量的限制见表 1-16。

港口与航道工程混凝土粗骨料杂质含量的限制　　　　　　　表 1-16

项 次	项 目	有抗冻要求		无抗冻要求		
		＞C40	≤C40	≥C60	C55～C30	＜C30
1	总含泥量（以重量百分比计）	≤0.5	≤0.7	≤0.5	≤1.0	≤2.0
2	水溶性硫酸盐及硫化物（以 SO_3 的重量百分比计）	≤0.5			≤1.0	
3	有机物含量（用比色法）	颜色不应深于标准色，否则应进行混凝土强度对比试验，其抗压强度比不应低于 95%，即强度降低率不应大于 5%				

（f）海水环境中港口与航道工程混凝土严禁采用活性粗、细骨料。

③ 混凝土的配合比设计、性能、结构构造均突出耐久性的要求

（a）港口与航道工程混凝土，按耐久性要求，有最大水灰比的限值。按强度要求得出的水灰比与按耐久性要求规定的水灰比限值相比较，取其较小值作为配制混凝土的依据。

（b）港口与航道工程在海水环境下，对有耐久性要求的混凝土有最低水泥用量的限值。根据强度确定的水泥用量与最低水泥用量限值相比较要取其大者作为配制混凝土的依据。

（c）港口与航道工程混凝土应根据建筑物的具体使用条件，具备所需要的耐海水冻融循环作用的性能，耐海水腐蚀、防止钢筋锈蚀的性能。港口与航道工程水位变动区有抗冻要求的混凝土，抗冻融等级的标准见表 1-17。浪溅区范围内下 1m 的区域，与水位变动区的抗冻融等级相同。码头面层混凝土的抗冻等级较同一地区低 2～3 级。

港口与航道工程混凝土抗冻等级的选定标准　　　　　　　　表 1-17

建筑物所在地区	海水环境		淡水环境	
	钢筋混凝土预应力混凝土	素混凝土	钢筋混凝土预应力混凝土	素混凝土
严重受冻地区（最冷月月平均气温低于−8℃）	F350	F300	F250	F200
受冻地区（最冷月月平均气温在−4～−8℃之间）	F300	F250	F200	F150
微冻地区（最冷月月平均气温在0～−4℃之间）	F250	F200	F150	F100

注：1. 开敞式码头和防波堤等建筑物混凝土，宜选用比同一地区高一级的抗冻等级。
　　2. 表中抗冻等级，例如 F300 是指，在标准条件下制作的混凝土标准试件（100mm×100mm×400mm），经过 300 次冻融循环试验，其失重率≤5%；动弹性模量下降率≤25%。
　　3. 一次冻融循环的定义是：在规定的时间内（105±15min），将混凝土标准试件的中心温度从＋8±2℃冻结至−15℃～−17℃和在规定的时间内（75±15min），将该标准混凝土试件的中心温度从−15℃（−2℃）融化至＋8±2℃的整个过程。
　　混凝土的冻融试验过程控制，是由计算机自动进行的。

（d）有抗冻性要求的混凝土，必须掺入引气剂，混凝土拌合物的含气量应控制在表 1-18 所列范围内。

混凝土含气量选择范围 表 1-18

骨料最大粒径（mm）	含气量（%）	骨料最大粒径（mm）	含气量（%）
10.0	5.0~8.0	40.0	3.0~6.0
20.0	4.0~7.0	63.0	3.0~5.0
31.5	3.5~6.5	—	—

（e）港口与航道工程混凝土拌合物中氯离子含量的最高限值应符合表 1-19 的规定。

港口与航道工程混凝土中氯离子含量最高限值（按水泥重量%计） 表 1-19

环境条件	预应力混凝土	钢筋混凝土	素混凝土
海水条件	0.06	0.10	1.30
淡水条件		0.30	—

注：表中对素混凝土中氯离子的含量加以限制，是因为氯离子含量达到一定的数量，将加速水泥的凝结，使混凝土的可操作性变坏。早凝的水泥粒子表层形成了硬壳层，阻止和减弱了水对该粒子内部水泥的水化作用，造成混凝土后期强度和耐久性的较大损失。

（f）海水环境港口与航道工程钢筋混凝土保护层最小厚度应符合表 1-20 的规定。

海水环境港口与航道工程钢筋的混凝土保护层最小厚度（mm） 表 1-20

建筑物所在地区	构件所在部位			
	大气区	浪溅区	水位变动区	水下区
北方	50	50	50	30
南方		65		

注：1. 混凝土保护层厚度系指主筋表面与混凝土表面的最小距离。
　　2. 表中数值系箍筋直径为 6mm 时主筋的保护层厚度，当箍筋直径超过 6mm 时，保护层厚度应按表中规定增加 5mm。
　　3. 南方指最冷月月平均气温高于 0℃ 的地区。

（g）海水环境港口与航道工程预应力钢筋的混凝土保护层最小厚度应符合表 1-21 的规定。

海水环境港口与航道工程预应力钢筋的混凝土保护层最小厚度（mm） 表 1-21

构件厚度	构件所在部位			
	大气区	浪溅区	水位变动区	水下区
≥0.5m	75	90	75	75
<0.5m	以下两值中，取较大值：（a）2.5×预应力筋直径（mm）；（b）50			

注：1. 构件厚度系指规定保护层最小厚度方向上的构件尺寸。
　　2. 后张法的预应力筋保护层厚度系指预留孔道壁至构件表面的最小距离。
　　3. 永存应力<400MPa 的预应力筋的保护层厚度，按表 1-20 执行，但不宜小于 1.5 倍主筋直径。

（h）淡水环境港口与航道工程钢筋混凝土保护层的最小厚度应符合表 1-22 的规定。

建筑物所处地区	构件所在部位			
	水上区		水位变动区	水下区
	水汽积聚	不受水汽积聚		
北方	40	30	40	25
南方			30	

注：1. 箍筋直径超过 6mm 时，保护层厚度应按表中规定增加 5mm。
　　2. 碳素钢丝、钢绞线的保护层厚度应按表中规定增加 20mm。
　　3. 预应力钢筋的保护层厚度不宜小于 1.5 倍主筋直径。

④ 海上混凝土浇筑的施工措施

（a）港口与航道工程混凝土施工中，趁低潮位浇筑混凝土时，应采取措施保证浇筑速度高于潮水上涨的速度，并保持混凝土在水位以上进行振捣。底层混凝土初凝以前不宜受水淹，浇筑完后，应及时封顶，并宜推迟拆模时间。

（b）有附着性海生物（如牡蛎）滋长的海域，对水下混凝土接茬部位，应缩短浇筑间隔时间或避开附着性海生物的生长旺季施工。

（c）无掩护海域现场浇筑面层混凝土时，应有防浪溅设施。

2）港口与航道工程混凝土配制要求

① 混凝土的强度。

混凝土施工配制强度 $f_{cu,o}$ 应按式（1-1）计算：

$$f_{cu,o} = f_{cu,k} + 1.645\sigma \tag{1-1}$$

式中　$f_{cu,o}$——混凝土施工配制强度（MPa）；

　　　$f_{cu,k}$——设计要求的混凝土立方体抗压强度标准值（MPa）；

　　　σ——工地实际统计的混凝土立方体抗压强度标准差（MPa）。

σ 的取值应符合下列规定：

施工单位或施工工地如有近期足够数量的混凝土立方体抗压强度数据时，σ 值可按式（1-2）计算：

$$\sigma = \sqrt{\frac{\sum_{i=1}^{N} f_{cu,i}^2 - N\mu_{f_{cu}}^2}{N-1}} \tag{1-2}$$

式中　$f_{cu,i}$——第 i 组混凝土立方体抗压强度（MPa）；

　　　$\mu_{f_{cu}}^2$——N 组混凝土立方体抗压强度的平均值（MPa）；

　　　N——统计批内的试件组数，$N \geqslant 25$。

施工单位或施工工地没有近期足够数量的混凝土立方体抗压强度数据时，可暂按表 1-23 中港口与航道工程混凝土立方体抗压强度标准差的平均水平（σ_0），结合本单位的生产管理水平，酌情选取 σ 值。

港口与航道工程混凝土立方体抗压强度标准差的平均水平（σ_0）　　表 1-23

强度等级	<C20	C20~C40	>C40
σ_0（MPa）	3.5	4.5	5.5

注：采用压蒸工艺生产的高强混凝土管桩，可取 $\sigma_0 = 0.1 f_{cu,k}$。

开工后则应尽快积累统计资料，对 σ 值进行修正。

按 $f_{cu,o}=f_{cu,k}+1.645\sigma$ 配制混凝土，则混凝土施工生产留置试件的抗压强度满足设计要求的保证率为 95%。

② 水灰比的选择、水泥用量的确定应同时满足混凝土强度和耐久性的要求。

（a）根据混凝土强度～水灰比关系曲线，选择水灰比。

用实际施工应用的材料，按指定的坍落度拌制数种不同水灰比的混凝土拌合物，并根据 28d 龄期混凝土立方体试件的极限抗压强度，建立强度与水灰比的关系曲线，可以从曲线上查得与混凝土施工配制强度相应的水灰比。

（b）上述按强度要求得出的水灰比应与表 1-24、表 1-25 所列港口与航道工程海水或淡水环境按耐久性要求规定的水灰比最大允许值相比较，取其较小值作为配制港口与航道工程混凝土的依据。

港口与航道工程海水环境混凝土按耐久性要求的水灰比最大允许值　　　表 1-24

环境条件			钢筋混凝土 预应力混凝土		素混凝土	
			北方	南方	北方	南方
大气区			0.55	0.50	0.65	0.65
浪溅区			0.40	0.40	0.65	0.65
水位变动区		严重受冻	0.45	—	0.45	—
		受冻	0.50	—	0.50	—
		微冻	0.55	—	0.55	—
		偶冻、不冻	—	0.50	—	0.65
水下区		不受水头作用	0.55	0.55	0.65	0.65
	受水头作用	最大作用水头与混凝土壁厚之比<5	0.55			
		最大作用水头与混凝土壁厚之比 5～10	0.50			
		最大作用水头与混凝土壁厚之比>10	0.45			

港口与航道工程淡水环境混凝土按耐久性要求的水灰比最大允许值　　　表 1-25

环境条件			钢筋混凝土 预应力混凝土	素混凝土
水上区		受水汽积聚或通风不良	0.60	0.65
		不受水汽积聚或通风良好	0.65	0.65
		严重受冻	0.55	0.55
水变动位区		受冻	0.60	0.60
		微冻	0.65	0.65
		偶冻、不冻	0.65	0.65
		不受水头作用	0.65	0.65
水下区	受水头作用	最大作用水头与混凝土壁厚之比<5	0.60	
		最大作用水头与混凝土壁厚之比 5～10	0.55	
		最大作用水头与混凝土壁厚之比>10	0.50	

(c) 根据坍落度～水泥用量关系曲线查得水泥用量

按选定的水灰比，选择用水量，通过试验确定最佳砂率。以选定的水灰比和最佳砂率拌制数种水泥用量不同的混凝土拌合物，测定其坍落度，并绘制坍落度与水泥用量的关系曲线，从曲线上查出与施工要求坍落度相应的水泥用量。

(d) 该水泥用量应与表 1-26 所列港口与航道工程海水环境按耐久性要求的最低水泥用量相比较，取其较大值作为配制港口与航道工程混凝土水泥用量的依据。

港口与航道工程海水环境按耐久性要求的最低水泥用量（kg/m³）　　　　表 1-26

环境条件		钢筋混凝土 预应力混凝土		素混凝土	
		北方	南方	北方	南方
大气区		320	360	280	280
浪溅区		400	400	280	280
水变动位区	F350	400	360	400	280
	F300	360		360	
	F250	330		330	
	F200	300		300	
水下区		320	320	280	280

注：1. 有耐久性要求的大体积混凝土，水泥用量应按混凝土的耐久性和降低水泥水化热综合考虑。
　　2. 当采用硅酸盐水泥、普通硅酸盐水泥拌制混凝土时，宜适当掺加优质掺合料。

③ 港口与航道工程混凝土拌合物中氯离子的最高限量应符合表 1-27 的规定。

港口与航道工程混凝土拌合物中氯离子的最高限量（占水泥质量的％）　　　　表 1-27

预应力混凝土	钢筋混凝土
0.06	0.10

④ 港口与航道工程海水浪溅区混凝土抗氯离子渗透性不应大于 2000C。
⑤ 配制港口与航道工程混凝土宜掺用优质减水剂和优质掺合料。
⑥ 关于施工可操作性的要求。

所配制混凝土的施工可操作性，又称为混凝土的和易性或工作性，其含义应包括混凝土的流动性、可塑性、稳定性和易于密实的性能。至今，人们仍然普遍采用古老的坍落度值来表征混凝土的可操作性，所配制混凝土的坍落度以及坍落度损失限制应满足施工操作的要求。

⑦ 关于所配制混凝土的经济、合理性。

确定混凝土的配合比及坍落度，经试拌校正后，可在确定的配合比上下试拌两个与之接近、可供比选的配合比，根据指定的要求制作试件，进行相应的物理力学性能和耐久性试验校核，在满足前两项基本要求的前提下，选定更为经济的配合比。

(2) 提高港口与航道工程混凝土耐久性的措施

港口与航道工程混凝土的耐久性主要包括：混凝土的抗冻性；混凝土防止钢筋锈蚀的性能；混凝土的抗渗性和抗海水侵蚀的性能。

1）选用优质的原材料

① 港口与航道工程结构混凝土所用水泥的强度等级不得低于 42.5 级。

② 有抗冻要求的混凝土，宜采用普通硅酸盐水泥和硅酸盐水泥，不宜采用火山灰质硅酸盐水泥。

③ 港口与航道工程中，不得应用烧黏土质火山灰质硅酸盐水泥。

④ 拌制港口与航道工程混凝土的粗、细骨料，其杂质的含量限值、细骨料中氯离子的含量限值，应满足《水运工程混凝土施工规范》JTS 202 的规定。

⑤ 海水环境工程中严禁使用活性粗、细骨料。

⑥ 港口与航道工程混凝土所用粗骨料的粒径、压碎指标等应满足《水运工程混凝土施工规范》JTS 202 的规定。

⑦ 港口与航道工程有抗冻性要求的混凝土，必须采用引气剂，并保证有足够的含气量。

2）按《水运工程混凝土施工规范》JTS 202 的规定，优化混凝土的配合比设计

① 按混凝土所处工作环境、建筑物的部位及使用年限要求等，确定其抗冻等级、抗渗等级及抗氯离子渗透标准（电通量值）。

② 混凝土按耐久性要求的水灰比最大允许值、最低水泥用量，混凝土的含气量值，混凝土拌合物中氯离子的最高限值，钢筋和预应力筋的混凝土保护层最小厚度，均应满足《水运工程混凝土施工规范》JTS 202 的规定。

3）精心施工

① 混凝土的搅拌、运输、浇筑、振捣、养护均应满足《水运工程混凝土施工规范》JTS 202 的规定；

② 海上（水上）混凝土结构的施工，应优先采取陆上预制代替水上现场浇筑；

③ 准确控制混凝土中钢筋的保护层厚度；

④ 采用优质混凝土涂料进行混凝土涂层保护。

4）防止混凝土结构开裂

① 根据结构的受力特点及温度应力计算，对易开裂的部位在设计中采取相应的措施；

② 混凝土结构适宜的分段，合理地设置施工缝；

③ 采取综合性的有效措施减小大体积混凝土的温度应力；

④ 应用纤维混凝土增强混凝土的抗裂能力；

⑤ 施加预应力，增强结构的抗裂能力。

5）应用高性能混凝土

6）应用环氧涂层钢筋

预先用环氧树脂通过特殊的工艺涂敷钢筋，极大地提高了钢筋的耐锈性能。

（3）高性能混凝土的应用

高性能混凝土（HPC）是伴随着混凝土的技术进步，在 20 世纪 80 年代中期问世的一种新型高技术混凝土，HPC 技术的发展与应用以北欧与北美为先导，很快在全球范围内展开，目前已在大量工程中应用，包括许多桥梁，如丹麦的大贝尔特海峡大桥、丹麦与瑞典之间的海峡大桥、加拿大联盟大桥、香港青马大桥，我国的东海大桥等，这些跨海桥梁的设计使用寿命均在 100 年以上。

高性能主要特征是在大幅度全面提高和改善普通混凝土性能的基础上，能针对不同的用途要求，对高耐久性、高工作性、高强度、高体积稳定性和合理的经济性等予以组合性或者选择性的保证。

1）高性能混凝土的特征

① 大量掺用特定的矿物性掺合料、应用高效减水剂、采用低水胶比是高性能混凝土组成和配合比的特点。

特定的活性矿物掺合料：高性能混凝土所采用的矿物性掺合料为硅灰、优质粉煤灰、磨细矿渣。粉煤灰、磨细矿渣在高性能混凝土中掺用量大，例如单掺优质粉煤灰，其掺量可达到胶凝材料总量的 30％～40％；单独掺用磨细矿渣可达到胶凝材料总量的 60％～70％。既可以单独掺用，也可以复合掺用。

② 必须应用与水泥相匹配的高效减水剂：其减水率应达到 20％以上。

③ 低水胶比：通常水胶比均在 0.35 以内。

④ 高性能混凝土一般应用最大粒径≤25mm 质地坚硬的粗骨料。

2）高性能混凝土的性能

① 高耐久性

混凝土具有低吸水率。

具有高抗氯离子渗透的性能，高性能混凝土可以将普通混凝土的电通量降低到 1000C 以下，从而极大地降低海水环境对混凝土中钢筋的锈蚀，提高建筑物的使用年限。

具有高抗冻融破坏的性能，掺用引气剂的高性能混凝土，其抗冻等级显著提高，可以将规范所规定的耐冻混凝土的抗冻等级 F300～F400 提高到 F1000 甚至更高。

② 高强度

高性能混凝土 28d 的抗压强度可以达到 80～100MPa，但在港口与航道工程中通常应用的高性能混凝土强度为 C45～C60。

③ 高工作性能

大流动度：在达到上述强度和耐久性指标的同时，混凝土的坍落度值为 180～200mm；且混凝土坍落度的经时损失小。

混凝土的和易性好，易浇筑，不离析，不泌水。

④ 高体积稳定性

3）高性能混凝土的技术指标

交通部《海港工程混凝土结构防腐蚀技术规范》JTJ 275 将高性能混凝土列为提高海港工程混凝土耐久性的首选措施。该规范对港航工程高性能混凝土技术指标的规定列于表1-28 中。

高性能混凝土的技术指标 表 1-28

混凝土拌合物			硬化混凝土	
水胶比	胶凝物质总量（kg/m³）	坍落度（mm）	强度等级	抗氯离子渗透（C）
≤0.35	≥400	≥120	≥C45	≤1000

对于北方有抗冻要求的混凝土，尚应满足耐用年限内的抗冻性要求。

表 1-28 中硬化混凝土抗氯离子渗透性的指标（C），是用快速试验法（电通量法）测

得的高性能混凝土（或传统混凝土）通过电量的指标（库仑）。

港航工程高性能混凝土技术指标中规定混凝土的强度等级不低于C45，是由于在港航工程中，与耐久性相比，强度已不是主要问题了。对于大多数的工程，并不需要过高的强度，况且超高强（例如超过C70）可能使混凝土明显变脆。

（4）PHC桩与大直径管桩的性能及其在港口与航道工程中的应用

1）先张法高强混凝土管桩（PHC桩）的应用

我国已能生产 $\phi600mm$、$\phi800mm$、$\phi1000mm$、$\phi1200mm$、$\phi1400mm$ 最长管节长度可达 55m 的 PHC 桩。

① PHC 桩的生产制作

PHC 桩采用先张法预应力高强混凝土（C80），高速离心成型，经过常压和高压蒸汽养护而制成。1d 即可获得自然养护 28d 龄期的强度。其生产工艺流程如图 1-7 所示。

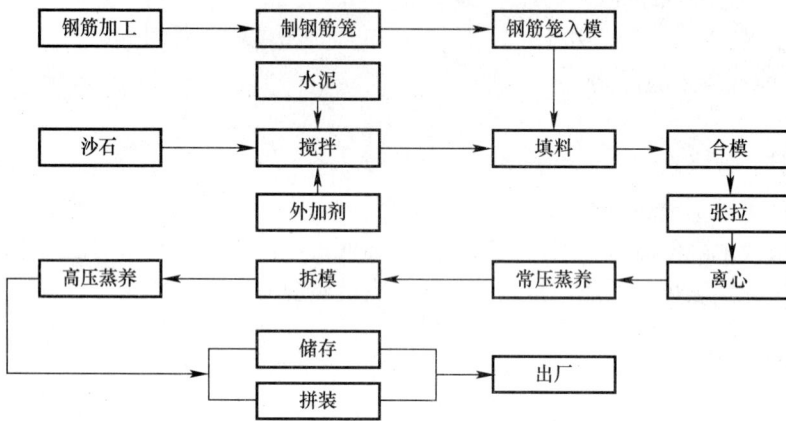

图 1-7　PHC 桩生产工艺流程图

（a）材料：水泥：52.5 级硅酸盐水泥或普通硅酸盐水泥；

骨料：中砂，5～25mm 碎石，强度≥150MPa，压碎指标<5%；

外加剂：高效减水剂，掺量为水泥重的 1%；

钢筋：（预应力筋）为符合 YB/T 111 要求的抗拉强度为 1420MPa 的高强度、低松弛预应力混凝土钢筋。

（b）混凝土：配合比 1∶1.22∶2.11，水灰比：0.3。

（c）钢筋张拉：以应力控制为主，应变控制为辅，张拉的控制应力值取 0.9 的冷拉钢筋屈服强度。

（d）成型：离心成型，高速离心加速度不小于 $73g$。

（e）养护：常压蒸养至强度达到 45MPa，脱模后进入压力为 1MPa、温度为 180℃ 的高压釜中蒸养。

② PHC 桩的技术性能特点

（a）桩的强度高：制作 2 天即可进施工现场进行打桩，桩身混凝土强度可达 80MPa；耐锤击性能好，能承受的锤击力可达 13720kN，可打入较深硬层，充分利用地基土的强度，提高桩的承载力。

（b）桩的抗裂能力强：桩身混凝土的有效预压应力可达 7～9MPa，极限抗裂弯矩达 1400～1900kN·m，破坏弯矩达 2300～3000kN·m；

（c）节省混凝土：与同规格 PC 方桩比，PHC 桩混凝土用量节省 30％，钢筋用量节省 50％以上。

（d）PHC 桩的耐久性高。

③ PHC 桩的应用

自 20 世纪 80 年代初，特别是近年来，已先后在宝山钢铁公司马迹山矿石码头工程、437 厂船坞工程、上海外高桥造船基地舾装码头工程、外高桥电厂二期等诸多港口工程中得到了广泛应用。

2）后张法预应力混凝土大直径管桩（大管桩）的生产制作与应用

预应力混凝土大直径管桩采用离心、振动、辊压相结合的复合法工艺生产高强混凝土管节，然后对管节施加后张预应力进行拼装成长桩。这种管桩的混凝土强度高、密实性好、耐锤击，使用在港口工程中具有独到的优越性。

① 管节的制作

管节成型的主要工艺流程如图 1-8 所示。

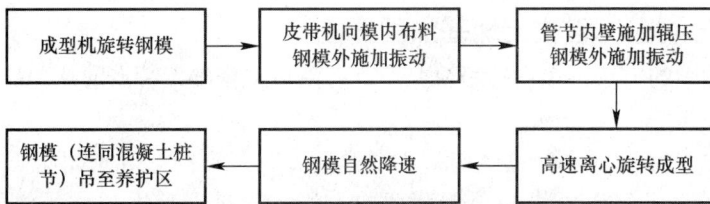

图 1-8 管节成型的主要工艺流程图

（a）主要材料

水泥：采用 52.5 级硅酸盐水泥或普通硅酸盐水泥，水泥的铝酸三钙不应大于 10％；

骨料：细骨料，采用细度模量 3.0～2.3 的中砂；

粗骨料，采用质地坚硬的碎石，最大粒径 25mm；

外加剂，采用高性能减水剂。

（b）管节成型工艺条件：

钢筋笼制作：采用 Φ8 盘条圆钢筋经冷拉后编制成钢筋笼。

混凝土的技术条件：强度等级不小于 C60；水泥用量 400～500kg/m³；水灰比不大于 0.35；混凝土拌合物维勃稠度为 25～35s。

（c）预留张拉孔道：采用钢管芯棒外套橡胶管，在混凝土强度达到设计强度的 70％时抽出，形成预留张拉孔道，每桩节断面上均布 16～20 个预留孔。

（d）混凝土入模、振动、离心成型。

（e）管节养护：管节采用蒸汽养护。

（f）管桩的拼接：

根据桩长确定拼接的桩节数量（基本节长 4000mm），桩节之间涂刷 K-80 胶粘剂粘结。

（g）穿预应力钢绞线

根据桩型号的不同，桩身预留孔道分别为 16、18、20 孔，每个预留孔中穿 7Φ5 的高强度、低松弛预应力钢绞线 1 根、2 根，最多可达 3 根。断面上均匀地穿入 7Φˢ15.2 的预应力钢绞线 20～48 根，将若干粘结在一起的桩节穿起来，作为桩的后张预应力筋。

（h）张拉预应力筋：张拉的控制应力设计值为预应力钢绞线强度标准值的 70%，所建立的管桩混凝土预压应力为 6～12MPa；张拉分两次进行，第一次张拉的控制应力为控制应力设计值的 30%～50%，目的是把桩节粘结起来；待胶粘剂的抗压强度达到 30MPa 后，进行第二次张拉，张拉的控制应力达到设计值。

② 大管桩的技术性能

（a）混凝土的有效预压应力：6～12MPa。

（b）开裂弯矩：600～1500kN·m。

③ 大管桩的应用

大管桩已在连云港庙岭二期工程的 5 个泊位、北仑港电厂煤码头、北仑港 20 万 t 级矿石码头、镇海石化总厂 10 万 t 级油码头、乍浦港码头、舟山石油运转码头、深圳赤湾港 7～13 号泊位码头等工程中大量应用。

1.1.4　港口与航道工程软土地基加固方法

软土地基加固的方法很多，这里仅介绍具有港口工程施工特点的几种加固方法。

（1）真空预压法

真空预压法是在加固区打设竖向排水通道后，其上覆膜形成密闭状态，抽去水和空气而产生真空，将大气压力作为预压荷载的方法。其机理与堆载预压法不同，它通过降低地基的孔隙水压力，达到提高地基有效应力，从而加速地基固结的目的。真空预压处理地基时，真空预压的抽气设备宜采用射流泵，空抽时必须达到 95kPa 以上的真空吸力，膜下真空度应稳定在 600 mmHg（等效于 80kPa 荷载，相当于 4.5m 的堆土荷载）以上，泵上真空度应大于 700mmHg。对某些承载力要求高和沉降控制严的建筑，可采用真空——堆载联合预压法，堆载的大小根据工程要求减去稳定真空度相当的等效荷载。真空预压的总面积不得小于基础外缘所包围的面积，每块预压的面积宜尽可能大，根据加固要求，彼此间可搭接或有一定间距，在处理范围内有透气层和透水层时应采取有效措施切断。抽真空设备的数量根据加固面积来确定，一套设备可抽的面积为 1000～1500m²，真空预压时，加固区周围地面会产生裂缝，故应与原有建筑物保持一定距离。

当采用 φ7cm 袋装砂井和塑料排水板作为竖向通道时，其设计间距一般在 1.0～1.5m 左右，竖向排水通道长度主要取决于工程要求和土层情况：软土不厚时，可打穿整个软土层；软土较深厚时，应根据稳定或沉降要求确定；对以地基稳定性控制的工程，竖向排水通道深度至少应超过最危险滑动面 2m，软土层中有砂夹层或砂透镜体应予利用，以缩减竖向排水通道长度和数量。

由于塑料排水板质量轻、价格低、运输方便、加固效果好、施工速率高等优点，为首选的竖向排水通道，国内生产的排水板性能及使用深度见表 1-29。

国内生产的排水板性能及使用深度 表 1-29

项　目	单　位	A 型	B 型	C 型	条　件
纵向通水量	cm³/s	≥15	≥25	≥40	侧压力 350kPa
滤膜渗透系数	cm/s	≥5×10⁻⁴			试件在水中浸泡 24h
滤膜等效孔径	μm	<75			以 O₉₈ 计
复合体抗拉强度（干态）	kN/10cm	≥1.0	≥1.3	≥1.5	延伸率 10%时
滤膜抗拉强度 纵向干态	N/cm	≥15	≥25	≥30	延伸率 10%时
横向湿态		≥10	≥20	≥25	延伸率 15%时，试件在水中浸泡 24h

注：A 型排水板适用于打设深度小于 15m；
　　B 型排水板适用于打设深度小于 25m；
　　C 型排水板适用于打设深度小于 35m。

真空预压法的工艺流程如下：

铺设砂垫层——打设塑料排水板（或袋装砂井）——铺设排水管系、安装射流泵及出膜装置——挖密封沟——铺膜、覆水——抽气——卸载。

1）打设竖向排水体的施工机具应根据加固区土质的不同类型选用。在刚刚吹填（水力冲填）不久的软土或超软土上打设竖向排水体时可在软土面铺设荆笆（或竹笆）砂石垫层，使用轻型打设机打设袋砂井或塑料排水板。为减小对表面土的扰动和方便施工，一般是先铺设脚手板作为车道板，后用人力车或载重量小的翻斗车铺填砂或碴石；铺复合垫层时，先铺荆笆或竹笆、土工布，然后在其上铺脚手板作为车道。

2）在加固面积很大时，如采用真空预压或采用堆载预压、真空预压联合堆载预压，而且堆载料比较充足的情况下，为加快加固进度和减少搭接区加固效果差的结合带，分区的面积应尽可能大。

3）为了监控施工和优化设计，在施工全过程中必须进行观测。监测项目有总沉降、分层沉降、孔隙水压和侧向变形等。在设置水平排水体、竖向排水体之前，直至卸荷之后的整个加固过程中，应根据施工进度安排，按拟定的间隔时间进行观测，并做好记录、绘制曲线和分析数据等工作。观测资料应及时提供给设计。

4）打设袋砂井或塑料排水板，一般都用履带式挖掘机改装的打设机或专门制造的打设机，前者利用液压将导管压入，后者利用振动锤将导管打入。有时也采用轻便的轨道式门式打设架，在打设架下铺设枕木，以扩散应力而适应软土地基强度的特点。打设袋砂井时，导管的末端可设活动桩尖或在导管着地前，套上混凝土桩尖，当导管打至预定标高后从导管顶部的窗口送入砂袋，边送料边抖动，使砂在自重作用下充满砂袋，以免出现缩颈或断井现象。砂井灌砂时，砂柱不得中断，若有中断，则应补打；砂井的灌砂率对于套管法砂井不得小于计算值的 85%，对于袋装砂井不得小于 95%。袋砂井打设前，砂袋宜用干砂灌制，应达到密实状态，砂袋入井下沉时不得发生扭结、缩颈或断裂现象。

打设塑料排水板时，在导管未下沉前，从导管顶部的窗口送入塑料排水板，板末端出导管后，用铁管卡将其别在导管底端，待导管打至预定标高后，从顶部剪断塑料排水板。

袋砂井和塑料排水板打设后，至少应露出砂垫层顶面 50cm。孔周边塌陷的漏斗应及时用砂填满，以确保其与垫层有可靠的连通，同时避免抽真空时漏斗处下陷。

排水砂井所用砂料宜用中粗砂，含泥量应小于 3%。塑料排水板应符合设计提出的质量要求，塑料排水板施工质量应符合现行行业标准《塑料排水板施工规程》JTJ 256 的有关规定。

5）密封膜应采用抗老化性能好、韧性好、抗穿刺能力强的不透气塑料膜。铺膜前，要认真清理平整砂垫层，拣除贝壳及带尖角石子，填平打设排水通道时留下的孔洞。一般采用两层膜，每层膜铺好后要认真检查和修补破损处，符合要求后再铺下一层，膜上应覆水。真空预压法要保证处理场地的气密性（包括采取必要的隔断措施）。在满足真空度要求的条件下，应连续抽气，当沉降稳定后，方可停泵卸载。

6）真空预压法施工监测和效果检验

真空预压工程应进行真空度、沉降、位移、孔隙水等的观测，膜下真空度应稳定在80kPa以上，以保证效果。真空预压的沉降稳定标准为：实测地面沉降速率连续 5～10d 平均沉降量小于或等于 2mm/d。

真空预压法的施工检测与效果检验，除按堆载预压法的规定执行外，尚应测量泵上及膜下真空度，并应在真空预压加固区边缘处埋设测斜仪，测量土体的侧向位移。

一般土质条件下，抽真空 3 个月固结度可达到 85％～90％，堆载预压法达到同样固结度约需 4 个月以上。

（2）水下深层搅拌法

水下深层搅拌法是加固饱和黏性土地基的一种新方法，其实质是利用水泥材料作为固化剂，通过特制的搅拌机械，在地基深处就地将软土和固化剂（浆液）强制搅拌，由固化剂和软土间所产生的一系列物理——化学反应，使软土硬结成具有整体性、水稳定性和一定强度的水泥加固土，从而提高地基强度和增大变形模量。水下深层水泥搅拌法（简称CDM工法）加固软土地基具有快速、高强、无公害等优点，已在我国数项大型码头工程中得以应用。在港口与航道工程中该法多用于重力式结构的基础、高桩码头结构的岸坡和支护结构等重要部位。加固地基的形式可分为块式、壁式、格子式和桩式。

该法适用于处理正常固结的淤泥和淤泥质土、粉土、饱和黄土、素填土、黏性土以及无流动地下水的饱和松散砂土等地基，对于泥炭土、有机质土、塑性指数大于 25 的黏土、地下水有腐蚀性的地区，必须通过现场试验确定其适用性。

1）施工工艺

① 确定加固方案前应查明加固区内详尽的岩土工程资料，包括各土层的分布范围、厚度、组成、有机质含量和地下水情况，如为海洋环境，还应进行水质调查和障碍物、水深、气象和海况调查。

施工场地事先应平整，必须清除地上和地下的一切障碍物，遇有明浜、池塘及洼地时，应抽水和清淤，回填黏性土料并予以压实。

② 大型工程设计前应先进行室内配合比试验，并应选在正式工程附近，地质条件相近的地点进行现场试验工程，检验搅拌土体的强度和均匀性、着底标准、搅拌土体的结合性，以及搅拌设备系统工作的稳定性。

固化剂宜选用强度等级为 42.5 级及以上的普通硅酸盐水泥，水泥掺量应通过配合比试验确定，除块状加固时为加固湿土重的 7％～12％外，其余宜为 12％～20％。

水泥浆的水灰比与加固土的性质和含水量有关，变动范围较大，也需要通过配合比试验确定。根据工程需要和土质条件可选用具有早强、缓凝、减水及节省水泥等性能的外加剂，早强剂可选用三乙醇胺、氯化钙、碳酸钠或水玻璃等，减水剂可选用木质磺酸钙、石膏，兼有缓凝和早强作用。

③ 施工前应确定灰浆泵输浆量、灰浆经输浆管到达搅拌机喷浆口的时间和起吊设备提升速度等施工参数，并根据设计要求通过工艺性成桩试验确定施工工艺。

④ 搅拌机喷浆提升的速度和次数必须符合施工工艺的要求。

当水泥浆液到达出浆口后，应喷浆搅拌 30s，在水泥浆与桩端土充分搅拌后，再开始提升搅拌头。

搅拌机搅拌头贯入作业穿越硬层困难时，可采取输入润滑剂和降低贯入速度等措施以利穿越。

施工时因故停浆，应将搅拌头下沉至停浆点以下 0.5m 处，待恢复供浆时再喷浆搅拌提升。若停机超过 3h，宜先拆卸输浆管路，并加以清洗。

壁桩加固时，相邻桩的施工间隔不宜超过 24h。如间隔时间太长，与相邻桩无法搭接时，应采取局部补桩或注浆等补强措施。

深层搅拌处理机倾斜度调整、贯入速度、转速、扭矩、搅拌和引拔、水泥浆的注入量等都应由控制台控制和记录。

⑤ 深层搅拌法的主要施工步骤为：

（a）搅拌机械就位、调平；

（b）预搅拌下沉至设计加固深度；

（c）边喷浆、边搅拌提升搅拌头直至预定的停浆面；

（d）重复搅拌下沉至设计加固深度；

（e）根据设计要求，喷浆或仅搅拌提升直至预定的停浆面；

（f）提升搅拌头到无障碍高度，水平移动搅拌机械，定位在相邻搅拌位置上继续上述作业。

⑥ 选取合适的搅拌机。深层搅拌机械技术参数见表 1-30 所列。

深层搅拌机械技术参数 表 1-30

类型		SJB-30	SJB40	GZB-600	DJB-14D
深层搅拌机	搅拌轴数量（根）	2（Φ129）	2（Φ129）	1（Φ129）	1（Φ129）
	搅拌叶片外径（mm）	700	700	600	500
	搅拌轴转速（r/min）	43	43	50	60
	电机功率（kW）	2×30	2×40	2×30	1×22
起吊设备	提升能力（kN）	>100	>100	150	50
	提升高度（m）	>14	>14	14	19.5
	提升速度（m/min）	0.2~1.0	0.2~1.0	0.6~1.0	0.95~1.20
	接地压力（kPa）	60	60	60	40
固化剂制备系统	灰浆拌制台数×容量（L）	2×200	2×200	2×500	2×200
	灰浆泵量（L/min）	HB6-3 50	HB6-3 50	AP-15-B 281	UBJ₂ 33
	灰浆泵工作压力（kPa）	1500	1500	1400	1500
	集料斗容量（L）	400	400	180	
技术指标	一次加固面积（m²）	0.71	0.71	0.283	0.196
	最大加固深度（m）	10~12	15~18	10~15	19.0
	效率（m³/台班）	40~50	40~50	60	100
	总重量（t）	4.5	4.7	12	4

⑦ 水下深层搅拌法需要选用大型多搅拌头、自动化程度高的专用CDM船。天津港软基加固采用的日本设备搅拌叶片直径1600mm，4轴，加固能力60～150m³/h，水泥掺量140～180kg/m³，水灰比1.3。搅拌杆下降速度0.6m/min，转速45r/min，着底后搅拌时间90s。我国自行组装的第一台CDM搅拌船搅拌叶片直径1200mm，2轴，加固能力70～80m³/台班，搅拌杆下降速度0.5m/min，转速24.5r/min，着底后搅拌时间120s。该船在烟台港软基加固，水泥掺量160kg/m³，水灰比0.9。天津港和烟台港的软基加固要求改良土的60d强度为2.5MPa。

2）施工监测和效果检验

① 一般要求

（a）每组搅拌桩的成桩过程都应有技术参数的完整记录，施工中应随时检查。施工单位应分区整理提供各区的质量指标，并作为工程验收的依据。

（b）水泥搅拌桩所用水泥和外加剂的质量应符合国家现行标准的有关规定。

（c）水灰比和每立方米水泥搅拌桩拌合体的水泥用量应满足设计要求和经试验段施工所确定的参数，水下深层搅拌桩应符合现行行业标准《水下深层水泥搅拌法加固软土地基技术规程》JTJ 259 的有关规定。

（d）搅拌头的转速、贯入及提升速度、着底电流和水泥浆流量等应符合试验段施工所确定的工艺参数。

（e）地基加固后，在上部结构施工后和后方回填过程中以及工程开始使用一定时期内，应在上部结构和加固体内埋设测斜仪、沉降仪，设置平面位移和沉降观测点，对建筑物和加固体的沉降位移及倾斜等进行观测。

② 陆上深层搅拌施工监测和效果检验

（a）水泥搅拌桩桩体现场钻孔取样的取芯率应大于85%，芯样试件的无侧限抗压强度平均值不应低于设计抗压强度标准值。钻孔取样的数量为桩总数的2‰，且不少于3根。

（b）水泥搅拌桩复合地基单桩承载力必须满足设计要求，复合地基单桩承载力检验数量为桩总数的2‰，且不少于3根。

（c）水泥搅拌桩施工允许偏差、检查数量和方法应符合表1-31的规定。

水泥搅拌桩施工允许偏差、检查数量和方法　　　　　　　　表1-31

项　目	允许偏差	检验单元和数量	单元测点	检验方法
桩位	50mm	每根桩（逐根检查）	1	拉线，用钢尺量纵横两方向，取大值
桩径	±0.04D	每根桩（抽查10%）	1	用钢尺量
桩底标高	±200mm	每根桩（逐根检查）	1	测机头深度
桩顶标高	+100mm −50mm	每根桩（逐根检查）	1	用水准仪检查（最上部500mm不记入）
垂直度	1.5%	每根桩（抽查10%）	1	用经纬仪或吊线检查

注：D为搅拌桩的直径，单位为mm。

③ 水下深层搅拌体施工监测和效果检验

（a）水泥搅拌桩桩体现场钻孔取样的取芯率不应低于80%，芯样试件的无侧限抗压强度平均值应大于设计抗压强度标准值。变异系数宜小于0.35，最大不得大于0.5。垂直钻孔每10000m³水泥拌合体取1个，且每个单位工程不少于3个；斜钻孔每30000m³水泥拌合体取 1 个，且每个单位工程不少于 1 个。

（b）水泥搅拌桩体的位置、范围和形式应符合设计要求。拌合体单桩位置偏差不应大于 50mm，单桩垂直度偏差不应大于 1%。

（c）水下深层水泥搅拌桩体施工允许偏差、检查数量和方法应符合表 1-32 的规定。

水下深层水泥搅拌桩体施工允许偏差、检查数量和方法　　　　表 1-32

项　目	允许偏差	检验单元和数量	单元测点	检验方法
桩底标高	±200mm	每个钻孔	1	检查钻孔取样记录
桩顶标高	±200mm		1	

（d）水下深层水泥拌合体的强度标准值对应的龄期宜取 90d 或 120d，并应满足设计要求。

（e）加固地基后，对高于设计基床底标高以上的隆起土原则上应挖除。当隆起土的底部强度满足设计要求时，允许部分残留，但应保证其上抛石基床的厚度不小于 50～100cm。

（3）爆炸排淤填石法

爆炸法处理水下地基和基础是一项新的施工技术。它利用炸药爆破释放的能量达到改良地基和基础的目的。主要有爆破排淤填石法（简称爆填法）和爆破夯实法（简称爆夯法）两种工艺。爆破排淤填石法是采用爆破方法排除淤泥质软土换填块石的置换法；爆破夯实是用爆破使块石或砾石地基基础振动密实的方法。

1）施工原理

爆破排淤填石法是在抛石体外缘一定距离和深度的淤泥质软基中埋放药包群，起爆瞬间在淤泥中形成空腔，抛石体随即坍塌充填空腔形成"石舌"，达到置换淤泥目的。经多次推进爆破，即可达最终置换要求。一次推进的爆破排淤填石工作原理如图 1-9 所示。

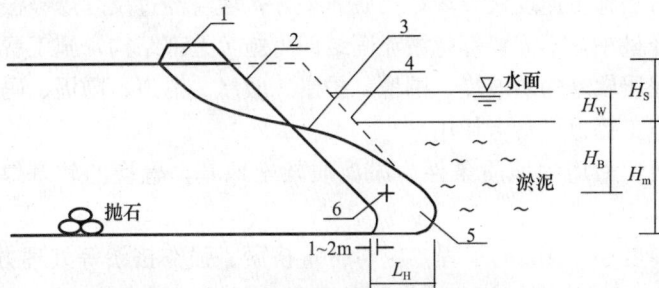

图 1-9　一次推进的爆破排淤填石工作原理
1—超高填石；2—爆前断面；3—爆后断面；4—下一循环抛填断面；5—石舌；6—药包
L_H—爆破排淤填石一次推进水平距离；H_W—淤泥面以上覆盖水深；H_m—置换淤泥厚度；
H_B—药包在泥面下埋入深度；H_S—泥面以上填石厚度

2）爆破排淤填石法典型成堤过程

爆破排淤填石法形成抛石堤一般要经过端部推进排淤、侧坡拓宽排淤落底、爆破形成平台及堤心断面等三个过程：

① 堤头端部排淤推进（端部爆填）：在抛石堤前端一定宽度范围内一定深度内布置药

包爆破形成石舌，使抛石堤向前推进，并使堤身中部坐落在硬土层上，见图 1-10（a）。

② 侧坡拓宽排淤（边坡爆填）：按体积平衡要求把抛石堤向两则抛填加宽，并沿抛石体边坡外缘一定距离和深度布置药包，爆破形成侧向石舌，使堤身两侧抛石体落底，增强堤身稳定性，见图 1-10（b）。

③ 边坡爆夯：在抛石体内外侧边坡泥石面交界处放置药包，爆破夯实边坡，形成平台与设计要求的坡度，见图 1-10（c）。

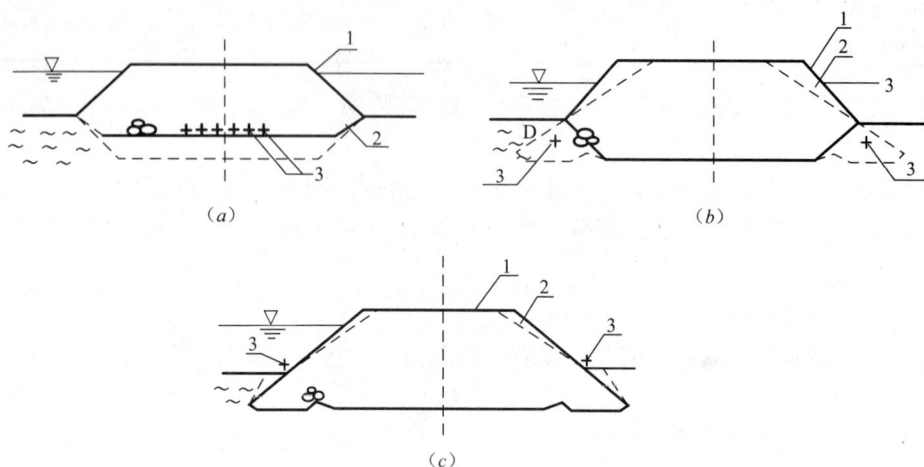

图 1-10　爆破排淤填石成堤典型过程
（a）端部爆填；（b）边坡爆填；（c）边坡爆夯形成平台及堤心断面
1—爆前；2—爆后；3—药包

3）适用范围

爆破排淤填石法施工速度快，块石落底效果好，堤身经过反复爆破振动后密度高，稳定性好，后期沉降量小，不需要等待淤泥固结即可施工上部结构，施工费用省。它适用于抛石置换水下淤泥质软基的防波堤、围堰、护岸、驳岸、滑道、围堤、码头后方陆域形成等工程，其他类似工程也可参考使用。

爆破排淤填石法适用的地质条件为淤泥质软土地基，置换的软基厚度宜在 4～12m 范围。

对表层淤泥厚度小于 4m 的工程，应与自重挤淤、强夯挤淤等处理方法比较后选用，当淤泥厚度大于 12m 时，可与部分清淤、排水固结等比较后择优选用。随着施工技术的发展，爆破处理淤泥的厚度不断加大，目前，在连云港与温州洞头等地区都有爆破处理 24m 左右厚淤泥的成功经验。

需注意的是爆破施工对周围建筑、人员、设备会有一定影响，在建筑物与人口密集地区使用受到一定限制。

4）爆破排淤设计与施工

① 爆破排淤设计

爆破排淤设计要根据堤身设计断面要求确定合适的堤身抛填施工参数，如堤石抛填宽度、标高，一次推进距离及堤头超抛高度等。另一方面要设计合理的爆破参数：包括线药量、单孔药量、一次爆破药量、布药孔数、药包间距、布药位置、药包在泥面下埋设深度、爆破施工水位等。爆破设计时应充分考虑当地的地形、水文、地质、气象及周围环境条件。

药包在泥面下埋设深度一般在（0.45～0.55）H 左右（H 为处理的淤泥厚度），一次推进距离与堤身断面方量、淤泥厚度及抛填施工能力有关，一般为 5～7m 左右，最大不超过 9m。在确定一次爆破药量时应按要求进行安全距离核算，当不能满足时可采用多段微差爆破工艺，减少一次爆破药量，或采取气幕防护措施降低爆破地震波与冲击对建筑物的影响。

设计方法按照交通部《爆炸法处理水下地基和基础技术规程》JTJ/T 258 进行。

② 爆破施工

水下爆破布药可以采用布药船水上布药，也可采用陆上布药机布药。经过众多工程实践，已经研制出振动压入式、液压水冲式、加压水冲式、钻进套管式等多种布药器，施工单位可根据不同条件选择使用。对低潮位时滩面较长时间露出水面、装药深度小于 2m 的工程，也可采用人工简易装药。

③ 施工监测和效果检验

（a）根据实际抛填方量与断面测量资料按体积平衡法推算出置换淤泥的范围与深度，同时辅以钻孔探摸法判明抛填体厚度、混合层厚度以及是否有软弱夹层，也可采用探地雷达进行检测。

（b）施工期应安排适量的沉降位移观测，并及时掌握施工期的沉降位移规律。主体工程或大型工程在分段工程完工后，应及时设置长期沉降位移观测点。

（c）抛填石料的规格和质量应满足设计要求，并符合国家现行标准的有关规定。抛填及爆炸施工的程序和爆炸参数应满足设计要求和经试验段施工所确定的施工参数。爆炸挤淤填石允许偏差、检查数量和方法应符合表 1-33 的规定。

爆炸挤淤填石允许偏差、检查数量和方法　　　　　　　表 1-33

序号	项　目		允许偏差（mm）	检验单元和数量	单元测点	检验方法
1	填石底面标高	设计仅有标高要求时	0　－1000	每 500m 为一个断面，不少于三个断面	2～3	钻孔检验
		设计既有标高要求又有土层要求时	＋1000			
2	泥面处堤身边线		＋1000　0	每 20～30m 为一个断面	2	用水深测杆检查

5）爆破安全

① 爆破安全设计时，应分别按地震波、冲击波、飞散物三种爆破效应核算爆破源与被保护对象的安全距离，并取较大值。

爆破地震安全距离应按式（1-3）计算：

$$R = (K/V)^{1/\alpha} \cdot Q^{1/3} \tag{1-3}$$

式中　R——爆破地震安全距离（m）；

　　　V——安全振动速度（cm/s）；

　　　Q——一次起爆药量（kg）；

　　K、α——与爆破地震安全距离有关的系数、指数，与爆区地质、地形条件和爆破方式等有关。

具体参数以及水下冲击波对人员与船只的安全距离可参照《爆炸法处理水下地基和基础技术规程》JTJ/T 258 选取。

爆破时个别飞散物对人员、设备、建筑物的安全距离可参照国家现行标准规范执行。

② 爆破作业与火工品管理应严格执行国家标准《爆破安全规程》GB 6722 的规定。

连云港西大堤工程是应用爆填和爆夯形成平台的典型成功实例。

大堤全长 6782m。抛石斜坡堤结构，顶宽 10m，淤泥厚 6~8m，采用爆破排淤填石法施工，堤端部爆填线药量为 62kg/m，药包间距 1.5m，药包埋深 4.2m 左右，爆填一次推进 6m 左右。内外侧边坡各采用一次爆填使两坡脚落底，外坡增加一次爆夯形成平台。爆破后，后期沉降量很小。钢筋混凝土挡浪墙在爆破影响区以外（约 200m）即可开始施工。挡浪与四角空心方墙块施工后沉降量都很小，大堤建成投产十几年来一直完好无损。

1.1.5 港口与航道工程钢结构的防腐蚀

（1）海水环境中钢结构腐蚀区域的划分

在海港工程中，海水中的钢结构沿高程因受环境腐蚀程度的不同而划分为大气区、浪溅区、水位变动区、水下区、泥下区五个区域。对有掩护的海港，上述五个区域的划分为：

1）大气区：［设计高水位向上 1.5m］以上的区域；

2）浪溅区：［设计高水位向上 1.5m］与［设计高水位向下 1.0m］之间的区域；

3）水位变动区：［设计高水位向下 1.0m］与［设计低水位向下 1.0m］之间的区域；

4）水下区：［设计低水位向下 1.0m］至泥面之间的区域；

5）泥下区：泥面以下的区域。

对河港工程也可参照执行。

（2）港口与航道工程钢结构防腐蚀的主要方法及其效果

港口与航道工程钢结构防腐蚀的方法有 4 种，它们各适用于结构的不同部位，有其不同的效果。

1）外壁涂覆防腐蚀涂层或施加防腐蚀包覆层

这种防腐蚀方法主要适用于海用钢结构的大气区、浪溅区和水位变动区，也可用于水下区。常用的防腐涂层有环氧沥青、富锌环氧、聚氨酯类涂层，环氧玻璃钢、热喷涂金属层等包覆层材料。其有效的防护年限为 10~20 年，其保护率为 80%~95%。有报道，最新的研究成果——新型重防腐蚀涂层其防护年限可达 20 年以上，甚至可达 50 年。

2）采用电化学的阴极防护

这种防腐蚀方法分为外加电流的阴极保护和牺牲阳极的阴极保护，前者主要应用的是高硅铸铁阳极材料，后者主要应用的是铝基阳极材料。通常，电化学防护应与涂层防护联合进行，在平均潮位以下其保护效率可达 85%~95%。主要应用于水下区、泥下区，也可用于水位变动区。

3）预留钢结构的腐蚀富裕厚度

在海港工程中碳素钢的单面年平均腐蚀速度以浪溅区为最高，达 0.20~0.50mm/a，可以根据要求的使用年限预留富裕腐蚀厚度。

4）选用耐腐蚀的钢材品种

在普通钢材的冶炼中加入一定量的锰、铬、磷、钒等稀有金属或元素，可以提高其耐海水腐蚀的性能，但因其技术复杂、造价昂贵，在港口与航道工程中很少应用。

防腐蚀措施的选择，应根据建筑物使用年限的要求、腐蚀环境、结构部位、施工的可行性等，经技术经济比较确定。对海港工程可按表 1-34 所列综合选用。

海港工程钢结构防腐蚀措施   表 1-34

方法 ＼ 部位	大气区	浪溅区	水位变动区	水下区	泥下区
涂层	必须	必须	必须	可用	不需
包覆层	可用	可用	可用	不需	不需
预留腐蚀厚度	可用	必须	必须	可用	可用
阴极防护	无效	无效	可用	可用	可用

管桩的内壁与外界空间密闭隔绝时，可不考虑内壁的腐蚀。

钢管桩的预留腐蚀厚度可按式（1-4）计算：

$$\Delta\delta = V[(1-P_t)t_1 + (t-t_1)] \tag{1-4}$$

式中　$\Delta\delta$——在结构的设计使用年限 t 年内，钢管桩所需预留腐蚀厚度（mm）；

　　　V——钢材单面年平均腐蚀速度（mm/a）；

海港工程碳素钢单面年平均腐蚀速度可按表 1-35 取值：

海港工程碳素钢单面年平均腐蚀速度   表 1-35

部　位	V（mm/a）
大气区	0.05～0.10
浪溅区	0.20～0.50
水位变动区、水下区	0.12～0.20
泥下区	0.05

　　　P_t——采用涂层保护或阴极保护，或采用阴极保护与涂层联合防腐时的保护效率（％）；

采用涂层保护：在有效保护年限内，保护效率可取 80％～95％；

采用阴极保护：在有效保护年限内，阴极保护的保护效率可按表 1-36 所列取值；

阴极保护的保护效率   表 1-36

部　位	保护效率 P（％）
平均潮位以上	$0 \leqslant P < 40$
平均潮位至设计低水位	$40 \leqslant P < 90$
设计低水位以下	$P \geqslant 90$

　　　t_1——采用涂层保护或阴极保护，或采用阴极保护与涂层联合防腐时的有效使用年限（a）；

　　　t——结构的设计使用年限（a）。

对涂层保护的要求：

① 涂层施工前的除锈标准及底漆质量应达到国家现行标准《钢结构工程施工质量验收规范》GB 50205 的规定；

② 涂刷范围：涂层应伸入桩帽（或横梁）混凝土内 50～100mm；

在水位变动区：应涂至设计低水位以下 1.5m；

在水下区：应至泥面以下 1.5m。

对阴极保护的要求：

① 阴极保护宜与涂层联合使用，但涂层材料应耐电压和耐碱；

② 采用阴极保护的全部钢结构之间，应进行导电连接，电连接件之间应采用电焊。

1.1.6 重力式码头工程的施工

重力式码头是依靠自身重量维持稳定，要求地基有较高的承载能力。重力式码头一般由基础、墙身、墙后回填和码头设备等组成。重力式码头施工顺序包括基础开挖、抛石、夯实、整平、墙身制安、上部结构和附属设施安装等。重力式码头的典型断面如图 1-11 所示。

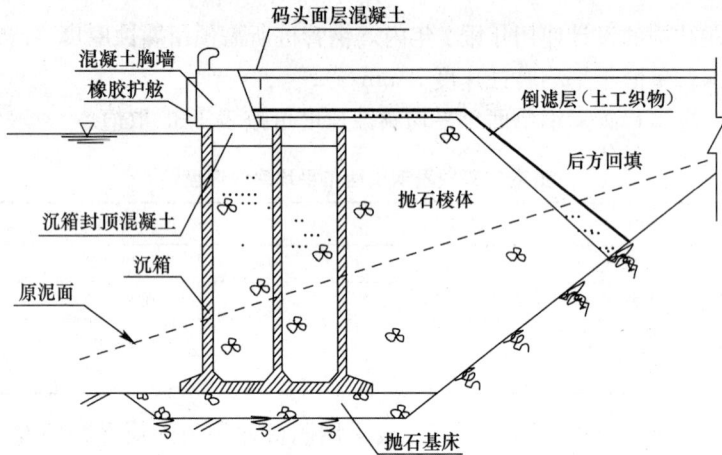

图 1-11 沉箱重力式码头断面示意图

（1）基床的施工

1）基槽开挖

① 开挖施工工艺及选择

基槽开挖方式应根据地质条件采用相应的开挖方式。

（a）地基为岩基且不危及邻近建筑物的安全时，视岩石风化程度，可采用水下爆破，然后用抓斗式挖泥船清渣，或直接用抓斗式挖泥船挖除；地基为非岩基时，多采用挖泥船开挖。

（b）在选择挖泥船时，要对自然环境条件、工程规模、开挖精度和挖泥船技术性能等因素作综合分析，选择可作业的、能满足工程要求的且挖泥效率高的挖泥船。砂质及淤泥质土壤宜采用绞吸式船开挖；黏性土或松散岩石宜采用链斗式、抓扬式或铲斗式挖泥船。此外，在外海进行基槽开挖作业时，应选择抗风浪能力强的挖泥船；在已有建筑物附近进行基槽开挖时，应选择小型抓扬式挖泥船。

② 基槽开挖施工要点与质量控制

（a）开工前要复测水深，核实挖泥量，如遇有回淤情况，应将在挖泥期间的回淤量计入挖泥量内，作为编制基槽开挖施工计划的依据。

（b）基槽开挖深度较大时宜分层开挖，每层开挖高度应根据土质条件和开挖方法确定。

（c）为保证断面尺寸的精度和边坡稳定，对靠近岸边的基槽，需分层开挖，每层厚度根据边坡精度要求、土质和挖泥船类型确定。

（d）挖泥时，要勤对标，勤测水深，以保证基槽平面位置准确，防止欠挖，控制超挖。挖至设计标高时，要核对土质。对有标高和土质"双控"要求的基槽，如土质与设计要求不符，应继续下挖，直至相应土层出现为止。

（e）采用干地施工时，必须做好坑的防水、排水和基土保护。

2）基床抛石

① 基床块石的质量要求

基床块石宜用 10～100kg 的块石，对不大于 1m 的薄基床宜采用较小的块石。石料的质量应符合下列要求：

（a）饱水抗压强度：对夯实基床不低于 50MPa，对不夯实基床不低于 30MPa；

（b）未风化、不成片状，无严重裂纹。

② 抛石施工工艺及组织

基床抛石，可以用水上或陆上机具进行。在离岸较远且与岸不相连的基床抛石，用水上机具几乎是唯一的方法。

水上基床抛石有人力抛填和抛石船抛填两种方法。人力抛填是用民船或方驳运输石料，通过人工或简单的起重设备将石块抛填到指定位置。

为保证基床抛石的精度，抛石开始前应做好导标设立和抛石船驻位工作。基床抛石一般纵向设置基床的中心导标和顶面的坡肩边导标，横向设分段标，根据安排的分段施工顺序，抛石船依导标定位。

当基床抛石需作密实处理且基床较厚时，基床需分层抛填分层密实。

③ 基床抛石施工要点及质量控制

（a）抛石前要对基槽断面尺寸、标高及回淤沉积物进行检查，重力密度大于 126kN/m³ 的回淤沉积物厚度不应大于 300mm，超过时用泥泵清淤。

（b）抛石前应进行试抛，通过试抛，掌握块石漂流与水深、流速的关系，当用开底驳和倾卸驳抛时，掌握块石堆扩散情况，以选定始点位置和移船距离；为避免漏抛或抛高，应勤测水深。

（c）导标标位要准确，勤对标，对准标，以确保基床平面位置和尺度。

（d）粗抛和细抛相结合，顶层面以下 0.5～0.8m 范围内应细抛；抛填控制高差，粗抛一般为 ±300mm，细抛一般为 0～300mm，细抛应趁平潮时进行。

（e）夯实处理的基床应预留夯沉量，其数值应按当地经验或试夯资料确定，无实测资料时，可取抛石层厚的 10%～12%。对于不夯实的基床，还应预留基床本身的沉降量。

（f）基床抛石顶面不得超过施工组织设计确定的高程，且不宜低于 0.5m；应按照宁低勿高的原则施工。

（g）基床顶面预留的向内倾斜的坡度，应根据地基土性质、基床厚度、基底应力分布、墙身结构形式、荷载和施工方法等因素确定，一般采用 0.5%～1.5%。

3) 基床夯实

① 重锤夯实法

(a) 重锤夯实法一般用抓斗挖泥船或在方驳上安设起重机（或卷扬机）吊重锤的方法进行夯实作业。

(b) 基床应分层分段夯实，每层厚度大致相等，夯实后厚度不宜大于 2m。若夯击能量较大时，分层厚度可适当加大。分段夯实的搭接长度不应小于 2m。

(c) 锤底面压强可采用 40~60kPa，落距为 2~3m。不计浮力、阻力等影响时，每夯的冲击能不宜小于 120kJ/m²；对无掩护水域的深水码头，冲击能宜采用 150~200kJ/m²，且夯锤宜具有竖向泄水通道。

(d) 基床夯实一般采用纵横向相邻接压半夯每点一锤，并分初、复夯各一遍，一遍夯四次。可采用两遍或多遍夯实的方法，以防止基床局部隆起或漏夯。夯击遍数由试夯确定，不进行试夯时，不宜少于八夯，并分两遍夯打。

(e) 基床夯实范围应按设计规定采用。如设计未规定，可按墙身底面各边加宽 1m，若分层夯实时，可根据分层处的应力扩散线各边加宽 1m。

(f) 为避免发生"倒锤"或偏夯而影响夯实效果，每层夯实前应对抛石面层作适当整平，其局部高差不宜大于 300mm。

(g) 基床夯实后，应进行夯实检验。检验时，每个夯实施工段（按土质和基床厚度划分）抽查不少于 5m 一段基床。用原夯锤、原夯击能复打一夯次（夯锤相邻排列，不压半夯），复打一夯次的平均沉降量应不大于 30mm；对离岸码头采用选点复打一夯次，其平均沉降量不大于 50mm，选点的数量不少于 20 点，并应均匀分布在选点的基床上。

② 爆炸夯实法

爆炸夯实是在水下块石或砾石地基和基础表面布置裸露或悬浮药包，利用水下爆炸产生的地基和基础振动，使地基和基础得到密实的方法。

(a) 施工工艺及组织

爆夯的工艺流程如图 1-12。

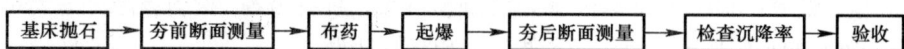

基床抛石 → 夯前断面测量 → 布药 → 起爆 → 夯后断面测量 → 检查沉降率 → 验收

图 1-12　爆夯工艺流程

采用爆夯法密实基床时，基床的分层厚度、药包的悬吊高度及重量、布药方式、爆夯遍数、一次爆夯的总药量等参数应经设计和试验确定。其夯沉量一般控制在抛石厚度的 10%~20%。应考虑爆夯对周围环境的影响，并控制爆夯点与需保护对象间的安全距离。

(b) 爆炸夯实的适用条件

a) 地基与基础应为块石或砾石。

b) 分层夯实厚度不宜大于 12m。当起爆时药包在水面下的深度大于计算值 20% 时，分层夯实厚度可适当增加，但不得超过 15m；当石层过厚或水深（h_i）小于式（1-5）的计算值时，应分层抛填、分层爆夯。

$$h_i \geqslant 2.32 q_2^{1/3} \tag{1-5}$$

式中　h_i——药包中心至水面的垂直距离（m）；

　　　q_2——单药包药量（kg）。

40

c) 布药施工可采用水上布药船或陆上布药机，在低潮石面露出时也可人工陆上布药。

d) 布药方式可分别选用点布、线布、面布。

e) 局部补抛石层平均厚度大于 50cm 时，应按原设计药量一半补爆一次，补爆范围内的药包应按原设计位置布放。

（c）爆炸夯实施工要点与质量控制

a) 水上布药时应取逆风或逆流向布药顺序。

b) 夯实率检查可分别选用水砣、测杆、测深仪等方法。采用水砣或测杆测深时，每 5～10m 设一个断面且不少于 3 个断面，1～2m 设 1 个测点且不少于 3 个测点；测深仪测深，断面间距可取 5m 且不少于 3 个断面。

c) 爆炸夯实后，抛石基床的平均夯沉率应满足设计要求。

d) 码头的抛石基床爆炸夯实后应采用重锤复夯验收。复打一夯次的平均沉降量不应大于 30mm。

e) 基床夯实后，应进行夯实检验。检验时，任意选一段长度为 5m 的基床，采用锤底压强 40～60kPa，冲击能不小于 $120kJ/m^2$ 的夯锤，相邻排列，不压半夯，复打一夯次，用水准仪测其沉降量。其平均沉降量不大于 50mm，选点的数量不少于 20 点，并应均匀分布在选点的基床上。

补夯处理：爆炸夯实后，基床顶面补抛块石的厚度超过 0.5m 且连续面积大于 $30m^2$，补抛后应补爆或用重锤补夯。

4）基床整平

为使基床能够均匀地承受上部荷载的压力，必须进行基床顶面和边坡表面的整平工作。水下基床整平工作，根据不同建筑物有不同的精度要求，一般分为：

粗平：表面标高允许偏差为±150mm；

细平：表面标高允许偏差为±50mm；

极细平：表面标高允许偏差为±30mm。

① 施工工艺及组织

（a）基床粗平

基床粗平一般采用水下整平船，整平船可由方驳改装，其主要工作装置是刮尺。方法是在方驳的船边伸出两根工字钢（或钢轨）作为刮尺支架，支架外端安装滑轮，用重轨做成的刮尺通过滑轮悬吊在水中，在刮刀两端系以测深绳尺，以此来控制刮尺高程，施工时，整平船就位，按整平标高用滑车控制刮尺下放深度，并根据水位变化随时调整，潜水员以刮尺底为准，"去高填洼"进行整平，边整平、边移船，压茬向前进行。如去填量比较大，石料可通过整平船用绞车吊篮进行上、下或左、右的运输。

（b）基床细平或极细平

基床的细平和极细平仍采用水下整平船，但由于精度要求很高，需在基床面设导轨（一般用钢轨）控制整平精度。导轨在基床两侧各埋入一根，搁置在事先已安设好的混凝土小型方块上，小型方块的间距为 5～10m，方块与导轨之间垫厚薄不一的钢板，将导轨顶标高调整到基床的整平标高。

② 施工要点与质量控制

（a）抛石基床无论有无夯实要求，为使其能够均匀地承受上部荷载的压力，平稳地安装上部预制构件，基床顶面均需按设计要求进行整平。

（b）进行基床整平时，对于块石间不平整部分，宜用二片石填充，二片石间不平整部分宜用碎石填充，其碎石层厚度不应大于 50mm。

③ 基床整平范围

基床整平范围为重力式码头墙身底面每边各加宽 0.5m 范围内。

④ 其他

（a）大型构件底面尺寸大于等于 $30m^2$ 时，其基床可不进行极细平。明基床外坡应进行理坡。

（b）每段基床整平后应及时安装预制件。

（2）构件预制及安装

重力式码头的墙体结构形式有混凝土及钢筋混凝土方块、沉箱、扶壁和大直径圆筒等，其一般施工程序包括：墙体构件预制、出运和安装。

1）方块构件预制、吊运及安装

① 方块构件预制

（a）预制场的布置

a）预制混凝土方块属重大构件需在专设方块的预制场中预制。一般常需设置临时预制场。临时预制场的布置，基本上分为两种类型。第一种是将混凝土方块预制场布置在离岸边较远的区域，利用现有预制厂的起重设备（或进行改造）将方块转运至出运码头；第二种类型是布置在永久或临时的码头或岸壁，利用水上起重设备可以直接将方块运走，预制方块尺寸不受陆上起重能力限制。

b）布置预制场时除应验算地基或码头的承载能力及岸壁稳定外，尚需考虑支拆模板、浇筑混凝土和用起重船吊方块装方驳等因素的要求。

（b）预制模板

浇筑方块的底模一般采用混凝土结构，预制数量少时，也可采用木底模或用组合钢模板拼装式底模。侧模可采用木模板、整体钢模板和组合式钢模板。侧模与侧模之间通过用大号型钢或钢桁架作为水平围囹固定，侧模的安装和拆除一般采用龙门吊或塔吊。

底模表面应采用妥善的脱模措施，不应采用会降低预制件底面摩擦系数的油毡或类似性质的材料作脱模层。

混凝土搅拌、运输、入模一般有以下几种方式：

a）拌和机搅拌、汽车载运混凝土罐、吊机（塔吊）入模。

b）拌和机搅拌、自卸汽车或混凝土搅拌车运输、混凝土罐吊机（塔吊）入模或皮带机（挂串筒）入模。

c）拌和机搅拌、自卸汽车或混凝土搅拌车运输、混凝土泵车入模。

（c）混凝土中掺加块石

a）体积较大的方块通常掺块石，以节约水泥，并降低混凝土的温度。

b）混凝土中埋放的块石尺寸应根据运输条件和振捣能力确定，块石形状应大致方正，最长边与最短边之比不应大于 2。凡有明显风化迹象、裂缝夹泥砂层、片状体或强度低于规定的粗骨料指标的块石，均不得使用。

c）混凝土中所埋放的块石距混凝土结构物表面的距离应符合下列规定：有抗冻性要

求的,不得小于 300mm;无抗冻性要求的,不得小于 100mm 或混凝土粗骨料最大粒径的 2 倍。

d) 块石应立放在新浇筑的混凝土层上,并被混凝土充分包裹。埋放前应冲洗干净并保持湿润。块石与块石间的净距不得小于 100mm 或混凝土粗骨料最大粒径的 2 倍。

（d）混凝土振捣

a) 插入式振捣器的振捣顺序宜从近模板处开始,先外后内,移动间距不应大于振捣器有效半径的 1.5 倍。

b) 随浇筑高度的上升分层减水。混凝土浇筑至顶部时,宜采用二次振捣及二次抹面,如有泌水现象,应予排除。

c) 为了不影响上下层之间的摩擦系数,除顶层方块用铁抹子压光外,其他各层可用木抹子搓抹。

（e）混凝土养护

a) 混凝土浇筑完毕后应及时加以覆盖,结硬后保湿养护。

b) 养护方法应根据构件外形选定,宜采用盖草袋洒水、砂围堰蓄水、塑料管扎眼喷水。也可采用涂养护剂、覆盖塑料薄膜等方法。

c) 当日平均气温低于 +5℃时,不宜洒水养护。

d) 持续养护时间 10～21d,视当地气温、水泥品种、混凝土结构物体积等而定。对有抗冻要求的混凝土,按规定进行潮湿养护之后,宜在空气中干燥碳化 14～21d;对厚大结构的混凝土:使用硅酸盐水泥、普通硅酸盐水泥时,潮湿养护不得少于 14d;使用矿渣硅酸盐水泥、火山灰质硅酸盐水泥或粉煤灰硅酸盐水泥时,潮湿养护不得少于 21d。

e) 素混凝土宜淡水养护,在缺乏淡水的地区,可采用海水保持潮湿养护。

f) 海上大气区、浪溅区、水位变动区的钢筋混凝土预制构件和预应力混凝土不得使用海水养护。

g) 海上大气区、浪溅区和水位变动区采用淡水养护确有困难时,北方地区应适当降低水灰比,南方地区可掺入适量阻锈剂,并在浇筑两天后拆模,再喷涂蜡乳型养护剂养护。

② 方块的吊运

方块达到设计规定的强度后,即可运到存放场地存放或施工地点进行安装。方块的吊运工作通常包括陆上吊运和水上吊运。

水上吊运是指方块预制场布置在码头岸线或岸壁上,并位于起重船的工作半径之内时,利用起重船直接吊装,由方驳转运。

当方块预制场布置在码头后方时,方块需经过陆上吊运。小型方块的陆上吊运可直接用预制场内的移动式龙门起重机,吊起方块运至转运码头装船。大型方块则须用水垫运输等专门的运输方式将方块搬运到岸边,再用起重船吊装。

③ 方块的安装

（a）安装顺序

墩式建筑物,以墩为单位,逐墩安装,每个墩由一边的一角开始,逐层安装。线型建筑物,一般由一端开始向另一端安装,当长度较大时,也可由中间附近开始向两端安装。在平面上,先安装外侧,后安装内侧。在立面上,有阶梯安装、分段分层安装和长段分层安装三种方法。

（b）安装方法

安装空心方块式建筑物墙身多采用高度方向不分层、一次出水面的形式，其安装方法与一般扶壁式结构类似。

实心方块的安装一般采用固定吊杆起重船，安装控制多采用水下拉线法。

（c）安装施工要点

安装前，必须对基床和预制件进行检查，不符合技术要求时，应修整和清理；

方块装驳前，应清除方块顶面的杂物和底面的粘底物，以免方块安装不平稳；

方块装驳和从驳船上吊取方块要对称地装和取，并且后安装的先装放在驳船里面，先安装的后装放在驳船外边。当运距较远，又可能遇有风浪时，装船时要采取固定措施，以防止方块之间相互碰撞；

在安装底层第一块方块时，方块的纵、横向两个方向都无依托，为达到安装要求，又避免因反复起落而扰动基床的整平层，一般在第一块方块的位置先粗安装一块，以它为依托安装第二块，然后以第二块方块为依托，重新起吊安装第一块方块。

2）沉箱构件预制、吊运及安装

① 沉箱构件的预制

按沉箱的下水方式不同，预制场的类型有：

（a）在场地上台座制造，利用修造船或专修的滑道下水的预制场；

（b）利用修造船用的干船坞、浮船坞或专建的土坞制造和下水的沉箱预制场；

（c）在场地上台座制造，利用坐底浮坞下水的沉箱预制场；

（d）在码头岸边台座预制，用大吨位起重船吊运下水和其他特殊下水方式的沉箱预制场；

（e）利用半潜驳出运下水；

（f）气囊出运沉箱。

② 沉箱的接高

（a）因受预制平台承载能力或出运设施载重量的限制而不能浇至设计高度，则需在预制一定高度后，运出场外进行接高。接高方式一般有座底接高和漂浮接高两种。座底接高需建抛石基床，所需费用高，一般适用于所需接高沉箱数量多、风浪大、地基条件好和水深适当的情况。漂浮接高需抛锚，缆绳系住沉箱占用水域面积大，受风浪影响大，工作条件差，一般适用于所需接高沉箱数量少，风浪小和水深较大的情况。

（b）当沉箱浮在水上接高时，必须及时调整压载以保证沉箱的浮运稳定。

③ 沉箱的运输及安装

沉箱海上运输，可用浮运拖带法或半潜驳干运法。采用浮运拖带法时，拖带前应进行吃水、压载、浮游稳定的验算。

采用浮运拖带法时，沉箱浮运前应做好拖运的准备工作。沉箱用拖轮拖运，应在不超过1～2级浪的情况下进行。其拖运方法有跨拖法、曳拖法和混合拖运法三种。

跨拖法阻力大、行进速度慢、功率消耗大、易起浪花，在风浪情况下易发生危险，但对沉箱就位有利。该法一般在运距不远、水域面积较为狭窄的条件下采用。当运距较远，水域面积又较大时，可采用曳拖法。在运距短、水域面积又较狭窄的地点，通常采用跨、曳混合的拖运方法。

拖运沉箱时，其曳引作用点在定倾中心以下 10cm 左右时最为稳定（正常航速条件下）。沉箱的浮游稳定，在设计时必须进行核算。为了增加沉箱浮运过程中的稳定，常常采取临时压载措施，以降低重心。沉箱压载时宜用砂、石和混凝土等固体物，如用水压载，应精确计算自由液面对稳定的影响。在编制施工组织设计时，应根据具体情况对沉箱的浮游稳定进行验算。

远程拖带沉箱，宜采取密封舱措施；近程拖带，一般可用简易封舱。

采用半潜驳干运法，当无资料和类似条件下运输的实例时，对下潜装载、航运、下潜卸载的各个作业段应验算；半潜驳的吃水、稳性、总体强度、甲板强度和局部承载力；在风、浪、流作用下的船舶运动响应以及沉箱自身的强度、稳性等。

④ 沉箱的安放

（a）沉箱安放一般采用锚缆或起重船吊装就位，经纬仪陆上定位，充水下沉。

（b）对顺岸式和突堤式码头，多由一排沉箱组成，一般即由一端开始向另一端安装，安装时，于陆上设经纬仪直接观察其顶部。对墩式码头，以墩为单元，逐墩安装，如一个墩有数个沉箱，每个墩由一角开始依次逐个沉箱进行安装，安装时，由陆上设经纬仪，采用前方交会法先安一个墩的沉箱，然后在已安墩上用测距仪定线、测距，逐个安下一个墩。

⑤ 施工要点

（a）如工程所在地波浪、水流条件复杂时，沉箱安放后，应立即将箱内灌水，待经历 1~2 个低潮后，复测位置，确认符合质量标准后，及时填充箱内填料。

（b）沉箱内抽水或回填时，同一沉箱的各舱宜同步进行，其舱面高差限值，通过验算确定。

3）扶壁构件的预制、吊运和安装

扶壁宜整体预制，混凝土浇筑一次完成，以免出现冷缝。预制可以采用立制和卧制的方法。卧制时，混凝土浇筑容易保证质量，但运输安装时需要空中翻身，给施工带来很大困难。我国工程中大都采用立制方式。立制方式按施工工艺又可分为整体拼装的组合钢模板浇筑混凝土和滑模施工两种形式。

扶壁的运输同方块一样，亦采用方驳。为防止在装卸时方驳发生横倾，扶壁的肋应平行于方驳的纵轴线，且扶壁的重心应位于方驳的纵轴线上。

扶壁一般用固定吊杆起重船吊运和安放。扶壁肋板上预留吊孔，孔内镶钢套管，用吊装架吊起、安装。

（3）抛填棱体和倒滤结构

1）抛填棱体施工

① 棱体抛填前应检查基床和岸坡有无回淤或塌坡，必要时应进行清理。

② 棱体和倒滤层宜分段、分层施工，每层应错开一定距离。

③ 方块码头抛填棱体的制作可在方块安装完 1~2 层后开始，沉箱和扶壁后抛填棱体需墙身安装好后进行。

④ 棱体一般采用民船或驳船，分段分层，水上抛填。抛填棱体断面的平均轮廓线不得小于设计断面，顶面和坡面的表层应铺 0.3~0.5m 厚度的二片石，其上再铺设倒滤层。

2）倒滤层施工

① 倒滤层宜分段、分层施工，每层应错开足够的距离。

② 在有风浪影响的地区，胸墙未完成前不应抛筑棱体顶面的倒滤层，倒滤层完工后应尽快填土覆盖。

③ 空心块体、沉箱、圆筒和扶壁安装缝宽度大于倒滤层材料粒径时，接缝或倒滤井应采取防漏措施，宜在临水面采用加大倒滤材料粒径或加混凝土插板，在临砂面采用透水材料临时间隔。

④ 采用土工织物倒滤材料时，其土工织物材料应符合设计要求，必要时应对材质进行抽检。土工织物滤层材料宜选用无纺土工织物和机织土工织物，不得采用编织土工织物。当采用无纺土工织物时，其单位面积质量宜为 $300\sim500\mathrm{g/m^2}$，抗拉强度不宜小于 $6\mathrm{kN/m}$；对设在构件安装缝处的倒滤层，宜选用抗拉强度较高的机织土工织物。

⑤ 在棱体面铺设土工织物倒滤层时应满足下列要求：

（a）土工织物底面的石料应进行理坡，不应有石尖外露，必要时可用二片石修整；

（b）土工织物的搭接长度应满足设计要求并不小于 $1.0\mathrm{m}$；

（c）铺设土工织物后应尽快覆盖。

⑥ 竖向接缝采用土工织物倒滤材料时，应有固定的防止填料砸破土工织物的技术措施。

3）回填土施工

① 倒滤层完成后，应及时回填，回填的方法可分陆上干地填筑和吹填。

② 墙后采用吹填时，按下列规定执行：

（a）码头内外水位差不应超过设计限值；

（b）排水口宜远离码头前沿，其口径尺寸和高程应根据排水要求和沉淀效果确定；

（c）吹泥管口宜靠近墙背，以便粗颗粒填料沉淀在近墙处；

（d）吹泥管口距倒滤层坡脚的距离不宜小于 $5\mathrm{m}$，必要时经试吹确定；

（e）在墙前水域取土吹填时，应控制取土地点与码头的最小距离和取土深度；

（f）围堰顶高程宜高出填土顶面 $0.3\sim0.5\mathrm{m}$，其断面尺寸应经设计确定；

（g）吹填过程中，应对码头后方的填土高度、内外水位、位移和沉降进行观测。如码头发生较大变形等危险迹象，应立即停止吹填，并采取有效措施。

③ 干地填土时应符合下列要求：

（a）陆上填土如采用强夯法进行夯实，为防止码头因振动而发生位移，根据夯击能的大小，夯击区要离码头前沿一定距离（一般 $40\mathrm{m}$）；

（b）当干地施工采用黏土回填时，按下列规定执行：

填料应分层压实，每层填土的虚铺厚度，对人工夯实不宜大于 $0.2\mathrm{m}$，对机械夯实或碾压不宜大于 $0.4\mathrm{m}$；填土表面应留排水坡。

④ 采用开山石回填时，在码头墙后应回填质量较好的开山石料，细颗粒含量应符合设计要求。

⑤ 墙后采用陆上回填时，其回填方向应由墙后往岸方向填筑，防止淤泥挤向码头墙后。

（4）胸墙施工

胸墙一般采用现浇混凝土结构，小型码头采用浆砌块石结构。

1）模板

① 模板设计除计算一般荷载外，尚应考虑波浪力和浮托力。

② 为防止漏浆和浪、流的淘刷，模板的拼缝要严。模板与已浇混凝土的接触处和各片模板之间，均应采取止浆措施。

2）混凝土浇筑

① 扶壁码头的胸墙宜在底板上回填压载后施工。

② 直接在填料上浇筑胸墙混凝土时，应在填料密实后浇筑。

③ 胸墙混凝土浇筑应在下部安装构件沉降稳定后进行。

④ 体积较大的胸墙，混凝土宜采用分层、分段浇筑。

⑤ 施工缝应符合下列规定：

（a）应做成垂直缝或水平缝；

（b）在埋有块石的混凝土中留置水平施工缝时，应使埋入的块石外露一半，增强新老混凝土的结合。

⑥ 在施工缝处浇筑混凝土时，应符合下列要求：

（a）已浇筑的混凝土，其抗压强度不应小于 1.2MPa；

（b）在已硬化的混凝土表面上，应清除水泥薄膜和松动石子以及软弱混凝土层；

（c）浇筑新混凝土前，先用水充分湿润老混凝土表面层，低洼处不得留有积水。垂直缝应刷一层水泥浆，水平缝应铺一层厚度为 10～30mm 的水泥砂浆。水泥净浆和水泥砂浆的水灰比应小于混凝土的水灰比。

3）施工要点

① 胸墙体积较大，除按设计要求分段外，为减小混凝土的一次浇筑量，可采取分层浇筑，但要采取措施，处理好施工缝。

② 非岩石地基，胸墙可不一次浇筑到顶，而预留一部分高度（约 20cm），待沉降稳定后浇筑至设计标高。

③ 胸墙一般处于水位变动区，为保证混凝土质量，应趁低潮浇筑混凝土。因此，无论采用混凝土拌合船还是其他方式供应混凝土，必须要有足够的供应强度，以满足混凝土在水位以上振捣，底层混凝土初凝前不宜被水淹没的要求。

④ 重力式码头必须沿长度方向设置变形缝。缝宽可采用 20～50mm，做成上下垂直通缝。变形缝用弹性材料填充。变形缝间距根据气温情况、结构形式、地基条件和基床厚度确定，宜采用 10～30m。此外，在下列位置应设置变形缝：

（a）新旧建筑物衔接处；

（b）码头水深或结构形式改变处；

（c）地基土质差别较大处；

（d）基床厚度突变处；

（e）沉箱接缝处。

1.1.7 高桩码头工程的施工

高桩码头建筑物是一种常用的码头结构形式，它是通过桩基将码头上部荷载传递到地基深处的持力层上，适用于软土层较厚的地基。

高桩码头主要由下列几部分组成：基桩、上部结构、接岸结构、岸坡和码头设备等。高桩码头基本施工顺序如图 1-13 所示，高桩码头断面图如图 1-14 所示。

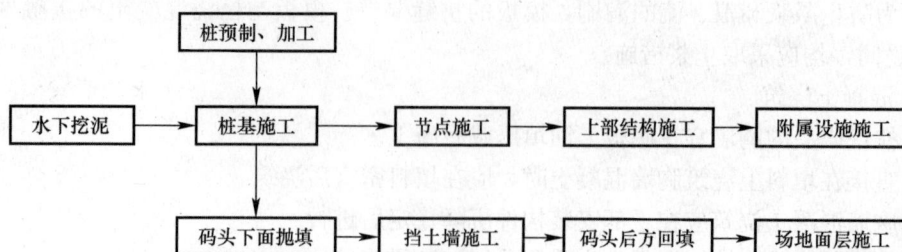

图 1-13　高桩码头基本施工顺序

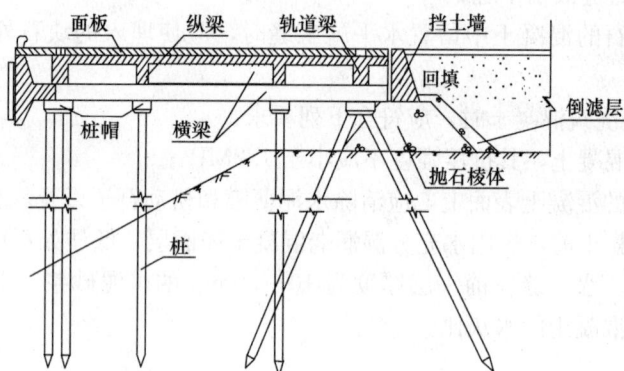

图 1-14　高桩码头断面示意图

（1）沉桩

① 沉桩方式

沉桩有陆上沉桩及水上沉桩两种方式。对于临近岸边较远的陆上桩基，采用陆上打桩；对于临近岸边的桩基工程，可以采用搭设栈桥由陆上打桩架打桩或者在水深足够时用打桩船进行水上打桩；对于远离岸边的水上沉桩作业，一般情况下采用打桩船沉桩的方式，若施工地点风浪大，打桩船有效工作时间很少，工期将会拖得很长。有条件时，可以考虑采用海上自升式施工平台上设置打桩架或起重机进行沉桩作业，完全避免气候不利影响。

② 沉桩前应进行下列工作

（a）结合基桩允许偏差，校核各桩是否相碰；

（b）根据选用船机性能、桩长和施工时水位变化情况，检查沉桩区泥面标高和水深是否符合沉桩要求；

（c）检查沉桩区有无障碍物；

（d）沉桩区附近建筑物和沉桩施工互相有无影响。

③ 沉桩平面定位

（a）定位前，根据设计的桩位布置图，布置好施工基线，计算出基线上控制点与桩连线的方位角；

（b）直桩的平面定位通过 2～3 台经纬仪，用前方任意角或直角交会法进行；

（c）斜桩定位需 2～3 台经纬仪和一台水准仪配合；

（d）沉桩时桩的坡度由打桩架来保证。

④ 沉桩高程控制

（a）桩尖应落在设计规定的标高上，以保证基桩承载力满足设计要求，桩尖标高是通过桩顶的标高测量实现的，沉桩时，在岸上用水准仪高程测量法对桩顶标高进行控制。

（b）除上述传统的方法外，在港口与航道工程中已广泛应用 GPS 进行沉桩的平面定位和高程控制。

⑤ 沉桩偏位控制

沉桩时要保证桩偏位不超过规定，偏位过大，给上部结构预制件的安装带来困难，也会使结构受到有害的偏心力。为了减少偏位，应采取以下措施：

（a）在安排工程进度时，避开在强风盛行季节沉桩，当风、浪、水流超过规定时停止沉桩作业；

（b）要防止因施工活动造成定位基线走动，采用有足够定位精度的定位方法，要及时开动平衡装置和松紧锚缆，以维持打桩架坡度、防止打桩船走动；

（c）掌握斜坡上打桩和打斜桩的规律，拟定合理的打桩顺序，采取恰当的偏离桩位下沉，以保证沉桩完毕后的最终位置符合设计规定，并采取削坡和分区跳打桩的方法，防止岸坡滑动。

⑥ 桩的极限承载力控制

桩沉完以后，应保证满足设计承载力的要求。一般是控制桩尖标高和打桩最后贯入度（即最后连续 10 击的平均贯入度），即"双控"。另外在沉桩过程中还要仔细掌握贯入度的变化和及时掌握桩下沉的标高情况。

锤击沉桩控制应根据地质情况、设计承载力、锤型、桩型和桩长综合考虑。

在黏性土中沉桩，以标高控制为主，贯入度可作校核，桩尖在砂性土层或风化岩层时，以贯入度控制为主，标高作校核。当出现桩尖已达到并低于设计标高贯入度仍偏大，或沉桩已达到并小于规定贯入度而桩尖标高仍高出设计标高较多时，宜采用高应变检验（动测）桩的极限承载力并同设计研究解决。

⑦ 桩的裂损控制

锤击沉桩时，预应力混凝土桩不得出现裂缝，如出现裂缝应根据具体情况研究处理。

桩裂损的产生，除了制造和起吊运输上的原因以外，主要是由于沉桩过程打桩应力超过了桩的允许应力所造成。裂损控制就是要采取措施控制打桩应力，消除产生超允许拉应力的条件。在沉桩以前，要检查所用的桩是否符合规范规定的质量标准。在沉桩过程中，选用合适的桩锤、合适的冲程、合适的桩垫材料，要随时查看沉桩情况，如锤、替打、桩三者是否在同一轴线上，贯入度是否有异常变化，桩顶碎裂情况等。桩下沉结束后，要检查桩身完好情况。

⑧ 夹桩

（a）沉桩结束后应及时夹桩，加强基桩之间的连接，以减少桩身位移，改善施工期受力状态。

（b）应根据受力情况进行夹桩设计，必要时应作现场加载试验。

(c) 当有台风、大浪和洪峰等预报时，必须检查夹桩设施是否牢固可靠，并采取必要的加固措施。

(d) 当施工荷载较大，可采用吊挂式夹桩，桩距较大且桩顶标高距施工水位较小时，可采用钢梁或上承式桁架结构。并应根据施工荷载，对钢梁、桁架、吊筋螺栓及其部件进行设计。

（2）构件预制和安放

1）选择临时性预制场地时，应满足下列要求：

① 宜靠近施工现场，有贮存场地，周围道路畅通，临近水域，便于出运构件。

② 岸坡稳定，地基有足够承载力，且不宜产生有害的不均匀沉降，必要时应对地基加以处理。

③ 不宜受水位变化和风浪的影响，并利于排水。

④ 利用原有码头面作预制场地时，构件及施工机械的荷载不应超过码头的设计荷载。

港口与航道工程中，高桩码头的构件多为预应力构件，一般都在基地预制场中利用预应力张拉台座进行预制。对于非预应力钢筋混凝土构件大部分在工地附近的预制场预制。

2）预制混凝土桩的质量要求

① 桩身表面由于干缩产生细微裂缝，其裂缝宽度不得超过 0.2mm；深度不得超过 20mm，裂缝长度不得超过 1/2 桩宽。

② 桩身缺陷的允许值应符合下列规定：

（a）在桩表面上的蜂窝、麻面和气孔的深度不超过 5mm，且在每个面上所占面积的总和不超过该面面积的 0.5%；

（b）沿边缘棱角破损的深度不超过 5mm，且每 10m 长的边棱角上只有一处破损，在一根桩上边棱破损总长度不超 500mm。

3）后张法预应力混凝土管桩管节质量要求

① 管节的外壁面不应产生裂缝。内壁面由于干缩产生的微细裂缝，其缝宽不得超过 0.2mm，深度不宜大于 10mm，长度不宜超过 60mm。

② 管节混凝土表面应密实，不得出现露筋、空洞和缝隙夹碴等缺陷。

③ 管节表面的蜂窝、麻面、砂斑面积、砂线长度和构件尺寸应控制在允许偏差范围内。

4）构件的吊运

① 预制构件吊运时的混凝土强度应符合设计要求。如需提前吊运，应经验算。

② 预制构件采用绳扣吊运时，其吊点位置偏差不应超过设计规定位置±200mm。如用钢丝绳捆绑时，为避免钢丝绳损坏构件棱角，吊运时宜用麻袋或木块等衬垫。

③ 预制构件吊运时应使各吊点同时受力，并应注意防止构件产生扭曲。吊绳与构件水平面所成夹角不应小于 45°（沉桩吊桩时除外，吊点另行设计）。

④ 预制构件吊运时应徐徐起落，以免损坏。

⑤ 吊运桁架时应有足够的刚度，必要时采用夹木加固。

⑥ 对有特殊吊运要求的构件，应根据设计要求，结合施工情况采用必要的特制工具或其他吊运及加固措施，以保证施工质量。

5）构件存放

① 预制构件存放符合下列规定：

（a）存放场地宜平整。

（b）按两点吊设计的预制构件，可用两点支垫存放，但应避免较长时间用两点堆置，致使构件发生挠曲变形。必要时可采用多点垫或其他方式存放。按三点以上设计的预制构件，宜采用多点支垫存放。垫木应均匀铺设，并应注意场地不均匀沉降对构件的影响。

（c）不同规格的预制构件，宜分别存放。

② 多层堆放预制构件时，其堆放层数应根据构件强度、地基承载力、垫木强度和存放稳定性确定。各层垫木应位于同一垂直面上，其位置偏差不应超过±200mm。

混凝土构件堆放层数应符合下列规定：

（a）桩不超过三层；

（b）叠合板不超过五层；

（c）空心板和无梁板不超过三层；

（d）桁架不超过两层。

③ 在岸坡顶部堆放预制构件时，应加强观测，必要时应采取措施，防止岸坡滑坡位移或发生有害沉降。

④ 预制构件存入储存场后，仍应按规定进行养护，以保证混凝土质量。

⑤ 用驳船装运预制构件时，符合下列规定：

（a）驳船甲板上均匀铺设垫木，并适当布置通楞。垫木顶面应保持在同一平面上，并用木楔调整垫实，预制构件宜均匀对称地摆置在垫木上，保持驳船本身平稳。

（b）按支点位置布置垫木时，其位置偏差不得超过±200mm。

（c）装运多层预制构件时，各层垫木应在同一垂直面上。

⑥ 驳船装运预制构件时，应注意甲板的强度和船体的稳定性，宜采用宝塔式和对称的间隔方法装驳。吊运构件时，应使船体保持平稳。

⑦ 驳船装预制构件长途运输时，应采取下列措施：

（a）对船体进行严格检查，采取必要的加固措施；

（b）如有风浪影响，应水密封舱；

（c）预制构件装驳后应采取加撑、加焊和系绑等措施，防止因风浪影响，造成构件倾倒或坠落。

⑧ 在陆上运输预制构件时，各支点位置应符合设计要求，并防止过猛的振动。在斜坡上运送时，滑道应平整以保持构件的平稳。

（3）构件安装

1）预制构件安装前，应进行下列工作：

① 测设预制构件的安装位置线和标高控制点；

② 对预制构件的类型编号、外形尺寸、质量、数量、混凝土强度、预留孔、预埋件及吊点等进行复查；

③ 检查支承结构的可靠性以及周围钢筋和模板是否妨碍安装；

④ 为使安装顺利进行，应结合施工情况，选择安装船机和吊索点，编制预制构件装驳和安装顺序图，按顺序图装驳及安装。

2）预制构件安装时，应满足下列要求：

① 搁置面要平整，预制构件与搁置面间应接触紧密；

② 应逐层控制标高；

③ 当露出的钢筋影响安装时，不得随意割除，并应及时与设计单位研究解决；

④ 对安装后不易稳定及可能遭受风浪、水流和船舶碰撞等影响的构件，应在安装后及时采取夹木、加撑、加焊和系缆等加固措施，防止构件倾倒或坠落。

3）用水泥砂浆找平预制构件搁面时，应符合下列规定：

① 不得在砂浆硬化后安装构件；

② 水泥砂浆找平厚度宜取 10～20mm，超过 20mm 应采取措施；

③ 应做到坐浆饱满，安装后略有余浆挤出缝口为准，缝口处不得有空隙，并在接缝处应用砂浆嵌塞密实及勾缝。

4）构件的稳固：

构件就位后，要立即采取措施予以稳固：

① 纵梁及吊车梁，安装就位搁置在横梁上以后，立即在节点将两根相接的梁底部伸出的钢筋焊接起来；

② 叠合板在安装就位以后，要将接缝处伸出的钢筋焊接起来；

③ 靠船构件安装时，重心向外，上部外倾，常用两根带张紧器（花篮螺栓）的临时拉条稳住，并加以调整，使之符合设计位置保持其垂直度，然后将伸出的钢筋与横梁的钢筋焊接起来。

5）节点、接缝和接合面混凝土浇筑：

预制构件安装就位稳固以后，可用陆上或水上浇筑法，在节点或接缝处浇筑混凝土，将构件连接成整体。

（4）接岸结构和岸坡施工

施工工艺和施工程序应符合码头岸坡稳定的设计要求，如不符合，应进行岸坡稳定验算。

1）码头施工区挖泥的要求

① 挖泥前，测量挖泥区水深断面。

② 应按设计或施工的开挖要求进行阶梯形分层挖泥。

③ 挖泥完毕后，复测开挖范围的水深断面是否符合要求。

2）岸坡施工

沉桩后进行回填或抛石前，先清除回淤浮泥和塌坡泥土。抛填过程中，宜定时施测回淤量。如遇异常情况，如大风暴、特大潮等过后，必须及时施测回淤，必要时，应再次清淤。清淤后应及时进行抛填，应做到随清随抛。

抛填时，应由水域向岸分层进行，在基桩处，沿桩周对称抛填，桩两侧高差不得大于1m。如设计另有规定，应满足设计要求。

3）接岸结构施工

① 在接岸结构岸坡回填土和抛石时，不宜由岸向水域方向倾倒推进的施工方法。

② 采用挡土墙时，其基础回填土或抛石均应分层夯实或碾压密实。

③ 采用板桩时：

（a）回填顺序应符合设计要求。回填时首先应回填锚碇结构前的区域，待拉杆拉紧后再回填板桩墙后区域。

(b) 锚碇结构前回填时，应按设计要求分层夯实。

(c) 板桩墙后回填前应清除回淤后的淤泥。水下回填宜从板桩墙向陆域方法进行。

④ 采用深层水泥搅拌加固地基时，应做到：

(a) 逐层做标准贯入等试验，查明加固区土层分布和软土层厚度、拟加固深度范围内有无硬夹层。尽量查明妨碍搅拌施工的孤石及异物等。经上述调查后，若施工中仍遇有异常或发现异物，应由有关方面另行商定解决。

(b) 对现场水质进行调查。查明 pH 值、易溶盐、海水污染程度和原因以及对水泥搅拌体的侵蚀性等。

(c) 对海底土特性进行调查分析，应进行逐层土的化学分析和矿物组成分析。查明拟加固土的腐殖质含量、土的 pH 值，有机质含量及活化反应特性，以判定在该地区实施深层水泥搅拌法的有效程度，供选择水泥品种和确定掺量。

4) 沉降、位移观测点的要求

施工过程中，根据设计要求，结合现场施工条件设置沉降和位移观测点，并应符合下列要求：

① 施工期间，对正在施工部位以及附近受影响的建筑物或岸坡定期进行沉降及位移观测，并做好记录。

② 在浇筑码头面层时，埋置固定的沉降、位移观测点，定期进行观测，并做好记录。

③ 固定的沉降、位移观测点，应在竣工平面图上注明，交工验收时一并交付使用单位。

1.1.8　板桩码头工程的施工

板桩码头建筑物主要是由连续的打入地基一定深度的板形桩构成的直立墙体，墙体上部一般由锚碇结构加以锚碇。

板桩码头建筑物的优点是结构简单、用料省、工程造价低、施工方便等，而且可以先打板桩后挖墙前港池，能大量减少挖填土方量。其缺点是耐久性较差。

板桩结构对复杂的地质条件适应性强。但由于板桩是薄壁结构，抗弯能力有限，所以多只用在中小型码头。

板桩码头的结构形式应根据自然条件、使用要求、施工条件和工期等因素，通过技术经济比较选定。

当有设置锚碇结构条件时，宜采用有锚板桩结构；当墙较矮、地面荷载不大且对变形要求不高时，可采用无锚板桩结构。对于码头后方场地狭窄，设置锚碇结构有困难或施工期会遭受波浪作用的情况时，可采用斜拉桩式板桩结构。对于具有干地施工条件，需要保护邻近建筑物的安全，或缺乏打桩设备时，可采用地下墙式板桩结构。

板桩码头建筑物主要组成部分有：板桩墙、拉杆、锚碇结构、导梁、帽梁和码头设备等。

板桩码头建筑物的施工程序包括：预制和施工板桩；预制和安设锚碇结构；制作和安装导梁；加工和安装拉杆；现场浇筑帽梁；墙后回填土和墙前港池挖泥等。

（1）板桩的沉桩

1) 一般规定

① 施工基线、桩位控制点及现场水准点均应按勘测基线（点）及水准点测设，其精

度符合有关规定，并应定期检查和校核。

②　对板桩墙轴线上的障碍物应进行探摸和清除。

③　在岸坡上沉桩时，应控制沉桩速率，对邻近岸坡和建筑物进行监控，如发现异常现象，应及时研究处理。

④　在沉桩过程中，应及时做好桩位固定措施。台风季节，应按防台措施对桩位进行加固。

⑤　地下墙式板桩码头的施工，有水上和陆上两种。

2）沉桩设备

板桩的沉桩设备一般采用打桩船或打桩机，打桩船或打桩机应有足够的起重能力和起吊高度。施工水域或场地条件应满足船舶吃水深度或打桩机的接地压力的要求。根据地质条件、桩的品种和规格、打入深度选择桩锤。

3）沉桩工艺

①　施打板桩墙时，为了控制墙的轴线位置，保证桩的垂直度，减小桩的平面扭曲和提高打桩的效率需设置导向梁或导向架。导向装置应具有足够的强度和刚度。

按导向梁和导向架移设的难易程度、夹持已打桩的所须长度和打桩效率的高低，选择适宜的设置长度。

为使导向梁和导向架具有足够的刚度，要适当选择材料和断面，以及导桩的材料、断面、间距和入土深度。

导向梁距板墙顶的距离应大于替打套入桩的长度。

②　沉桩可采用一次沉桩或多次往复沉桩方法。

往复沉桩方法：是以若干根桩为一批，预先插立在导向架内，打时，先打两端头的1～2根桩，并一直打至设计标高（或其一半），后打中间其余的板桩，一次（或分若干次）按顺序打至设计标高。

一次沉桩方法：是每1～2根板桩一次打至设计标高。

③　对沉桩过程中出现的异常情况，应采取以下有效措施：

（a）沿板桩墙纵轴线方向的垂直度偏差超过规定时，对于钢筋混凝土板桩，可采用修凿桩尖斜度的方法逐渐调整或用加楔形板桩进行调整；对于钢板桩，可用加楔形钢板桩的方法进行调整；

（b）板桩偏移轴线产生平面扭转时，可在后沉的板桩中逐根纠正，使墙面平滑过渡；

（c）下沉的板桩将邻近已沉的板桩"带下"或"上浮"时可根据"带下"的情况重新确定后沉板桩的桩顶标高，对"上浮"的板桩，应复打至设计标高；

（d）发生脱榫或不连锁等现象时，应与设计单位研究处理。

4）沉桩控制

沉桩应以桩尖设计标高作为控制标准。当桩尖沉至设计标高有困难时，应会同设计单位研究处理。当有承载力要求时，要求沉桩双控。沉桩的允许偏差应符合现行行业标准的有关规定。

5）板桩的防腐

钢板桩应采取防腐蚀措施，目前工程上采用的有以下几种：对于水下部位采用阴极保护；对于水位变化部位，一般采用涂防锈漆，如环氧煤沥青等；与钢板桩接触的金属构件

（如导梁、拉杆等）应采用与钢板桩相同的材质，以免产生局部电位差，引起腐蚀作用；也可采用耐腐蚀强的钢材制作钢板桩。

6）施工注意要点

① 打桩船（架）的架高要满足插立板桩的要求。

② 钢板桩的施工要特别注意榫口，在沉桩前通常用不短于2m的钢板桩作通过检查。为了减少锁口的阻力和填塞锁口缝隙，可在锁口内涂以润滑油。

③ 转角桩的加工，为避免焊接变形，最好采用铆接。如采用焊接，则必须从结构到焊接工艺等方面采取措施，以减小和避免焊接变形。

④ 打桩方法一般采用锤击法，如遇砂土地基可改用振动法。为了提高打桩效率和避免打坏桩头，宜采用大锤"重锤轻打"。

⑤ 打钢筋混凝土板桩用的替打，用铸钢或钢板焊成，其内、外壁：外伸长度以10~20cm为宜；间隙量一般为钢板壁厚的2倍。

⑥ 当钢板桩的锁口为环型、套型，或为阴阳型，而且阴榫朝着打桩前进方向时，为防止泥沙进入阴榫内口，要用塞子堵塞榫口的下端部。

⑦ 对板桩墙开始施打的几根桩应特别重视，施工时要严格控制。

⑧ 当土层变化较大，且需分区确定桩长时，为避免在现场接桩，影响施工进度，钢筋混凝土板桩"宜长勿短"，即宁可截桩，不要接桩。

⑨ 应在已沉入的桩位处设置明显标志，夜间应挂警示灯。严禁在已沉入的桩上系缆。应防止锚缆碰桩。

（2）锚碇系统施工

1）锚碇结构形式

常用的锚碇结构有三种形式：锚碇板（墙）、锚碇桩（板桩）和锚碇叉桩。选择锚碇结构的形式，应根据码头后方的场地条件和拉杆力大小等因素综合考虑。

① 锚碇板（墙）

锚碇板一般是预制的钢筋混凝土板块。当板块为连续设置形成一堵墙体时，称为锚碇墙；当板块为间隔设置时，称为锚碇板。锚碇板的断面形状主要有平板形、双向梯形和T形三种。

锚碇板（墙）是靠墙前面的土抗力来平衡拉杆拉力。在施工条件允许的情况下，锚碇板（墙）的设置高程应尽量放低，以提高其承载能力。

② 锚碇桩（板桩）

锚碇桩（板桩）是依靠其在土中的弹性嵌固作用来承受拉杆的拉力。通常是一根拉杆设一锚碇桩。锚碇桩可以用单根桩，当拉力大时，可由一组桩（2~3根）组成。

③ 锚碇叉桩

锚碇叉桩是由一对叉桩和其上端现浇桩帽组成。叉桩中前面一根是压桩，后面一根为拉桩。它是靠两根斜桩轴向力的水平分力之和来承受拉杆的拉力。

2）拉杆

① 拉杆材料的选择

拉杆要承受拉力，所以一般是采用钢拉杆。拉杆及其配件的规格和材质应符合设计要求。材料应具有出厂合格证书，并按有关规定抽样对其机械性能和化学成分进行检验。

② 拉杆的防护

(a) 拉杆防护层的包敷涂料的品种和质量应符合设计要求。

(b) 采用钢拉杆时应采取以下防锈措施：钢拉杆及其附件在其安装前，应除锈并涂上两道防锈漆。安装后，拉杆、紧张器和铰应用两层沥青纤维布缠裹，垫板和螺母用沥青或其他防腐蚀材料。在拉杆周围严禁使用具有腐蚀性的材料回填。

(c) 拉杆在堆存和吊运过程中应避免产生永久变形和保护层及丝扣等遭受损伤。

③ 拉杆的安装应符合下列要求：

(a) 如设计对拉杆的安装支垫无具体规定时，可将拉杆搁置在垫平的垫块上，垫块的间距取 5m 左右；

(b) 拉杆连接铰的转动轴线位于水平面上；

(c) 在锚碇结构前回填完成和锚碇结构及板桩墙导梁或胸墙的现浇混凝土达到设计强度后，方可张紧拉杆；

(d) 张紧拉杆时，使拉杆具有设计要求的初始拉力；

(e) 拉杆的螺母全部旋进，并有不少于 2～3 个丝扣外露；

(f) 拉杆安装后，对防护层进行检查，发现有涂料缺漏和损伤之处，加以修补。

1.1.9 斜坡式防波堤的施工

斜坡堤，堤身两侧均为斜坡面，一般用于水深浅、地质差，当地又盛产石料的地区，当用混凝土人工块体护面时，也可用于水深、波浪大的地区。

斜坡堤根据其护面主要有：块石、砌石护面和人工块体护面三种结构形式。人工块体护面斜坡堤抗浪能力较强，多用于波浪较大的情况；块石和砌石护面斜坡堤抗浪能力较差，故适用于波浪不大且石料来源丰富的情况。

斜坡式防波堤施工工期一般较长，在未形成设计断面以前，其抗风能力很差，在安排施工顺序时，必须进行合理的分段分层，并做好施工期间出现灾害天气（如台风）时和施工停工期间（冰冻期）建筑物的防护工作。

(1) 砂垫层与土工织物垫层

1) 砂垫层

① 砂垫层抛填时，应考虑水深、水流和波浪等自然条件对砂粒产生漂流的影响，可通过试抛确定抛砂船的驻位。当水深较深、流速较大时，宜采用泥驳抛砂或其他措施。

② 抛砂应分段施工，砂垫层抛填后应及时用块石等覆盖。分段的长度应根据自然条件和施工条件确定。

③ 垫层的质量要求：

(a) 砂垫层的顶面高程不高于设计高程 0.5m，不低于设计高程 0.3m，砂垫层厚度不小于设计厚度；

(b) 砂垫层的顶面宽度不小于设计宽度，每侧超宽不大于 3m，当有基槽时不超出已挖基槽宽度。

④ 砂的粒径应符合设计要求，含泥量不宜大于 5%。

2) 土工织物垫层

① 铺设土工织物前，应对砂垫层进行整平，其局部高差：水下不大于 200mm；陆上

不大于 100mm。

② 土工织物宜事先加工成铺设块。铺设块的宽度宜为 8~15m，铺设的长度应按设计堤宽加上一定富裕长度。水下铺设富裕长度宜为 1.5~2.5m；陆上铺设富裕长度宜为 0.5~1.0m。

③ 土工织物铺设块的拼缝宜采用"丁缝"或"包缝"连接，但在长度方向（主要受力方向）不得有接头缝。

④ 土工织物铺设宜按下列方法进行：

(a) 先将土工织物一端固定在定位桩上，用重物（砂袋、碎石袋）压稳固定；

(b) 水下铺设由潜水员指挥并配合工作船将土工织物沿导线和导轨平缓展开并不断拉紧；

(c) 随土工织物的铺展，及时抛压砂袋或碎石袋；

(d) 土工织物尾端应按设计要求固定，并用砂袋或碎石袋压稳。

⑤ 相邻两块土工织物应搭接吻合，搭接长度：水下不小于 1000mm；陆上不小于 500mm。

⑥ 水下铺设土工织物应顺水（潮）流方向进行。在潮流较大区域宜在平潮时施工。

⑦ 土工织物应拉紧、铺平，避免产生皱折。

⑧ 水下土工织物铺设后应及时抛（回）填，防止风浪损坏；陆上土工织物铺设后，应及时覆盖，防止日晒老化。

(2) 堤身抛填块石或方块施工

1) 石料质量要求

斜坡堤的堤心石，可采用 10~100kg 的块石。对工程量较大，石料来源缺乏的地区，经论证可采用开山石、石渣或袋装沙土等代用材料。代用材料与垫层块石间宜有足够厚度的 10~100kg 的块石。开山石应有适当的级配。开山石和石渣的含泥量应小于 10%。石料的外观质量要求不成片状，无严重风化和裂纹。

2) 软土地基上的抛石顺序要求

① 当堤侧有块石压载层时，应先抛压载层，后抛堤身；

② 当有挤淤要求时，应从断面中间逐渐向两侧抛填；

③ 当设计有控制抛石加荷速率要求时，应按设计要求设置沉降观测点，控制加荷间歇时间。

3) 斜坡堤堤身施工方法和施工程序

① 测量定位

施工前应进行海床测量，以准确掌握海底地形变化情况，并据此计算、复核工程数量和施工过程中控制抛填高程。斜坡堤施工导标主要有断面标和里程标。在断面的堤轴线、堤边线及断面特征变化线方向上设立定位标志，用以控制堤的平面位置。里程标用以标志施工区段。

② 排淤法处理软土地基

(a) 爆破排淤填石是在抛石体外缘一定距离和深度的淤泥质软基中埋放药包群，起爆瞬间在淤泥中形成空腔，抛石体随即坍塌充填空腔形成"石舌"，达到置换淤泥的目的。经多次推进爆破，即可达到最终置换要求。

（b）爆破挤淤填石置换的软基厚度宜取 4~12m，当置换软土地基厚度小于 4m 或大于 12m 时，应与其他地基处理方法比较后择优选用。

（c）置换淤泥质软基的平面位置及深度均应进行施工期和竣工期检查。可选用以下检查方法。当采用其他方法时需进行论证。

a）体积平衡法适用于具备抛填计量条件，抛填石料流失量较小的工程。根据实抛方量及断面测量资料推算置换范围及深度。采用该方法时可适当辅以钻孔探摸。

b）钻孔探摸法适用于一般工程。按横断面布置钻孔，断面间距宜取 100~500m，不少于 3 个断面；每断面布置钻孔 1~3 个，全断面布置 3 个钻孔的断面数不少于总断面的一半。钻孔探摸应揭示抛填体厚度、混合层厚度，并深入下卧层不少于 2m 深。

c）探地雷达法适用于一般工程，适用于检查工作量大的工程。在经验少的工程上应用该技术，应有适量的钻孔资料配合分析。按纵横断面布置测线。纵断面应分别布置在堤顶、内坡、外坡的适当位置上，横断面应布满全断面范围，间距宜取 50~100m。点测时，测点距离不应大于 2m。

d）其他经论证可行的方法。

③ 抛填堤心石

（a）水上施工方法

抛石船可根据抛填工程量大小、施工条件、石料来源等因素选择，常用的抛石船有民船、方驳、开底驳、自动翻石船和起重驳船等。其中，开底驳和自动翻石船的一次抛填量大，适用于粗抛；民船和方驳需用人力抛填，虽劳动强度较大，但抛填精度高，适用于补抛和细抛。某些部位人力无法抛到施工标高时，可通过在方驳上安设吊机，用吊机辅助补抛；用起重驳船运抛则具有装石量大、船稳定性好、抗风浪能力强等优点。

水上抛填块石，应根据水深、水流和波浪等自然条件对块石产生的漂流的影响，确定抛石船的驻位。

抛填时应定期测量抛填断面，根据测量结果，按里程或区段控制需多抛或少抛的位置和再抛量。抛填时还应勤对标，勤测水深，控制坡脚位置和边坡坡长，使其不超过允许误差。

（b）当采用陆上推进法抛填堤心石时，堤根的浅水区可一次抛填到顶，堤身和堤头视水深、地基土的强度和波浪影响程度可一次或多次抛填到顶。施工机具可视堤顶宽度和工程量大小选用拖拉机、自卸汽车及自卸汽车配装载机等。

④ 抛填垫层石

堤心石坡面验收后，应按照设计要求的块石重量和厚度抛填块石垫层。

⑤ 当采用预制方块作为堤身时，抛填方块前应先抛放压边方块。实际边线与设计边线间的偏差不应大于 300mm。

（3）预制和安装护面块体

1）混凝土护面块体的预制

混凝土护面块体种类较多，常用的块体有栅栏板、四脚空心方块、扭工字块体、四脚锥体和扭王字块等，必须根据块体的形状特征，选择其预制成型方式和制作方式。

混凝土护面块体的外形较复杂，模板的制作和加工通常较困难。

预制人工块体的模板，宜采用钢模板或拼装式混合模板。

块体的底模可根据制作方式分别采用混凝土地坪和混凝土胎模或钢模（固定在混凝土地坪或钢支架上），侧模一般用钢模。某些块体的预制可能需设上模和芯模，上模可采用钢模或木模板，在混凝土初凝后可拆除；芯模可用充气胶囊或钢木芯模。

对采用封闭式的钢模板预制人工块体，宜在混凝土初凝前用原浆压实抹光其外露部分。

预制人工块体重量的允许偏差为±5％。

2）安装护面块体

① 安放人工块体前，应检查块石垫层厚度、块石重量、坡度和表面平整度，不符合要求时，应进行修整。

② 人工块体应自下而上安放，底部的块体应与水下棱体接触紧密。

③ 扭工字块的安放，应满足下列要求：

（a）采用定点随机安放时，可先按设计块数的95％计算网点的位置进行安放，完成后应进行检查或补漏；

（b）采用规则安放时，应使垂直杆件安放在坡面下面，并压在前排的横杆上，横杆置于垫层块石上，腰杆跨在相邻块的横杆上。

④ 扭王字块体的安放可采用扭工块体的定点随机安放方法。块体在坡面上可斜向放置，并使块体的一半杆件与垫层接触，但相邻块体摆向不宜相同。

⑤ 四脚空心方块和栅栏板的安放，块体间应互相靠紧使其稳固，但不宜用二片石支垫，坡面与坡肩连接处的三角缝可用块石等填塞。

⑥ 人工块体安装的允许偏差应满足下列要求：

（a）对扭工字块和四脚锥体，其安放的数量与设计的数量的偏差为±5％。对扭王字块体，其安放的数量不宜低于设计要求。

（b）对四脚空心方块和栅栏板的安放，其相邻块体的高差不应大于150mm，砌缝的最大宽度不应大于100mm。

1.1.10 航道整治工程施工技术

（1）浅滩整治方法

浅滩整治是在碍航的浅滩上修建整治建筑物，以改善其通航条件，整治对象主要限于枯水河床。浅滩整治可按沙质和卵石浅滩、泥质浅滩和石质浅滩的不同特性采用不同的整治措施。

1）沙质浅滩和卵石浅滩整治方法

① 沙质浅滩和卵石浅滩整治应重点研究水、沙条件变化和河床演变规律，整治手段宜以筑坝与疏浚相结合。

② 整治沙质浅滩和卵石浅滩，应查明其成滩原因，航道上游来水、来沙情况；分析河岸、航槽、洲滩的多年变化与趋势，出现冲刷和淤积的水位，上下游河势变化，其他工程设施与采石采砂等活动对本滩的影响。

③ 沙质浅滩和卵石浅滩可分为过渡段浅滩、汊道浅滩、弯道浅滩、支流河口浅滩、散乱浅滩和峡口浅滩等，整治时应按山区、平原河流不同特性区别对待。

④ 整治过渡段浅滩应束窄河床，固定和加高边滩，集中水流冲刷航槽；整治汊道浅

滩应慎重选汊，采取工程措施调整分流比和改善通航汊道的通航条件；弯道浅滩的整治应修整岸线，减小曲率，调整水流，或裁弯取直；支流河口浅滩的整治应采取适当的措施减小汇流角，改善汇流条件，增强浅区冲刷能力；散乱浅滩整治应固滩护岸，控制河势，堵汊并洲，集中水流，稳定中枯水航道；峡口浅滩的整治应掌握峡口河段河床形态、淤沙粒径大小、峡谷壅水位变化规律，布置整治建筑物，集中水流加速航道冲刷。

2）泥质浅滩整治方法

① 泥质浅滩整治宜以疏浚为主，浚深航槽，切除突嘴，除达到规定尺度外，可另加适当的备淤深度和宽度，延长挖槽使用期。

② 挖槽定线宜符合中枯水流向。当浅滩上洪水和中枯水流向有较大偏离，或挖槽有淤积变化时，可布置整治建筑物，调整流向，稳定航槽。对有跌坎的泥质浅滩，宜布置较长的挖槽，调整其纵比降，并注意避开有沙质夹层的部位，以免形成新的跌坎。

3）石质浅滩整治方法

石质浅滩整治应采取炸礁开槽措施，必要时与筑坝壅水相结合。对于有底沙运动的石质浅滩，整治时应分析其冲淤规律和变化趋势，除炸礁开槽外，必要时可筑坝以增大输沙能力。对无覆盖层的石质浅滩，整治时宜按中枯水流向，合理确定航道走向和开挖端面尺寸。如开挖后引起水面线降落造成不利影响时，应在浅滩下游筑丁坝或潜坝壅水。在枯水期有较大横流时，还应筑坝调整流向，但坝顶高程要选择适当。在石质浅滩上开槽时，应合理确定开挖断面的形式和纵坡，做到与上下深槽平顺衔接，避免进出口处出现横流和急流。

4）对工程布置基本要求

① 丁坝工程

平原河流丁坝宜用正交或上挑丁坝，必要时也可采用下挑丁坝；山区河流的卵石滩宜布置成下挑丁坝，或者用带勾头的正交或下挑丁坝；用以抬高水位、调整比降的对口丁坝，护岸的短丁坝，加高心滩与顺坝相连的短丁坝，均宜与水流正交；封闭下深槽沱口的丁坝可以上挑或正交。

丁坝间距 D 的取值见表 1-37 所列。

丁坝间距 D 的取值   表 1-37

所处位置	凸 岸	凹 岸	顺直段
一般丁坝	$D=(1.5\sim3.0)L$	$D=(1.0\sim2.0)L$	$D=(1.2\sim2.5)L$
护岸丁坝		$D=(0.8\sim2.0)L$	

注：表中 L 为上一座丁坝在过水断面上的有效投影长度。

② 顺坝工程

导流顺坝走向应与整治线方向大体一致，按需要做成直线或平缓曲线，坝头宜伸入或接近下深槽，并保持水流平顺；以拦截横流为主的洲头与洲尾顺坝宜沿洲脊线布置，与江心洲地形平顺衔接；调整过分凹入的河湾，以及引导主流从一岸过渡到另一岸，可采用丁顺坝。

③ 锁坝工程

平原河流上的锁坝，根据地质、地形条件，宜建在封堵汊道的中、下段，并与主流向正交。当汊道的水面落差超过 0.8m 时，宜分别在汊道的中上段和中下段建锁坝；山区河流上的锁坝，可根据地质、地形及水流条件，布置在汊道的上段。

④ 护岸工程

建坝后河岸受顶冲的部位，如可能发生变化，影响航道稳定，应视情况适当布置护岸；护岸工程宜采用平顺式；局部岸线不规则时，可用顺坝或丁坝予以调整，护岸丁坝的间距以主流不冲刷河岸为原则确定。

⑤ 疏浚工程

疏浚挖槽的位置宜避开泥沙淤积区，并与整治线相协调；挖槽与中枯水主流向的交角不宜大于 15°；短挖槽可用直线连接上下深槽，长挖槽可用折线构成微弯型与上下深槽平顺衔接；挖槽的进口段必要时可拓宽成喇叭形，平原河流的挖槽出口段宜酌情增深。

弃土处理应充分利用疏浚土筑坝、填塞支汊或抛置于边滩、坝田、调整河床形态。

(2) 急滩整治方法

在山区河流中，流急坡陡，航船上行困难的局部河段称为急流滩。急滩按成因可分为基岩急滩、溪口急滩、崩岩急滩和滑坡急滩等类型，急滩主要出现在山区河段，丘陵河段较少。

1) 急滩整治的一般规定

① 急滩、险滩和复杂滩险的整治应根据碍航的主要原因，采取炸礁、疏浚和筑坝等不同的工程措施。

② 急滩按成因可分为基岩急滩、溪口急滩、崩岩急滩和滑坡急滩等类型，整治时应区别突嘴、窄槽和潜埂等形态，采取扩大滩口过水面积和筑坝壅高水位等措施，调整流速分布与比降。

③ 急滩整治应在技术可能和经济合理的情况下，使船舶自航上滩。整治工程量和投资过大或受其他条件限制，也可采用整治与绞滩相结合的方法。船舶自航上滩允许的比降和流速，可通过实船试验、船模试验或分析计算确定。

④ 急滩整治设计，应进行整治前后水面线和平面流速分布计算，预测整治后航线上的流速和比降及对上游河段的影响。

2) 不同类型急滩的整治方法

① 基岩急滩的整治方法

(a) 突嘴型急滩整治可按对口或错口等具体形式采取相应措施。

(b) 窄槽型急滩整治，可扩大卡口处的过水断面，拓宽缓流区，窄槽型枯水急滩也可在滩下深槽筑坝壅水，使流速和比降满足船舶自航上滩的要求。

(c) 潜埂型枯水急滩整治，可扩大潜埂处的过水断面，必要时应在下游筑坝壅水，使滩口比降和流速满足要求。

② 溪口急滩的整治方法

(a) 对来石量较大，可能导致滩势恶化的溪沟，应根据溪沟的来水、来石和地形、地质条件，研究其治理措施。

(b) 溪沟内有筑坝条件，并能容纳 5 年以上的溪沟山洪来石量时，可采用溪沟内筑坝拦石方案，坝址宜选在基岩上，坝高应按设计库容确定，当条件限制坝高时，可采用多级拦石坝。

（c）溪沟口有适宜筑导流坝的条件，且滩下有容纳 5 年以上淤积量的深沱区，可在溪口处建坝，将溪沟内来石导向滩下深沱。

（d）溪口改道的导流坝宜建在基岩或坚固的基础上，并宜避开山洪的顶冲。当溪口改道无天然的沟槽可利用时，应采用人工开挖导流沟。

（e）溪沟拦石坝与溪口导流坝可采用浆砌条石和混凝土结构。拦石坝可采用透水的栅栏式坝型。

③ 崩岩急滩和滑坡急滩的整治方法

（a）大型崩岩急滩和滑坡急滩整治宜按初期整治和后期整治进行。初期整治可采用裸露爆破，减缓滩势，实现绞滩通航；后期整治应注意开挖区选定和整治线布置。从崩岩、滑坡体稳定角度考虑，开挖区宜选择在非崩岩、滑坡一岸。当必须整治崩岩、滑坡一岸时，应研究开挖区整治线布置及整治断面形状，以减小对崩岩、滑坡体稳定的影响。崩岩、滑坡区开挖整治断面在条件许可时，宜设计成宽浅型复式断面，边坡宜采用缓坡折线式或阶梯式。对滩势复杂，碍航严重的崩岩、滑坡急滩的整治，开挖区选择、整治线布置及整治断面形状等应通过模拟实验优选确定。

（b）进行崩岩、滑坡急滩的整治，当需采用爆破措施时，应对滑坡体进行稳定计算和监测，限制每次起爆的最大用药量。

（c）为巩固滩口整治后稳定性较差的崩岩和滑坡体，必要时应采取修建截水沟或采用削坡减载等措施进行防治。

④ 卵石急滩的整治方法

（a）整治卵石急滩应查明滩段的河床组成和卵石运动状况，分析成滩原因。

（b）卵石急滩可采用疏浚方法，扩大滩段过水断面，以减缓流速。如疏浚后有局部回淤，应根据具体情况，布置整治建筑物。

（c）对较短的卵石急滩，其下深槽较深时，可在下深槽筑潜坝或填槽调整滩段的比降、流速。

（d）较顺直宽浅的卵石急滩，可布置错口丁坝，使船舶能交替利用两岸的缓流上滩。

⑤ 分汊型石质急滩的整治方法

（a）分汊型石质急滩通航汊道的选择，应考虑各汊道的水文条件、上下游航道连接情况和航行等因素。通航汊道宜选择现行通航汊道，也可根据实际情况，选择其中一汊作为上行航道，另一汊作为下行航道。

（b）分汊型石质急滩的整治，应通过分析计算确定设计航深、航宽、流速和比降所需的分流量。

（c）通航汊道的开挖，应结合航道流速、比降和流态等情况，以拓宽为主。挖槽进口宜采用喇叭形。对分流为主的非通航汊道整治断面以挖深为主。

（d）对整治方案通过分析计算难以确定的分汊型石质急滩应进行河工模拟试验。

（3）潮汐河口航道整治方法

潮汐河口是河流与海洋交汇的连接地段，不仅受河流下泄径流的作用，而且还受潮汐侵入的影响，也是盐水与淡水交汇的地区。潮汐河口航道整治应掌握水流动力条件、风浪、含盐度、泥沙和河床边界条件等因素，从研究河床演变入手，进行多方案技术经济论证。潮汐河口航道是指由河口河流段、河口潮流段和口外海滨段组成的受潮汐影响的航道。河口航道治理一般采用整治与疏浚两者相结合的手段进行。河口治理需要统筹兼顾，全面规划，综合利用好河口资源。

1）河口拦门沙航道整治方法

河口拦门沙的成因和演变规律，应根据不同类型河口拦门沙特征进行历史和现状的分析，并应考虑下列因素及相互关系：

① 水流扩散和涨落潮流路不一致对水流动力的影响；

② 盐水和淡水混合，最大混浊带位置变化和泥沙絮凝沉降的情况；

③ 径流量和潮流量比值及变化；

④ 上游来沙、潮流输沙、波浪掀沙和沿岸输沙的情况；

⑤ 底质组成和底沙输移形态及对河口地形的影响。

河口拦门沙航道的整治应根据历年地形图，比较分析其年际和年内洪、枯季的变化规律，并应根据其成因和演变规律，采取疏浚或疏浚与筑坝相结合的整治措施，因地制宜，综合规划，分期实施。

易变河口拦门沙航道的整治，宜采取建单侧或双侧导堤的工程措施。为适应排洪、纳潮和延长中枯水冲刷历时需要，可沿导堤内侧布置高程略低于导堤的丁坝。导堤和丁坝的平面走向、间距和高程等布置宜通过模拟研究确定。

当河口拦门沙受沿岸输沙影响，导堤需兼顾拦截沿岸输沙功能时，单侧导堤应布置在沿岸来沙方向一侧。

多汊道河口拦门沙航道的整治，宜选择水深条件好、落潮流动力强和分沙比小的汊道为主航道，采取双导堤和分流鱼嘴与疏浚相结合的工程措施。必要时可在导堤内侧布置丁坝或在非通航汊道内建坝限流。

2）口门内浅滩整治方法

引起淤积的原因有动力因素和来沙因素两个方面，整治原则也可以从这两个方面考虑。

① 口门内浅滩的整治，宜选落潮流主槽为航槽，采取疏浚和建丁坝、顺坝或加高潜洲等措施，集中水流，增加航道尺度。

② 整治口门内分汊河段的浅滩，宜选择落潮流动力较强、分沙较少的汊道为主航道，适当布置整治建筑物，引导水流，增强其冲刷能力。整治措施应符合下列规定：

（a）整治江心沙滩低矮且常有变动的大型潮汐河口的口门内汊道浅滩，宜布置固滩鱼嘴，稳定和加高心滩，防止窜沟发展，限制汊道间的水沙交换，有利于通航汊道的稳定和发展。

（b）整治多汊的潮汐河口口门内浅滩，当选定通航汊道的落潮流分流比不能满足要求时，可采取在非通航汊道内建锁坝、在进口处建接岸的挑流丁坝或建连接洲头的导流顺坝等措施，使落潮流集中于通航汊道。当通航汊道两侧存在较小支汊和窜沟时，可进行封堵。

（c）当口门内汊道浅滩有主、支汊易位趋势，原有通航汊道落潮流动力减弱，汊道内又有港口码头等设施，必须保持通航时，应通过疏浚原有通航汊道和限制其他汊道继续发展的整治措施，调整分流比，恢复原汊道的通航条件。

③ 网状的入海河口，当需要整治某一支的口门内浅滩时，应综合分析该处的涨落潮动力条件和河床演变规律，慎重选择疏浚与筑坝的结合方式。当该支的径流和潮流相对较

弱时，宜以基建性疏浚为主，辅以少量导流防淤建筑物，避免减弱涨落潮流动力。当条件允许时，可采取拓宽卡口的措施，改善引入径流和接纳潮流的条件。

④ 口门内浅滩整治工程的丁坝布置，坝轴线宜与落潮流方向垂直，坝头高程应达到整治水位，坝根高程宜高于中潮位或与岸滩面高程一致。

3）整治线和挖槽布置

① 潮汐河口口外海滨段航道整治线走向宜与涨落潮主流向一致；河口潮流段航道整治线走向宜与落潮流主流向一致，其线形宜采用微弯形。

② 河口潮流段和口外海滨段应有一定的放宽率，其直线段的沿程整治线宽度可按式（1-6）计算：

$$B_2 = B_0(1 + \Delta B)^x \tag{1-6}$$

式中　B_2——下游计算端的整治线宽度（m）；

　　　B_0——上游计算端的河宽（m）；

　　　ΔB——放宽率，根据优良河段资料反求或通过模型试验经综合论证确定；

　　　x——河流轴线上 B_0 和 B_2 两端断面间的距离（km）。

③ 在潮汐河口设计挖槽时，应进行潮流、波浪和泥沙运动的分析论证，选取相对稳定的以落潮流为主的深槽为挖槽。潮流与挖槽轴线的交角宜小于 15°，但不应大于 30°。在口外海滨段，当涨潮流占主导地位，并由此形成深槽时，应选取涨潮流主槽为挖槽。

④ 潮汐河口航道疏浚的抛泥区宜选在开挖航槽的下游，避免涨潮流挟带弃土进入航槽造成回淤。采用边抛法疏浚时应进行充分的技术经济论证，必要时可通过现场试验确定。条件许可时，宜将弃土排入坝田围堰内或导堤外围堤造地。

⑤ 在洪、枯水流量变幅较大且风浪作用较强的潮汐河口，应分析洪水和风浪对航槽淤积的影响。

⑥ 潮汐河口整治河段的挖槽回淤和抛泥区抛泥对挖槽回淤的影响，应进行数值模拟研究，必要时尚应通过物理模型试验或挖槽试验进行论证和预测。

（4）整治建筑物结构

1）整治建筑物类型

整治建筑物工程，主要分为筑坝、筑堤工程和其他工程。按其使用地区的不同，其结构类型和名称亦不相同。在内河地区一般分为：丁坝、顺坝、锁坝、护岸、护滩和鱼嘴等形式；沿海及潮汐河口地区分为：突堤、岛堤和导流堤等几种形式。

整治建筑物按平面布置的不同，其筑坝、筑堤工程可分为：与岸连接和不连接两种。内河地区的丁坝，沿海及潮汐河口地区的突堤、接岸导流堤等属第一种，其一端与岸连接，另一端伸向水中，坝体平面结构由堤头、堤身、堤根组成；内河地区的顺坝、沿海及潮汐河口地区的岛堤和导流堤等属第二种，其两端均不与岸连接，坝体平面结构由两个堤头和堤身组成。其他工程可分为：护岸、护滩、护底和鱼嘴等。

2）整治工程建筑物的主要结构形式

整治建筑物在内河流域、潮汐河口地区、沿海港口水域，由于其工作状况的不同，其结构形式也有很大的区别，主要形式分为：斜坡式、直立式和其他形式。

① 斜坡式坝体结构

斜坡式坝体结构形式适用于内河地区的丁坝、顺坝、锁坝及护岸等整治工程；也适用于沿海及潮汐河口地区的突堤、岛堤和导流堤等整治工程。

斜坡式坝体结构的特点是：断面为梯形，坡度根据自然条件和材料类型确定，一般不大于1：1；用开采的天然块石、砾石、砂或混凝土块体构筑而成。建筑物在水流的作用下，可通过堤头、堤身的作用，改变水流的流向、流态，调整过水断面面积，改善流速条件；波浪作用时，大部分波能够在坡面上被吸收和消散。

斜坡式坝体的主要优点是：结构简单、施工方便，有较高的整体稳定性，适用于不同的地基，可以就地取材，破坏后易于修复。

斜坡式坝体一般适用于水深较浅（小于10～12m）、地基较差和石料来源有保障的情况。

斜坡式坝体结构根据各类使用地区的地质和水文条件差异可分为如下几种形式：

（a）抛石斜坡堤

沿海和潮汐河口地区称抛石斜坡堤，在内河地区也称抛石坝。是目前国内外采用最多的一种重力式整治建筑物形式。其主要断面形式通常包括：堤心块石、垫层、护底、护面和棱体5个部分，见图1-15所示。

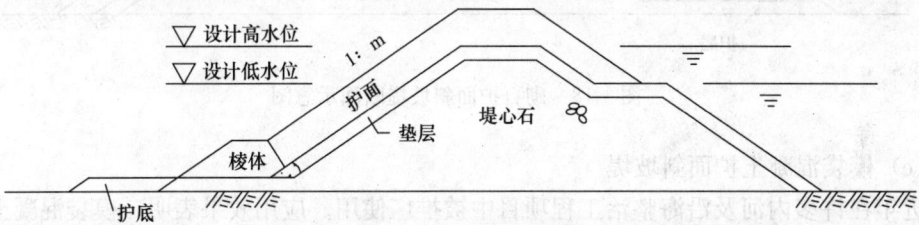

图1-15 抛石斜坡堤断面示意图

（b）袋装砂填芯坝

近年在我国沿海、潮汐河口和内河地区常采用，其堤心为土工织物和充填砂构成，主要断面形式通常包括：袋装砂堤心、垫层、护底、护面和棱体5个部分，由于堤头承受较大风浪，不宜采用袋装砂结构，见图1-16所示。

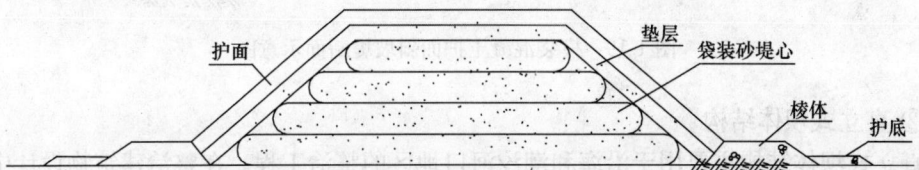

图1-16 袋装砂填芯坝断面示意图

（c）抛方块斜坡堤

主要用于沿海、潮汐河口地区，当施工期波浪经常较大，当地石料来源缺乏，但起重条件较好的情况下，可采用抛填普通方块的断面形式，主要断面形式通常包括：堤心石、方块、垫层、护底4个部分，见图1-17所示。

（d）砌石护面斜坡堤

常用于内河、沿海和潮汐河口地区。为了增加坝体的抗冲刷、抗风浪能力，对有加工

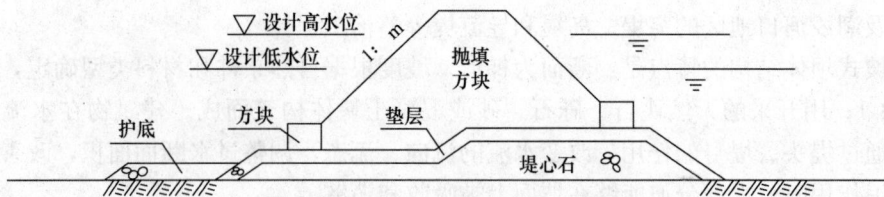

图 1-17　抛方块斜坡堤断面示意图

条件的地区可采用干砌块石、干插条石和浆砌块石护面的斜坡堤，主要断面形式通常包括：堤心石、垫层、护底、浆砌或干砌块石护面、戗台 5 个部分组成，见图 1-18 所示。

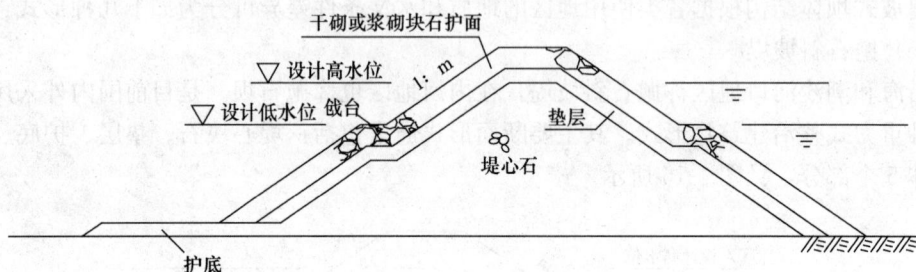

图 1-18　砌石护面斜坡堤断面示意图

（e）模袋混凝土护面斜坡堤

近年在许多内河及沿海整治工程项目中被推广使用。应用效果表明，模袋混凝土护面能较好地防止水流和波浪对整治建筑物堤心和堤角的淘刷。其主要断面形式通常包括：袋装砂堤心、垫层、护底、模袋混凝土护面 4 个部分，见图 1-19 所示。

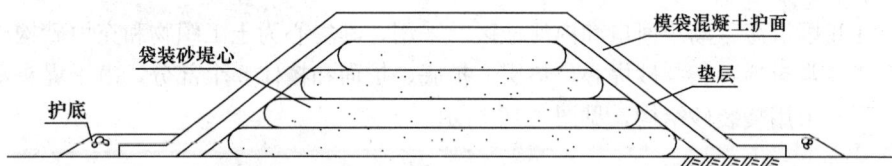

图 1-19　模袋混凝土护面斜坡堤断面示意图

② 直立式坝体结构

直立式坝体结构主要用于沿海和潮汐河口地区的整治工程。在整治建筑物设计中常常将其防波浪和导流输砂的功能结合起来考虑，就其在水流和波浪作用下的工作状态来说，多属于重力式结构。

直立式坝体结构的特点是：其断面的内外两侧均为直立（或基本直立）墙，一般由上部结构、墙身构件、抛石基床组成。

直立式坝体结构的优点是：建筑材料的用量比斜坡堤省，尤其在水深较大的水域，两者的差值也越大。

直立式坝体结构主要缺点是：地基应力较大，对不均匀沉降反应敏感，当用于软基时，需对地基采取加固措施；遭到破坏难于修复。

（a）方块式直立堤

方块式直立堤适用于施工期波浪不大，且起重设备能力较大的情况。墙身主要有：正砌方块、斜砌方块、巨型方块和消浪方块；其断面结构有：抛石基床、堤身方块和护底三部分组成。

方块式直立堤的优点是：堤身坚固耐久，施工简便；其缺点是：自重大，地基应力大，混凝土用量多，水上安装和潜水工作量大，施工进度较慢，堤身整体性差，易随地基沉降变形。

见图 1-20 所示。

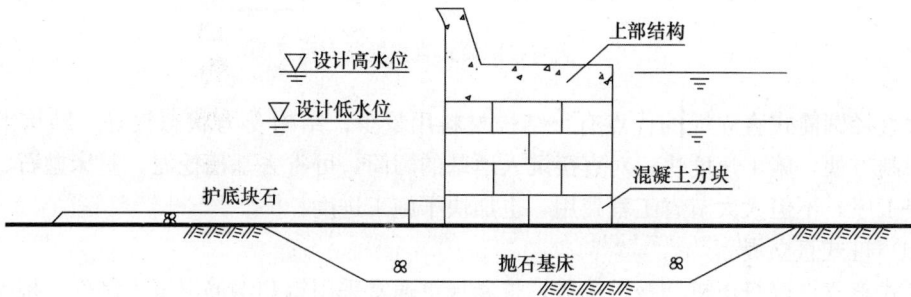

图 1-20　方块式直立堤断面示意图

（b）沉箱式直立堤

沉箱式直立堤墙身主要有：矩形沉箱、半圆体沉箱和带消能室的钢筋混凝土沉箱等多种形式。其主要断面结构有：抛石基床、堤身沉箱和护底三部分组成，见图 1-21 所示。

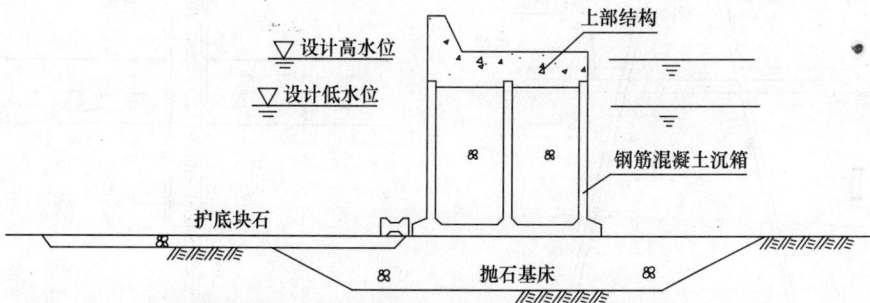

图 1-21　沉箱式直立堤断面示意图

沉箱结构的优点是：堤身整体性好，水上安装工作量小，施工速度快，箱中填以砂石可降低造价。缺点是：沉箱的预制和出运需要有相应的场地和设备，如滑道、船坞、临时航道等，临时工程投资大。沉箱一旦遭到破坏，修复困难。因此，沉箱式直立堤应在有条件的地区采用。

（c）大直径圆筒式直立堤

墙身为直径 3m 以上的薄壁、无底的钢筋混凝土圆筒，安放于抛石基床上或部分沉入地基之中。

安放于抛石基床上的大直径圆筒式直立堤，与一般重力式直立堤基本相同，其主要断面结构有：抛石基床、堤身大直径圆筒和护底三部分组成。部分沉入地基之中的圆筒式直立堤，适用于软基和持力层较深的情况，见图 1-22 所示。

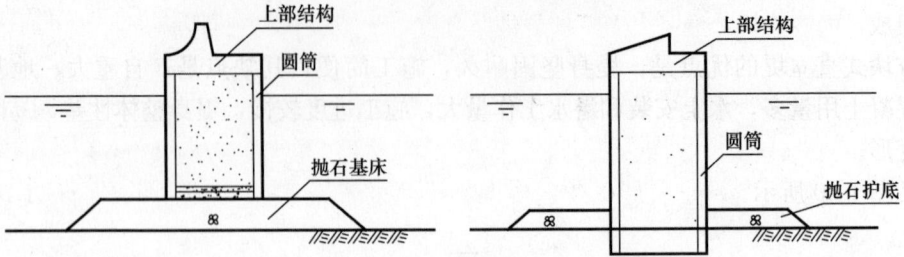

图 1-22　大直径圆筒式直立堤断面示意图

大直径圆筒式直立堤的优点有：结构材料用量少；结构受力状态较好；结构形状简单，预制方便，施工速度快；对直接沉入地基的圆筒，可省去基槽挖泥、基床抛石、夯实整平等工序，不但大大节省工程费用，也加快了施工进度。

（d）桩式直立堤

桩式直立堤墙身由桩和板桩构成，桩和板桩通常采用钢和钢筋混凝土制作。根据桩的工作状况，可分为单排桩结构、双排桩结构和格型钢板桩结构，见图 1-23 所示。

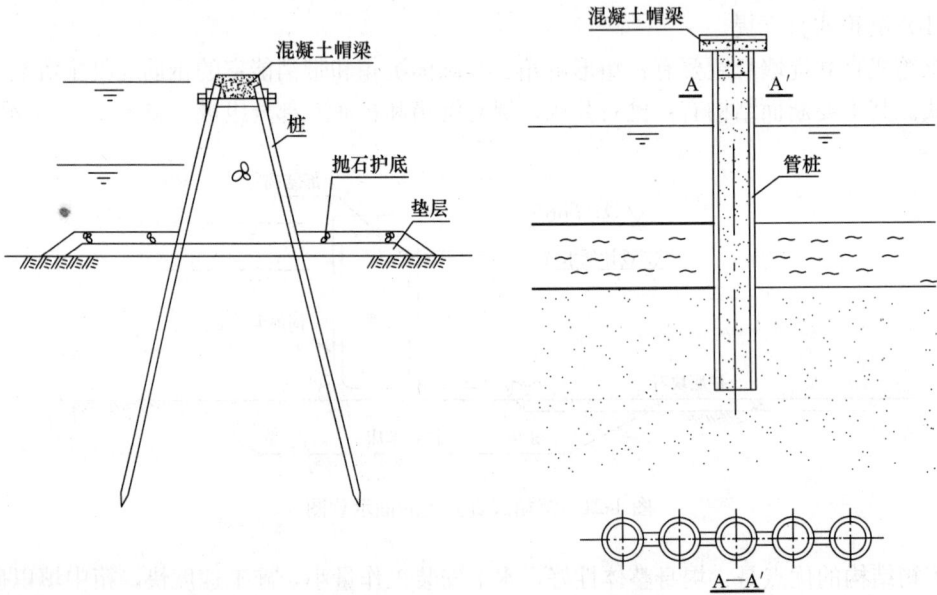

图 1-23　桩式直立堤断面示意图

单排和双排桩结构形式简单、施工迅速方便、造价低廉，但其缺点是结构整体性较差。该种直立堤由于受板桩尺寸和承载能力的限制，只适用于水深和波高都不大且土质较差的情况。

格型钢板桩结构由于整体稳性较好，因此适用于水深较大、波浪较强的情况。缺点是：施工较困难，耗费钢材多，结构腐蚀快，耐久性较差。

3) 其他形式

① 护底和护滩排体结构

护底和护滩工程常见于天然河流、湖区、库区、潮汐河口航道整治工程。其排体结构有：土工织物软体排、混凝土系结块软体排和混凝土连锁块软体排。

（a）散抛压载软体排

可用在风浪小、水流平稳、表面流速小于 10m/s、水深小于 60m 和地形平坦的地区。

（b）沙肋软体排

可用在风浪较大、受水流顶冲、地形较平坦、表面流速不大于 20m/s 和水深小于 200m 的地区。

（c）混凝土系结块软体排

可用在风浪较大、受水流顶冲、地形较复杂和水深较大的地区。

（d）混凝土连锁块软体排

可用在受水流顶冲、表面流速大、地形较复杂和水深较大的地区。

② 固滩鱼嘴

固滩鱼嘴宜采用导堤式结构，由圆弧段、两侧导流段和堤后格坝组成。

鱼嘴圆弧段的护底宜采用系结压载软体排，垂直于坝轴线铺设，并相互搭接。余排宽度，迎水面宜通过冲刷计算或试验确定，背水面可取堤高的 3～5 倍。堤身宜采用块石或充填袋填心混合结构。

鱼嘴两侧导流段存在沿堤流，护底宜采用系结压载软体排。余排宽度，迎水面可取 10～15m，背水面可取 5～10m，必要时应通过冲刷计算或试验确定。堤身宜采用块石或充填袋填心混合结构。堤顶纵坡可采用逆坡，坡度可取 1：300～1：800，见图 1-24 所示。

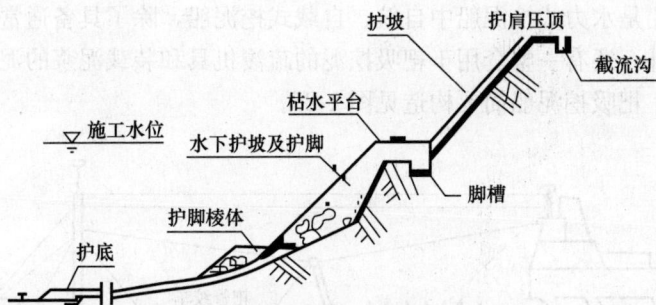

图 1-24 护洲鱼嘴断面示意图

鱼嘴内侧格坝可布置在靠近圆弧段末端的适当部位。鱼嘴尾部应与江心洲平顺衔接，防止连接处被水流淘刷。

护洲鱼嘴断面结构应采用斜坡式护岸形式，主要包括护底、水下护坡及护脚和水上护坡等，水上护坡由枯水平台、盲沟、反滤层、护面和护肩压顶组成，如图所示。

③ 护岸工程

平顺护岸的结构护底宜采用系结压载软体排，河床冲刷较小的护岸段也可采用抛石或充填袋结构。

当采用抛石或充填袋结构时，应满足下列要求：

（a）抛石护底范围，受水流顶冲、河床有局部冲刷坑且深泓逼岸的护岸河段，抛护内侧与护脚衔接，外侧抛至深泓线；非迎流顶冲的护岸河段，枯水位以下坡度较陡时，抛至河床横向坡度为1∶3～1∶4或深槽的一定高程处，在近岸护底段加抛防冲填料，防止冲刷加剧；

（b）抛石厚度不小于抛筑块石粒径的2倍，水深流急处适当加大。

护岸抛石护脚上端高程宜抛至设计最低通航水位或多年平均枯水位。间断式平顺护岸的间断部分应进行削坡和护脚。

护岸顶高程应根据工程需要和河岸土质条件确定，不应低于整治水位时波浪最大爬高以上1.0m，必要时护至河漫滩滩顶。护坡坡度在砂土地区宜取1∶2.5～1∶3，抗冲性较好的坡岸宜取1∶1.5～1∶2.5，在满足稳定要求的条件下，可选取偏陡的数值。

平顺护岸的起止点应与河岸平顺衔接过渡，过渡段长度宜为5～15m。

短丁坝护岸结构可参照斜坡式、直立式整治建筑物部分。

1.1.11 疏浚与吹填工程施工技术

疏浚工程是指采用水力或机械的方法为拓宽、加深水域而进行的水下土石方开挖工程。

疏浚工程按其性质和任务不同分为基建性疏浚和维护性疏浚。基建性疏浚是为新辟航道、港口等或为增加它们的尺度、改善航运条件，具有新建、改建、扩建性质的疏浚。维护性疏浚是为维护或恢复某一指定水域原定的尺度而清除水底淤积物的疏浚。

吹填工程是指将挖泥船挖取的泥沙，通过排泥管线输送到指定地点进行填筑的作业。

（1）耙吸式挖泥船

耙吸式挖泥船是水力式挖泥船中自航、自载式挖泥船，除了具备通常航行船舶的机具设备和各种设施外，还有一整套用于耙吸挖泥的疏浚机具和装载泥浆的泥舱，以及舱底排放泥浆的设备等。耙吸挖泥船简要构造见图1-25。

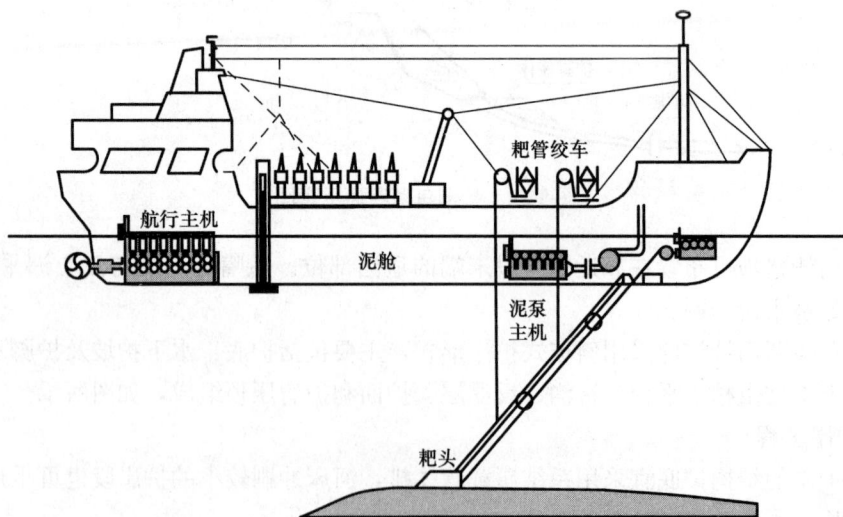

图 1-25　耙吸挖泥船简要构造图

耙吸式挖泥船装备有耙头挖掘机具和水力吸泥装置。在它的舷旁安装有耙臂（吸泥管），在耙臂的后端装有用于挖掘水下土层的耙头，其前端用弯管与船上的泥泵吸入管相连接。耙臂可作上下升降运动，其后端能放入水下一定深度，使耙头与水下土层的疏浚工作面相接触。通过船上的推进装置，使该挖泥船在航行中拖曳耙头前移，对水下土层的泥沙进行耙松和挖掘。泥泵的抽吸作用从耙头的吸口吸入挖掘的泥沙与水流的混合体（泥浆）经吸泥管道进入泥泵，最后经泥泵排出端装入挖泥船自身设置的泥舱中。当泥舱装满疏浚泥沙后，停止挖泥作业，提升耙臂和耙头出水，再航行至指定的抛泥区，通过泥舱底部所设置的泥门，自行将舱内泥沙卸空；或通过泥舱所设置的吸泥管，用船上的泥泵将其泥浆吸出，经甲板上的排泥管系与输泥浮管或岸管，将泥浆卸至指定区域或吹泥上岸。然后，驶返原挖泥作业区，继续进行下一次挖泥作业。

1）技术性能

耙吸挖泥船主要技术参数有舱容、挖深、航速、装机功率等，其在挖泥作业中的最大特点是各道工序都由挖泥船本身单独完成，不需要其他辅助船舶和设备来配合施工，它有很多优越性，具体如下：

① 具有良好的航海性能，在比较恶劣的海况下，仍然可以继续进行施工作业。

② 具有自航、自挖、自载和自卸的性能，在施工作业中不需要拖轮、泥驳等船舶。另外，因船舶可以自航，调遣十分方便，自身能迅速转移至其他施工作业区。

③ 在进行挖泥作业中，不需要锚缆索具、绞车等船舶移位、定位等机具设备，而且在挖泥作业中处于船舶航行状态，不需要占用大量水域或封锁航道，施工中对在航道中的其他船舶航行影响很少。

鉴于耙吸挖泥船的以上优点，它被世界上各疏浚国家所广泛使用，其自航自载性能使其特别适合于水域开阔的海港和河口港较长距离的航道施工。耙吸挖泥船最早多用于疏浚中挖掘淤泥和流沙等，近年来，由于疏浚技术的发展，耙吸挖泥船性能得到不断改进，如安装各种新型耙头、各种不同形式的耙齿，以及运用高压冲水和潜水泵等，也能够挖掘水下的黏土，密实的细沙，以及一定程度的硬质土和含有相当数量卵石、小石块的土层等。

耙吸挖泥船也存在一些不足之处，主要是在挖泥作业中，由于船舶是在航行和漂浮状态下作业，所以挖掘后的土层平整度要差一些，超挖土方往往比其他类型的挖泥船要多一些。

耙吸挖泥船一般以其泥舱的容量来衡量挖泥船的大小，按舱容来进行标定公称规格，小型耙吸挖泥船的舱容仅有几百立方米，而大型挖泥船舱容达到几千立方米甚至几万立方米，目前世界上最大的耙吸挖泥船舱容已达 33000m³，最大挖深已超过 100m。

2）生产率计算

耙吸船装舱施工的循环运转小时生产率计算见式（1-7）。

$$W = \frac{Q_1}{\dfrac{L_1}{V_1} + \dfrac{L_2}{V_2} + \dfrac{L_3}{V_3} + T_1 + T_2} \tag{1-7}$$

式中　W——耙吸船装舱循环运转小时生产率（m³/h）；

Q_1——泥舱装载土方量（m³）；

L_1——重载航行地段长度（km）；

V_1——重载航速（km/h）；

L_2——空载航行地段长度（km）；

V_2——空载航速（km/h）；

L_3——挖泥地段长度（km）；

V_3——挖泥航速（km/h）；

T_1——抛泥及抛泥时的转头时间（h）；

T_2——施工中转头及上线时间（h）。

3）时间利用率计算

各种挖泥船的时间利用率计算方法基本相同，所用公式一致，只是挖泥船运转时间对不同类型的挖泥船所指的作业过程不同，在此一并叙述。绞吸、链斗、抓斗挖泥船的时间利用率计算参考此节内容。

① 影响挖泥船时间利用率的客观因素

工程施工进度中需要考虑的另一重要因素是挖泥船的时间利用率。条件许可时应尽量增加挖泥船施工运转时间，减少停歇时间，特别是减少非生产性停歇时间。影响挖泥船时间利用率应考虑下列主要客观因素。

（a）强风及其风向情况，风的影响主要限于高速风引起的水面状况造成操作上的困难。

（b）当波高超过挖泥船安全作业的波高时，应停止施工作业。

（c）浓雾，当能见度低，看不清施工导标或对航行安全不利时，应停止施工。

（d）水流，特别是横流流速较大时，对挖泥船施工会造成影响。

（e）冰凌，当冰层达到一定厚度时，挖泥船就不宜施工。

（f）潮汐，在高潮位时，挖泥船可能因其挖深不够需候潮。而当低潮位时有可能使疏浚设备搁浅也需候潮。

（g）施工干扰，如避让航行船舶等。

② 时间利用率计算

按上述影响时间利用率的 7 种因素，可计算整个施工期间的客观影响时间，并根据对工程施工条件和类似工况的统计资料求得挖泥船生产性停歇和非生产性停歇时间以及运转时间后，时间利用率可按式（1-8）计算：

$$S = \frac{T_1}{T_1 + T_2 + T_3} \times 100\% \tag{1-8}$$

式中　S——挖泥船时间利用率（%）；

T_1——挖泥船运转时间（h）；

对于不同类型的挖泥船，运转的作业过程时间不同，分别是：

对耙吸挖泥船指挖泥、溢流、运泥、卸泥以及返回挖泥地点的转头和上线时间；

对绞吸挖泥船指挖泥及其前后的吹水时间，也即泥泵运转时间；

对链斗、抓斗挖泥船指主机运转时间；

T_2——挖泥船的生产性停歇时间（h）；

T_3——挖泥船的非生产性停歇时间（h）。

③ 挖泥船时间利用率也可按影响时间利用率的客观因素，计算出整个施工期间的客

观影响时间所占百分率，参照规范有关表格确定其工况。

4）耙吸式挖泥船施工工艺

耙吸式挖泥船是边航行边挖泥的自航纵挖式挖泥船，施工作业无须抛锚展布，也不需要辅助船舶配套行动。一般只需在岸上设置具有相当灵敏度的导标，包括边界标、中线标、起点标、终点标等。近年来，随着 DGPS 推广使用，疏浚作业的导航定位得到了极大便利，不仅提高了定位精度，随时掌握本船作业运行的轨迹，目前疏浚不再预设水陆疏浚标志，直接运用 DGPS 控制船位挖泥。

耙吸挖泥船航行到接近起挖点前，应对好标志（航线）、确定船位、降低航速、放耙入水、启动泥泵吸水，待耙头着底，然后适度增加挖泥船对地航速，吸上泥浆，按照预定的前进航向驶入挖槽，耙挖泥沙。

耙吸挖泥船的主要施工方法有：装舱（装舱溢流）施工法、旁通（边抛）施工法、吹填施工法；挖泥采用分段、分层等工艺施工。

① 施工方法

（a）装舱法施工

a）装舱法施工时，疏浚区、调头区和通往抛泥区的航道必须有足够的水深和水域，能满足挖泥船装载时航行和转头的需要，并有适宜的抛泥区可供抛泥。

b）当挖泥船的泥舱设有几档舱容或舱容可连续调节时，应根据疏浚土质选择合理的舱容，以达到最佳的装舱量。合理的舱容可按式（1-9）进行计算：

$$V = \frac{W}{\gamma_m} \tag{1-9}$$

式中　V——选用的舱容（m^3）；

　　　W——泥舱的设计净装载量（t）；

　　　γ_m——泥舱内沉淀泥砂的平均密度（t/m^3）。

γ_m 可通过试挖或取土样做沉降试验确定或参考表 1-38 取值。

不同泥土天然密度与沉淀平均密度的关系　　　　　　　表 1-38

序　号	土的名称	土的天然密度	γ_m（t/m^3）
1	淤泥	<1.4	1.10~1.25
2	淤泥质土	<1.65	1.15~1.30
3	软塑黏土	1.65~1.75	1.25~1.45
4	可塑黏土	1.75~1.80	1.30~1.50
5	粉土、粉砂	1.60~1.85	1.10~1.30
6	细砂	1.65~1.90	1.30~1.50
7	中砂	1.70~2.00	1.50~1.60
8	粗砂、细砾	1.80~2.00	1.60~1.80

当计算的舱容在挖泥船两档舱容之间时，应取高一档的舱容。

c）当泥舱装满未达到挖泥船的载重量时，应继续挖泥装舱溢流，增加装舱土方量。最佳装舱时间，应根据泥沙在泥舱内的沉淀情况、挖槽长短、航行到抛泥区的距离和航速综合确定，并使装舱量与每舱泥循环时间之比达到最大值。

d）装舱溢流施工时，应监视对已挖地区、附近航道、港池和其他水域回淤的影响；应符合环境保护的要求，注意溢流混浊度对附近养殖、取水口等的影响；疏浚污染物时，不得溢流。

e）当疏浚粉土、粉砂、流动性淤泥等不易在泥舱内沉淀的细颗粒土质时，在挖泥装舱之前，应将泥舱中的水抽干，并将开始挖泥下耙时和终止挖泥起耙时所挖吸的清水和稀泥浆排出舷外，以提高舱内泥浆浓度，增加装舱量。

（b）旁通或边抛施工

旁通或边抛施工宜在下列情况下采用：

a）当地水流有足够的流速，可将旁通的泥沙携带至挖槽外，且疏浚增深的效果明显大于旁通泥沙对挖槽的回淤时。

b）施工区水深较浅，不能满足挖泥船装舱的吃水要求时，可先用旁通法施工，待挖到满足挖泥船装载吃水的水深后，再进行装舱施工。

c）在紧急情况下，需要突击疏浚航道浅段，迅速增加水深时。

d）环保部门许可，对附近水域的回淤没有明显不利影响时。

e）吹填施工。耙吸挖泥船进行吹填施工时，如需系泊，应有牢固可靠的系泊设施。船上与排泥管的连接方式和结构应简便可靠，宜采用快速接头，便于接拆，并应充分考虑船体的升降、水位、风浪、流速和流向等因素的影响。

② 施工工艺要求

工艺流程：自航耙吸挖泥船，采用挖抛法施工，即空载航行至挖泥区，减速后定位上线下耙挖泥，通过离心式泥泵将耙头挠松的泥土吸入泥舱内，满舱后起耙，航行到抛泥区后，开启泥舱底部的泥门抛泥，然后空载航行至挖泥区，进行下一循环的挖泥施工。工艺流程如图1-26所示。

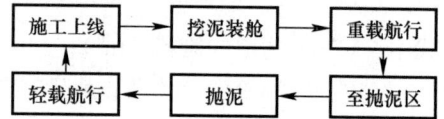

图1-26　耙吸船施工工艺流程图

（a）分段施工

a）当挖槽长度大于挖泥船挖满一舱泥所需的长度时，应分段施工。分段长度可根据挖满一舱泥的时间和挖泥船的航速确定，挖泥时间取决于挖泥船的性能、开挖土质的难易、在泥舱中的沉淀情况和泥层厚度。

b）当挖泥船挖泥、航行、调头受水深限制时，可根据潮位情况进行分段施工，如高潮挖浅段，利用高潮航道边坡水深作为调头区进行分段等。

c）当施工存在与航行的干扰时，应根据商定的避让办法，分段进行施工。

d）挖槽尺度不一或工期要求不同时，可按平面形状及合同要求分段。

e）分段施工时，宜采用GPS定位系统进行分段，便于挖泥船确定开挖起始位置，也可利用助航设施如浮标、岸标进行分段。

（b）分层施工

a）施工区泥层厚度较厚时应分层施工。

b）当挖泥船最大挖深在高潮挖不到设计深度，或当地水深在低潮不足挖泥船装载吃水时，应利用潮水涨落进行分层施工，高潮挖上层，低潮挖下层。

c）当工程需要分期达到设计深度时，应按分期的深度要求进行分层。

（c）施工顺序

a）当施工区浚前水深不足，挖泥船施工受限制时，应先挖浅段，由浅及深，逐步拓宽加深。

b）当施工区泥层厚度较厚、工程量较大、工期较长并有一定自然回淤时，应先挖浅段，逐次加深，待挖槽各段水深基本相近后再逐步加深，以使深段的回淤在施工后期一并挖除。

c）当水流为单向水流时，应从上游开始挖泥，逐渐向下游延伸，利用水流的作用冲刷挖泥扰动的泥沙，增加疏浚的效果。在落潮流占优势的潮汐河口和感潮河段也可利用落潮流的作用由里向外开挖。

d）当浚前断面的深度两侧较浅、中间较深时，应先开挖两侧；当一侧泥层较厚时，应先挖泥层较厚的一侧，在各侧深度基本相近后，再逐步加深，避免形成陡坡造成坍方。

e）当浚前水下地形平坦，土质为硬黏性土时，应全槽逐层往下均匀挖泥，避免形成垄沟，使施工后期扫浅困难。

（d）其他工艺要求

a）当工程需要采用横流或斜流施工时，应注意挖泥耙管和航行的安全。

b）当挖槽长度较短，不能满足挖泥船挖满一舱泥所需长度时，或只需要开挖局部浅段时，挖泥船应采用往返挖泥法施工。当挖槽终端水域受限制，挖泥船挖到终点后不能调头时，应采用进退挖泥法施工。

c）应根据开挖的土质选择合理的航速，对淤泥、淤泥质土和松散的砂，对地航速宜采用 2～3kn；对黏土和中密以上的砂土，对地航速宜采用 3～4kn，也可通过试挖确定。

d）应根据土质和挖深，调节波浪补偿器的压力，以保持耙头对地有合适的压力。对软土，应适当调高波浪补偿器的压力，使耙头对地压力减小，对密实的土应适当调低波浪补偿器的压力，使耙头对地压力加大。

e）在有横流和边坡较陡的地区施工时，应注意观察耙头位置，防止耙头钻入船底而造成耙头或船体损坏。耙头下在水底时，挖泥船不得急转弯。

③ 耙头的选用

耙头是耙吸挖泥船直接挖掘土壤的工具，是主要疏浚设备，对挖泥船的生产效率有很大影响。耙头类型很多，各有其适应何种土壤的特点，所以疏浚施工应根据土壤性质尽量选用合适的耙头。

耙吸挖泥船常用的耙头主要有：安布罗斯耙头、加利福尼亚型耙头、IHC 型耙头、文丘里耙头、滚刀耙头等，而目前使用较多的是加利福尼亚冲刷型耙头（图 1-27）和 IHC 挖掘型耙头（图 1-28）以及其改进型。各种耙头对不同土质的适应性见表 1-39。

耙吸挖泥船各类耙头适用土质 表 1-39

序　号	耙头形式	适宜挖掘土质	N 值	说　明
1	安布罗斯耙头	极松散沙土	1～5	适用范围较广
2	加利福尼亚耙头	松散和中等	5～15	加齿与加装高压冲水，破土力大
3	IHC 型耙头	淤泥	1～5	荷兰标准耙头
4	文丘里耙头	中等密实细沙	5～15	有高压冲水时效率比 IHC 型耙头约高 1/3
5	滚刀耙头	砾黏土风化岩	15～30	

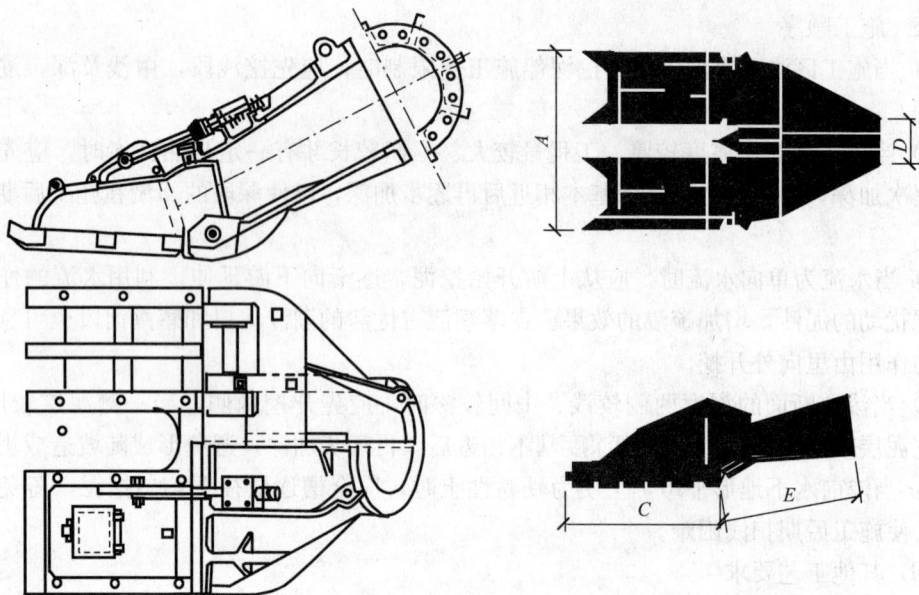

图 1-27　加利福尼亚耙头

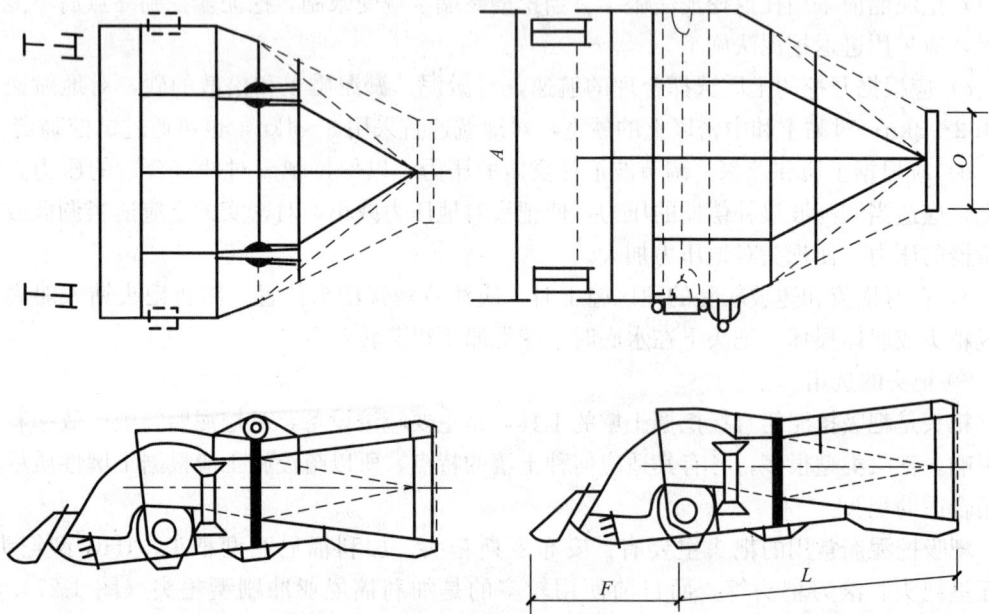

图 1-28　IHC 型耙头

从表 1-17 中可知，应根据土质选择不同耙头：

（a）挖淤泥、淤泥质土、软黏土宜选用 IHC 型耙头；

（b）挖松散和中等密实的砂宜选用加利福尼亚耙头；

（c）挖密实的砂应在耙头上加高压冲水；

（d）挖较硬黏性土或土砂混合，宜在耙头上加切削齿或采用与推进功率相匹配的切削型耙头。

（2）绞吸式挖泥船

绞吸式挖泥船是水力式挖泥船中较普遍的一种，是目前世界上使用较广泛的挖泥船。

绞吸式挖泥船是用装在绞刀桥梁前端的松土装置——绞刀，将水底泥沙不断绞松，同时利用泥泵工作产生的真空和离心力作用，从吸泥口及吸泥管吸进泥浆，通过排泥管输送到卸泥区。其特点是能够将挖掘、输送、排出和处理泥浆等疏浚工序一次完成，能够在施工中连续作业。

绞吸式挖泥船的主要设备由船体、桥梁（桥架）、绞刀、绞刀马达、泥泵、定位装置（钢桩或三缆）、排泥管等构成。绞吸挖泥船简要构造，如图1-29所示。

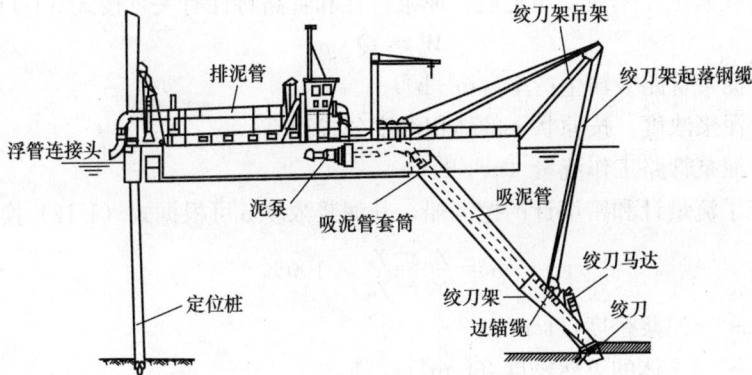

图1-29 绞吸式挖泥船简要构造图

1）技术性能

绞吸式挖泥船是目前世界上拥有数量最多的一种挖泥船，其主要技术参数有标称生产率、总装机功率、泥泵功率、绞刀功率、吸排泥管径、挖深、排距等。为了增加其挖泥深度和提高挖泥能力，应采取必要的技术措施，将泥泵安装在船体内尽可能低的位置，或在绞刀架上安装潜水泵等。加装潜水泵的绞吸挖泥船，其深水挖泥产量一般可以明显提高。

不同技术参数的绞吸挖泥船，其生产能力差别很大。最小的绞吸挖泥船，其生产率为 $40 \sim 80 m^3/h$，泥泵的功率为 70kW 左右，绞刀功率只不过近 10kW，最大挖深仅数米；现代的大型绞吸挖泥船，其挖泥产量已高达 $5000 m^3/h$ 以上，目前世界上最大的绞吸挖泥船总装机功率已达 27000kW，绞刀功率达到 5000kW 左右，最大挖深已达到了 35m。

绞吸式挖泥船适应的施工范围较广，适于港口、河道、湖泊的疏浚工程，特别适合于吹填造地工程；适用于挖掘沙、沙质黏土、沙砾、黏性土等不同的挖泥工况。一些装有较大功率带齿绞刀装置的绞吸挖泥船，可以挖掘硬质黏土、胶结沙、砾石、甚至岩石珊瑚礁等。

2）生产率计算

绞吸挖泥船生产率分挖掘生产率和泥泵管路吸输生产率两种，两者之中，取其较小者代表其生产率。因为绞吸挖泥船施工的特点就是挖掘与吸输同时完成，两者是相互制约的。

① 挖掘生产率

挖掘生产率主要与挖掘的土质、绞刀功率、横移绞车功率等因素有关，按式（1-10）

计算：

$$W = 60K \times D \times T \times V \tag{1-10}$$

式中　W——绞刀挖掘生产率（m^3/h）；

　　　D——绞刀前移距（m）；

　　　T——绞刀切泥厚度（m）；

　　　V——绞刀横移速度（m/min）；

　　　K——绞刀挖掘系数，与绞刀实际切泥断面积等因素有关，可取 0.8～0.9。

② 泥泵管路吸输生产率

泥泵管路吸输生产率主要与土质、泥泵特性和管路特性有关，按式（1-11）计算：

$$W = Q \cdot \rho \tag{1-11}$$

式中　W——泥泵管路吸输生产率（m^3/h）；

　　　ρ——泥浆浓度，按原状土的体积浓度公式计算；

　　　Q——泥泵管路工作流量（m^3/h）。

对于安装了流量计和密度计的挖泥船，其泥浆浓度 ρ 可根据式（1-12）换算：

$$\rho = \frac{\gamma_m - \gamma_w}{\gamma_s - \gamma_w} \times 100\% \tag{1-12}$$

式中　γ_m——泥浆密度（t/m^3）；

　　　γ_s——土体的天然密度（t/m^3）；

　　　γ_w——当地水的密度（t/m^3）。

当挖泥船在新工地施工时，应通过试挖获得最佳生产率，并确定优化的泥泵转速、绞刀前移量、切泥厚度、绞刀转速和横移速度等操作参数。

3）绞吸式挖泥船施工工艺

绞吸式挖泥船主要工艺流程图，如图 1-30 所示。

图 1-30　绞吸式挖泥船主要工艺流程图

开工展布是挖泥船挖泥开工前的准备工作，包括定船位、抛锚、架接水上、水下及岸上排泥管线等。

① 施工方法

主要施工方法：绞吸挖泥船采用横挖法施工，分条、分段、分层、顺流、逆流挖泥。利用一根钢桩或主（艉）锚为摆动中心，左右边锚配合控制横移和前移挖泥。按其采用定位装置不同，可分对称钢桩横挖法、定位台车横挖法、三缆定位横挖法、锚缆横挖法等，应根据不同的工况条件选择不同的施工方法。

（a）装有钢桩的绞吸挖泥船在一般施工地区，应采用对称钢桩横挖法或钢桩台车横挖法进行施工；

（b）在风浪较大的地区，装有三缆定位设备的挖泥船，应采用三缆定位横挖法施工；

（c）在水流流速较大或风浪较大的地区，对装有锚缆横挖设备的绞吸挖泥船，应采用锚缆横挖法施工。

②　工艺要求

（a）分条施工

a）采用钢桩横挖法施工时，分条的宽度宜等于钢桩中心到绞刀头水平投影的长度；分条的数量不宜太多，以免增加移锚、移船时间，降低挖泥船的工效；分条的最大宽度不得大于挖泥船一次开挖的最大宽度。绞吸挖泥船的最大挖宽一般不宜超过船长的 1.1～1.2 倍，视当地水流流速及横移锚缆抛放长度而定。当流速较大时，应减少开挖宽度；分条最小宽度应大于挖泥船的最小挖宽；当浚前水深大于挖泥船的吃水时，最小挖宽采用等于挖泥船前移换桩时所需的摆动宽度。

b）采用三缆横挖法施工时，分条宽度由船的长度和摆动角确定，摆动角宜选 70°～90°，最大宽度不宜大于船长的 1.4 倍。

c）采用锚缆定位横挖法施工时，分条宽度应根据主锚缆抛放的长度决定。最大宽度宜为 100m 左右。

（b）分段施工

a）挖槽长度大于挖泥船水上管线的有效伸展长度时，应根据挖泥船和水上管线所能开挖的长度分段施工；

b）挖槽转向曲线段需分成若干直线段开挖时，可将曲线近似按直线分段施工；

c）挖槽规格不一或工期要求不同时，应按合同的要求进行分段施工；

d）受航行或其他因素干扰，可按需要分段施工。

（c）分层施工

a）当疏浚区泥层厚度很厚时，应按下列规定分层施工：分层挖泥的厚度应根据土质和挖泥船绞刀的性能确定，宜取绞刀直径的 0.5～2.5 倍，对坚硬土取较低值，对松软土取较高值；分层的上层宜较厚，以保证挖泥船的效能；最后一层应较薄，以保证工程质量；当浚前泥面在水面以上，或水深小于挖泥船的吃水时，最上层开挖深度应满足挖泥船吃水和最小挖深的要求。当泥层过厚时应在高潮挖上层，低潮挖下层，以减少坍方。

b）当工程对边坡的质量要求较高，需要分层分阶梯开挖边坡时，应根据工程对边坡的要求、土质情况和挖掘设备尺度确定分层的厚度。

c）当合同要求分期达到设计深度时，应进行分层施工。

d）当挖泥船的最大挖深在高潮时达不到设计深度，或在低潮时疏浚区的水深小于挖泥船的吃水或最小挖深时，可利用潮水的涨落分层施工，高潮挖上层，低潮挖下层。

（d）顺流、逆流施工

a）在内河施工，采用钢桩定位时，宜采用顺流施工；采用锚缆横挖法施工时，宜采用逆流施工；当流速较大情况下，可采用顺流施工，并下尾锚以策安全。

b）在海上施工时，宜根据涨落潮流冲刷的作用大小，选择挖泥的方向。

（e）定位与抛锚

a）采用定位钢桩施工时，挖泥船被拖至挖槽起点后，拖轮应减速、停车，待船速消除后再下定位钢桩，抛设横移锚。移船时严禁在挖泥船行进中下放钢桩。

b）采用锚缆横挖法施工时，应根据风流情况先抛设尾锚，或将绞刀桥架下放至水底定位，再抛设其他锚缆。

c）抛锚后，应重新定位、校正船位，确认绞刀处于挖槽起点位置。

③ 绞刀选用

绞刀是绞吸挖泥船直接挖掘土壤的重要挖泥部件，安装在绞刀架的最前端，其作用是通过旋转切割水底土壤，使之变形而破碎，并使破碎的泥土（沙、石）与水相混合，送往吸泥口。

绞刀主要类型有：开式绞刀、闭式绞刀、齿式绞刀、冲水式绞刀、斗轮式绞刀、立式绞刀等。目前大型绞吸式挖泥船使用较多的是齿式绞刀，绞刀主要类型见图 1-31，各种绞刀适用土质见表 1-40。

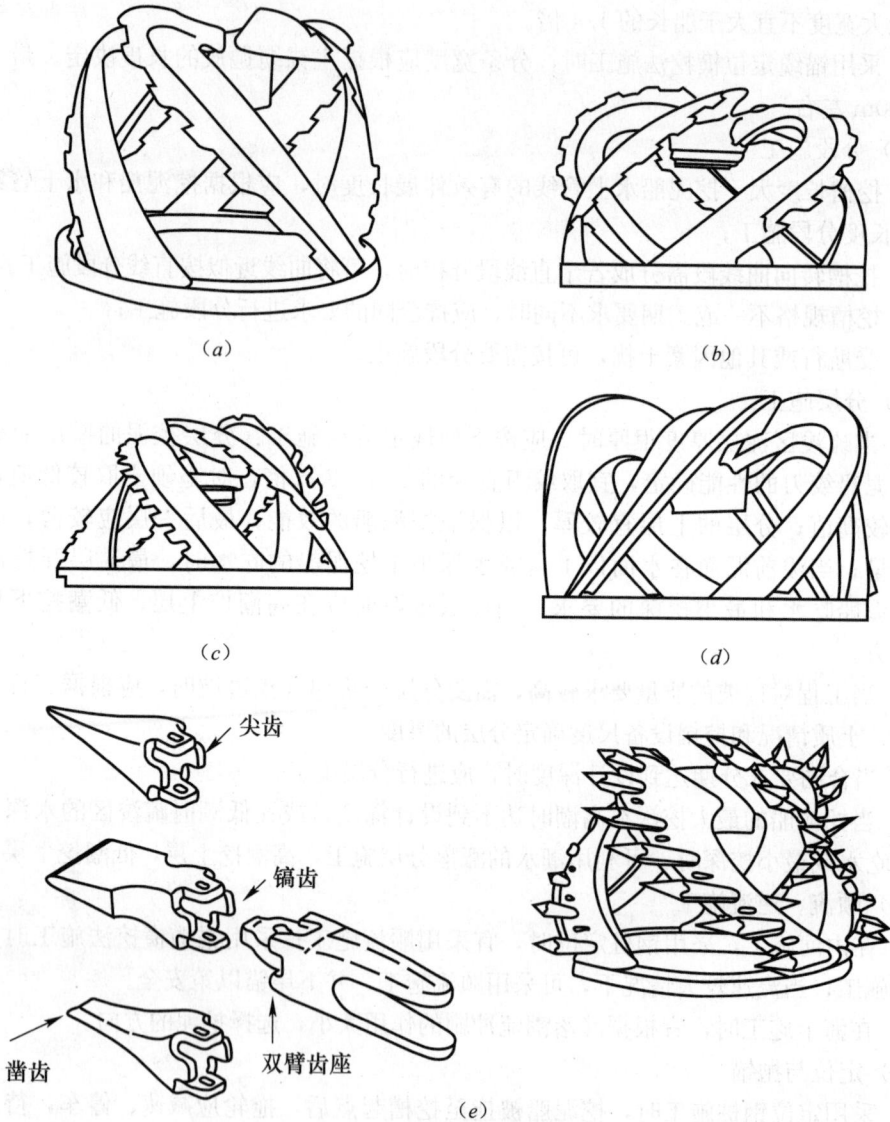

图 1-31　不同结构形式的绞刀示意图
（a）闭式绞刀；（b）篮式绞刀；（c）改良型篮式绞刀；（d）皇冠式绞刀；（e）齿式绞刀

序　号	绞刀形式	适宜挖掘土质	N 值	说　　　明
1	开式绞刀	松散沙土（7）	1～2	早期刀型，破土力差
2	闭式绞刀	软塑黏土（2）	1～5	改进刀型，破土力较好
3	齿式绞刀	坚硬土（5）砾石	5～15	开、闭式的变形，破土力强。大功率船可挖风化岩
4	冲水式绞刀	坚硬土（5）	5～20	增加高压冲水，提高破土力与清除堵塞
5	斗轮式绞刀	适用范围较大	5～15	改进操作条件，提高泥浆浓度
6	立式绞刀	适用范围较大	5～15	改进操作条件，提高泥浆浓度

绞刀选用应注意以下要求：

（a）对淤泥、淤泥质土、泥炭、松散到中密的砂等松软土质，应选用前端直径较大的冠形平刃绞刀。

（b）对黏土、亚黏土宜选用方形齿的绞刀。

（c）对于坚硬土质，宜选用直径较小的尖齿绞刀。

（d）对岩石宜采用可换齿的岩石绞刀；对石灰岩等无渗透性的坚硬物质宜用凿形齿；对有渗透性的坚硬物质，宜用尖齿。

（3）链斗式挖泥船

链斗挖泥船至今已有两百多年历史，是机械式挖泥船中最早的一种。

链斗挖泥船一般在船体的首部或尾部中央开槽部位安装由斗桥、斗链（无斗链式泥斗直接相连）和泥斗所组成的挖泥机具。在疏浚作业中，将斗桥的下端放入水下一定深度，使之与疏浚土层相接触。然后在斗桥上端的上导轮驱动下，使斗链连续运转，通过斗链上安装的各个泥斗，随斗链转动而对土层的泥沙进行挖掘。泥沙经挖掘后装入泥斗，再随斗链转动沿斗桥提升出水面，并传送至上端的斗塔顶部。当泥斗到达斗塔顶部，经过上导轮而改变方向后，斗内的泥沙在自身的重力作用下，从泥斗倒入斗塔中的泥井。倒入泥井的泥沙经过两边的溜泥槽排出挖泥船的舷外，倒入泥驳之中。链斗挖泥船简要构造图见图1-32。

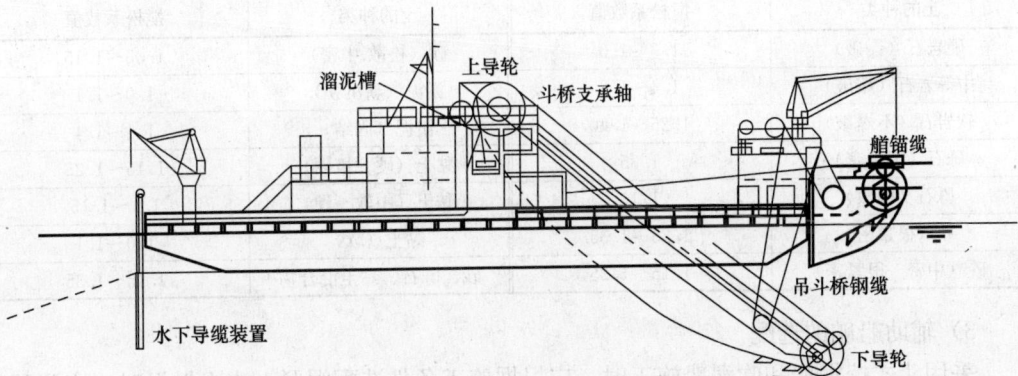

图 1-32　链斗挖泥船简要构造图

1）技术性能

链斗挖泥船挖掘能力的幅度和适应性均较大，最小型链斗挖泥船的生产能力只有 $10\text{m}^3/\text{h}$ 左右，而现代大型链斗挖泥船的每小时挖泥量可达 1000m^3 以上。为了适应某些特殊疏浚工程，链斗挖泥船有时可以根据需要加以改装，如调换斗链和泥斗、减少斗容，可增加泥斗强度；或在一定数量泥斗之间，间隔加装挖掘和松动泥层的粗齿，用以挖掘硬质土层、软岩石和预处理后的碎石等；适当加长斗桥和斗链的长度，或在上导轮和斗桥之间加设一段附加斗桥，从而提高链斗挖泥船的浚深能力。链斗挖泥船均采用可变速装置，使之在挖泥作业中改变不同的斗速和切削力，以适应挖掘各种不同土质。

衡量链斗挖泥船技术性能的主要参数有标称生产率、斗容、挖深等。目前，从技术上来讲，主要是提高链斗挖泥船的挖掘能力、降低噪声和实行挖泥作业的自动化操纵。

链斗挖泥船适用于开挖海港、内河等大中型疏浚工程，特别是对工程规格要求严格的码头基槽、泊位及水工建筑物基础的开挖。链斗挖泥船还能根据工程需要与吹泥船或绞吸船等配备组合进行联合施工，进行吹填造陆。

链斗挖泥船一般用于挖掘水下各种淤泥、软黏土、沙和硬黏土、砾石、卵石等。结构较强和挖掘能力较好的重型链斗挖泥船也可以挖掘极硬黏土、沙、强风化岩。

链斗挖泥船施工应有较好的自然环境，适于在风浪小、流速小、能见度好的开阔水域施工。

2）生产率计算

链斗挖泥船的生产率简单算式见式（1-13）。

$$W = \frac{60n \cdot C \cdot f_m}{B} \tag{1-13}$$

式中　W——链斗挖泥船生产率（m^3/h）；

　　　n——链斗运转速度（斗/min）；

　　　C——泥斗容积（m^3）；

　　　f_m——泥斗充泥系数，即泥斗中充泥体积与斗容之比；

　　　B——土的搅松系数（取值参考表 1-41）。

疏浚土的搅松系数 　　　　　　　　表 1-41

土的种类	搅松系数值	土的种类	搅松系数值
硬岩石（爆破）	1.5～2.0	砂（松散-中密）	1.05～1.15
中等岩石（爆破）	1.4～1.8	淤泥（新沉积）	1.0～1.1
软岩石（不爆破）	1.25～1.40	淤泥（固结）	1.1～1.4
砾石（很紧密）	1.35	黏土（硬～极硬）	1.15～1.25
砾石（松散）	1.10	黏土（中软～硬）	1.1～1.15
砂（很紧密）	1.25～1.35	黏土（软）	1.0～1.1
砂（中密～很紧密）	1.15～1.25	砂、砾石、黏土混合物	1.15～1.35

3）辅助船舶的选配

采用斗式挖泥船和吹泥船施工时，应根据施工条件选配泥驳。水上抛泥时，应配开底泥驳；对黏性土，宜选用舱壁较陡的开底或开体泥驳；吹泥船吹泥时，宜配满底泥驳；在外海抛泥，宜选用自航开底或开体泥驳。

① 泥驳

泥驳所需数量，可按式（1-14）计算：

$$n = \left(\frac{l_1}{v_1} + \frac{l_2}{v_2} + t_0\right)\frac{KW}{q_1} + 1 + n_B \qquad (1\text{-}14)$$

$$K = \frac{V_S}{V_X}$$

式中　n——泥驳数量；

l_1——挖泥区至卸泥区航程（km）；

l_2——卸泥区至挖泥区的航程（km）；

v_1——拖带或自航重载泥驳航速（kn）；

v_2——拖带或自航轻载泥驳航速（kn）；

t_0——卸泥时间、转头时间及靠、离挖泥船时间的总和（h）；

W——挖泥船生产率（m³/h）；

q_1——泥驳装载量（m³）；

n_B——备用泥驳数；

K——土的搅松系数，K 值可参照表 1-19 选用；

V_S——搅松后的疏浚土体积（m³）；

V_X——河床天然土的体积（m³）。

② 拖船

应考虑被拖泥驳的大小、数量及编排方式、拖船牵引力、航区水深、风浪和水流等因素配备拖船，其数量可按式（1-15）计算：

$$B = \left(\frac{l_1}{v_1} + \frac{l_2}{v_2} + t_o\right)\frac{KW}{D_0 q_1} \qquad (1\text{-}15)$$

式中　B——所需拖船数

D_0——拖船一次可拖带的泥驳数。

③ 其他辅助船舶

如供应船、住宿船、测量船、交通艇、抛锚艇等，可根据实际需要配备。

4）链斗式挖泥船主要疏浚仪器的配置

链斗式挖泥船主要疏浚仪器有：前移距指示仪、泥斗转数指示仪、下放深度指示仪、GPS 定位系统等。

5）链斗式挖泥船施工工艺

开工展布时，链斗式挖泥船自航或被拖到挖槽起始点的位置，采用绞吸挖泥船进点定位方法定位。如系顺流就位，当挖泥船接近挖槽起点时，先抛下艉锚，然后放松艉锚缆使船顺流前移，到挖槽起点处，即收紧艉锚缆，再放下斗桥使船体固定。如系逆流定位，当挖泥船到达挖槽起点时，则先放下斗桥固定船位。然后待抛锚完成后，再校准船位。链斗挖泥船主要工艺流程见图 1-33。

① 施工方法

链斗挖泥船主要施工方法有：斜向横挖法、扇形横挖法、十字形横挖法、平行横挖法等；挖泥采用分条、分段、分层等施工工艺。

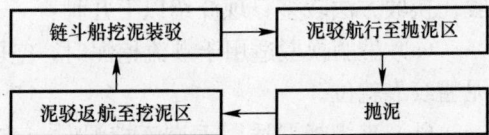

图 1-33　链斗挖泥船主要工艺流程图

链斗挖泥船施工方法应符合下列规定：

（a）当施工区水域条件好，挖泥船不受挖槽宽度和边缘水深限制时，应采用斜向横挖法施工。

（b）挖槽狭窄、挖槽边缘水深小于挖泥船吃水时，宜采用扇形横挖法施工。

（c）挖槽边缘水深小于挖泥船吃水，挖槽宽度小于挖泥船长度时宜采用十字形横挖法。

（d）施工区水流流速较大时，可采用平行横挖法施工。

② 施工工艺要求

（a）当挖槽宽度超过挖泥船的最大挖宽或挖槽内泥层厚度不均匀时，应采用分条挖泥。分条的宽条由主锚缆的抛设长度而定，对 500m³/h 链斗挖泥船挖宽宜为 60～100m，对 750m³/h 链斗船宜为 80～120m。在浅水区施工时，分条的最小宽度应满足挖泥船作业和泥驳绑靠的需要。

（b）当挖槽长度大于挖泥船一次抛设主锚所能开挖的长度时，应按其所能开挖的长度对挖槽分段进行施工。

（c）挖槽转向曲线段、挖槽规格不同、施工受航行等因素干扰时，应对挖槽分段施工。

（d）当疏浚区泥层过厚，对松软土泥层厚度超过泥斗斗高的 2～3 倍时；对细砂和坚硬的土质且泥层厚度超过斗高 1～2 倍时，应分层开挖。分层的厚度一般采用斗高的 1～2 倍，可视土质而定。

（e）链斗挖泥船宜采用逆流施工。只有在施工条件受限制或有涨落潮流的情况下，才采用顺流施工。顺流施工时应使用船尾主锚缆控制船的前移。

（f）链斗船作业时，一般布设 6 个锚。锚的抛设应满足下列要求：

a）主锚应抛设在挖槽中心线上。泥层不均匀或水流不正时，宜偏于泥层厚的一侧，或主流一侧，主锚抛设长度一般为 400～900m，并设托缆小方驳；

b）尾锚顺流施工时，应加强尾锚，并增加抛设长度。逆流施工时，尾锚可就近抛设或不抛设，其抛设长度宜为 100～200m；

c）逆流施工时，前边锚宜超前 20°左右，后边锚可不超前，当不设尾锚时，后边锚可抛成八字形。顺流施工时，后边锚宜滞后 15°左右。

③ 泥驳作业

链斗挖泥船一般均为双面泊驳。无须因换驳而停止生产，只有在开挖滩地、码头前沿泥面时，由于挖泥船里挡水深不满足泥驳吃水时，才进行单面泊驳。单面泊驳需要停车换驳。换驳方法较多，现介绍以下几种：

（a）吊艄换驳适用于顺流挖泥时，空驳吊于重驳船艄，当拖轮拖离重驳后，空驳由挖泥船绞靠就位。

（b）夹绑换驳适用于逆流挖泥时，空驳绑靠在重驳外档，带一根夹绑缆。当重驳绞离挖泥船时，空驳靠上挖泥船。

（c）绞驳换驳适用于顺流挖泥时，水域要宽广，挖泥船艉绞车将重驳绞离挖泥船，拖轮先拖将空驳靠上挖泥船，然后去拖绞离挖泥船重驳。

（d）专配靠驳拖轮适用于逆流挖泥时，施工水域较窄。先将重驳拖开，再拖空驳靠上挖泥船。

（4）抓斗式挖泥船

抓斗挖泥船属机械式挖泥船，在船上通过吊机，使用一只抓斗作为水下挖泥的机具。抓斗挖泥船的形式多样，用途甚广，大多数为非自航式。

抓斗挖泥船的形式虽多，但基本的工作原理相同。在挖泥船的船体上，安装有一台或多台进行水下泥沙挖掘和抓取的机械装置。它运用安装于钢缆上的抓斗，并依靠抓斗自由落体的重力作用，放入水中一定深度，通过抓斗插入泥层和闭合，来挖掘和抓取泥沙。然后，通过操纵船上旋转式起重机械，将装满泥沙的抓斗提升出水面一定高度，回转至预定位置的上方，开启抓斗，将挖掘的泥沙直接卸入靠驳在挖泥船舷旁的泥驳。卸空后的抓斗，再通过起重机的回转，返回至挖泥点旁，进行下一次挖泥作业，如此周而复始地循环作业。抓斗挖泥船简要构造见图 1-34。

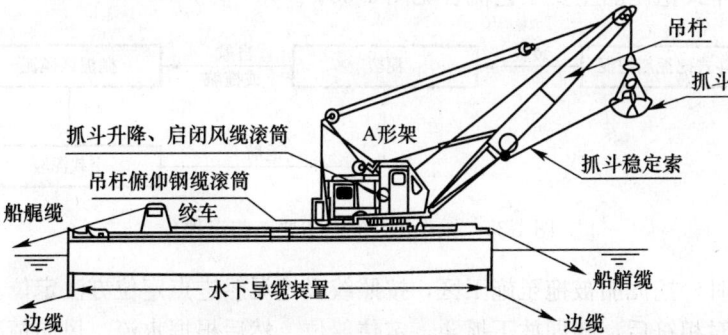

图 1-34　抓斗挖泥船简要构造

1）技术性能

抓斗挖泥船是单斗作业，可以配备各种不同类型的抓斗，如轻、中、重型抓斗，以适应挖掘各种不同硬度的土质。所以，抓斗挖泥船的挖掘适应性较强，它可以挖掘水下 N 值小于 15 的淤泥、一般黏土、松散的沙质土，也可以挖掘 N 值为 25～40 的硬黏土、夹石沙质土和沙砾等。抓斗挖泥船还可以通过更换抓斗的提升和启闭钢缆长度，来满足施工中不同挖掘深度的需要。另外，与其他类型挖泥船相比，抓斗挖泥船的设备简单，挖泥机械的磨损部件少，船舶的造价也较低廉。

抓斗挖泥船使用较为广泛，它不仅能挖掘各种土质，还可以抓取水下石块及部分障碍物，如木桩、水泥桩等。抓斗挖泥船适用于狭小水域、港池、码头岸壁、码头基槽、过江管道、电缆深沟等特殊工程的挖泥施工。

抓斗挖泥船一般以抓斗斗容来衡量其生产能力的大小，目前世界上最大的抓斗挖泥船斗容已达 200m³。

2）生产率计算

抓斗挖泥船的挖掘量不是单纯依靠挖泥船上的动力，而首先是依靠抓斗下落时的冲力破土以及入土深度的大小，应根据不同土质选用不同类型和不同重量系数的抓斗。

抓斗挖泥船的生产率按式（1-16）计算：

$$W = \frac{n \cdot c \cdot f_m}{B} \tag{1-16}$$

式中 W——抓斗挖泥船小时生产率（m^3/h）；

n——每小时抓取斗数；

c——抓斗容积系数（m^3）；

B——土的搅松系数；

f_m——抓斗充泥系数，对于淤泥可取 1.2～1.5；对于砂或砂质黏土可取 0.9～1.1；对于石质土 f_m 可取 0.3～0.6。

3）抓斗式挖泥船主要疏浚仪器的配置

抓斗式挖泥船主要疏浚仪器有：抓斗深度自动控制装置，抓斗深度指示器，抓斗开口度计，抓斗提升计，抓斗负荷计，抓斗机回转角度指示器，GPS 定位系统等。

4）抓斗式挖泥船施工工艺

通过抓斗船的挖泥机具抓斗，将疏浚泥土装至自航泥驳，然后由泥驳将疏浚土抛至指定抛泥区。抓斗式挖泥船主要工艺流程见图 1-35。

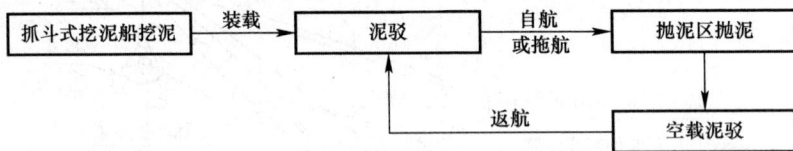

图 1-35 抓斗式挖泥船主要工艺流程

开工展布时，挖泥船被拖至施工区，按照绞吸挖泥船进点定位方法定位。实测水深与施工图水深核对相符后，随即放下抓斗，定住船位。然后根据水流、风向情况，依次抛锚展布。

① 施工方法

抓斗挖泥船一般采取纵挖式施工。根据不同施工条件采用分条、分段、分层、顺流、逆流挖泥等施工工艺。

② 施工工艺要求

（a）分条、分段、分层施工工艺要求

a）当挖槽宽度大于抓斗挖泥船的最大挖宽时，应分条进行施工。分条的宽度，应符合下列要求：分条最大宽度不得超过挖泥船抓斗吊机的有效工作半径；在浅水区施工时，分条最小宽度应满足挖泥船作业和泥驳绑靠所需的水域要求；在流速大的深水挖槽施工时，分条的挖宽不得大于挖泥船的船宽。

b）当挖槽长度超过挖泥船一次抛设主锚或边锚所能开挖的长度时，应进行分段施工。分段的长度宜取 60～70m。

c）当疏浚区泥层厚度超过抓斗一次下斗所能开挖的最大厚度时，应分层施工。分层的厚度由抓斗一次开挖的厚度、斗重、张斗的宽度以及土质等确定，对 $2m^3$ 抓斗宜取 1～1.3m；$8m^3$ 抓斗宜取 1.5～2.0m。硬土质可酌情减少。

（b）其他工艺要求

a）当泥层厚度较薄，土质松软时，可采用梅花挖泥法施工。斗与斗之间的间距，视水流的大小及土质松软情况而定。

b）挖泥作业时，应根据土质和泥层厚度确定下斗的间距和前移距。土质稀软、泥层薄时，下斗间距宜大；土质坚硬，泥层厚时，斗距宜小。挖黏土和密实砂，当抓斗充泥量不足时，应减少抓斗的重叠量。当挖厚层软土时，若抓斗充泥量超过最大容量时，应增加抓斗重叠层。前移距宜取抓斗张开宽度的 0.6～0.7 倍。

c) 在流速较大的地区施工时，应注意泥斗漂移对下斗位置和挖深的影响，必要时应加大抓斗容量。

③ 抓斗的选用

抓斗挖泥船应根据不同土质，选用不同抓斗：

(a) 挖淤泥时，宜采用斗容较大的平口抓斗；

(b) 挖中等密实的土时，宜采用带齿的抓斗；

(c) 挖硬质土时，宜采用斗容较小、重量较大的全齿抓斗。

(5) 吹填工程施工

1) 吹填工程的主要程序

根据《疏浚工程技术规范》JTJ 319 要求，吹填工程的主要程序如图 1-36 所示。

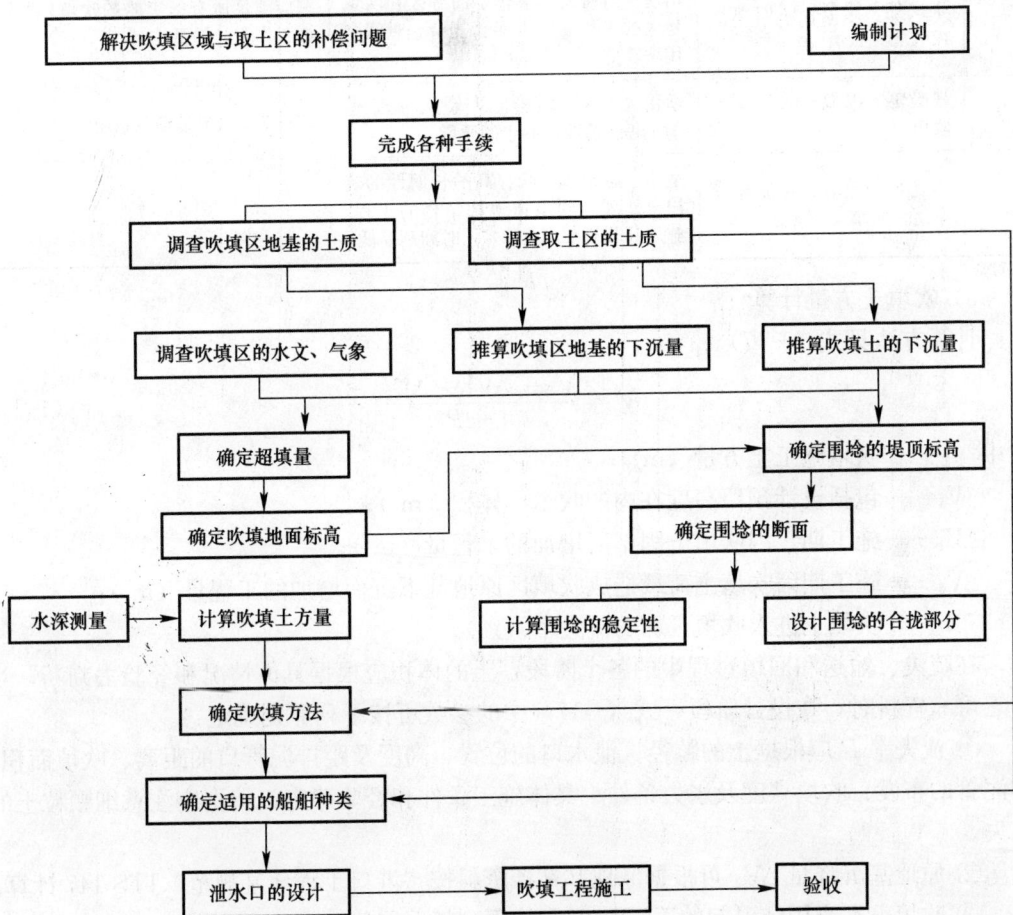

图 1-36 吹填工程的主要程序

2) 吹填工程施工方法

吹填工程疏浚设备及施工方法可按表 1-42 选取，并通过经济技术论证进行方案比选。

吹填工程常用的施工方式   表 1-42

序号	船舶设备组合方式	适用条件及优缺点	说　明
1	绞吸船直接吹填	适用于内河或风浪较小的海区，生产效率高，成本低，对土壤适应性强。抗风性能较差。最大排距约 5km	为了增加运距，可设接力泵，必要时也可以将两条绞吸船串联
2	斗式船—泥驳—吹泥船吹填	适用于内河或风浪较小的海区、砂质土、黏性土的吹填区工程。运距一般为 5～15km。抗风性能差。挖流动性淤泥效果差	非自航泥驳需要与拖轮配套使用；吹泥船排距不够时，可增加泵站
3	耙吸船—吹填	适用于取土区风浪大、运距远的工程。施工过程中能改善砂性土的质量，成本较高	耙吸船应具有吹填装置
4	耙吸船—储砂池—绞吸船—吹填	适用于取土区风浪大、运距远、吹填量大的工程。施工过程中能改善砂性土的质量	储沙池的位置与大小应满足绞吸船的输送和施工强度的要求，并应选在回淤、冲刷小的地方。池内外水深应满足所有施工船舶吹填、抛沙施工作业的需要
5	斗式船—泥驳—储砂池—绞吸船—吹填	适用于内河或风浪较小的海区和吹填量大的工程。设备配套复杂，时间利用率较低	
6	耙吸船—泥驳—吹泥船—吹填	适用取土区于内河、风流小、运距远的工程。能改善砂土的质量	耙吸船应具有装驳的设施
7	斗式船—泥驳—吹泥船—泵站—吹填	适用于运距远、吹程高的长期性的疏浚土处理与吹填造地相结合的工程。施工环节复杂，故障多，时间利率低	

3）吹填土方量计算

计算方法见式（1-17）。

$$V = \frac{V_1 + \Delta V_1 + \Delta V_2}{1 - P} \tag{1-17}$$

式中　V——吹填施工土方量（m^3）；

$\quad V_1$——包括设计预留高度在内的吹填土体积（m^3）；

$\quad \Delta V_1$——施工期，因吹填土固结所增加的工程量（m^3）；

$\quad \Delta V_2$——施工期因吹填土荷载造成吹填区原地基下沉而增加的工程量（m^3）；

$\quad P$——吹填土进入吹填区后的流失率（%）。

在疏浚、输送和回填过程中的各个阶段，土的体积应根据具体情况和经验去判断，当缺乏可靠资料时，在设计阶段，式（1-17）中的参数可按下列原则确定：

① 流失率 P 应根据土的粒径、泄水口的位置、高度及距排泥管口的距离、吹填面积、排泥管的布设、吹填高度及水力条件、具体施工条件和经验确定，特别应注意细颗粒土的流失。

② 原地基沉降量 ΔV_2 可根据原地基钻探资料按《港口工程地基规范》JTS 147 计算。

③ 吹填土本身固结引起的下沉量 ΔV_1 按下列情况取值：

砂质土时，不超过吹填厚度的 5%；

黏性土时，在吹填原厚度的 20% 以上；

黏性土和砂性土时，为吹填厚度的 10%～15%。

④ 包括设计预留高度在内的吹填土体积 V_1 可根据吹填区的地形测量及设计线计算。

4）吹填工程施工的工艺要求

① 吹填区内管线布设

（a）排泥管进入吹填区的入口应远离排水口，以延长泥浆流程。管线的布置应满足设计标高、吹填范围、吹填厚度的要求，并应考虑吹填区的地形、地貌，几何形状对管线布置的影响。

（b）排泥管线的间距应根据设计要求、泥泵功率、吹填土的特性、吹填土的流程和坡度等因素确定。各类吹填土在施工中呈现的坡度，宜在现场实测，无条件实测时可参照表 1-43 取值。

各类吹填土的坡度　　　　　　　　表 1-43

土的类别	水面以上	平静海域	有风浪海域
淤泥、粉土	1：100～1：300	—	—
细砂	1：50～1：100	1：6～1：8	1：15～1：30
中砂	1：25～1：50	1：5～1：8	1：10～1：15
粗砂	1：10～1：25	1：3～1：4	1：4～1：10
砾石	1：5～1：10	1：2	1：3～1：6

（c）吹填区内管线的布设间距、走向、干管与支管的分布除应考虑上述因素外，还应根据施工现场、影响施工因素的变化等及时调整。各类吹填土的排泥管口间距见表 1-44。

排泥管口间距　　　　　　　　表 1-44

土质分类	泥泵功率（kW） 间距（m） 分项	＜375	375～750	1500～2250	3000～3750	＞5250
软淤泥黏土类	围埝与排泥管之间	15～20	20～25	25～30	30～35	35～40
	干管之间	150	250	350	400	450
淤泥黏土类	围埝与排泥管之间	10～15	10～15	20～25	25～30	25～30
	干管之间	100	180	300	350	400
	支管之间	40	60	100	130	180
粉细砂类	围埝与排泥管之间	10	10～15	20	20～25	20～25
	干管之间	80	150	250	300	350
	支管之间	30	50	70	80	120
中粗砂类	围埝与排泥管之间	5～6	10	15	20	20
	干管之间	60	120	200	250	300
	支管之间	20	40	50	60	100

（d）应根据管口的位置和方向，排水口底部高程的变化及时延伸排泥管线。在吹填区应设若干水尺，观测整个吹填区填土标高的变化，指导排泥管线的调整和管理工作。

② 分期、分区和分层吹填的工艺要求

（a）当吹填区水深满足耙吸挖泥船或泥驳的满载吃水，并具有通航条件时，可采用水下抛填的方法进行水下部分填筑。

（b）吹填施工可一次完成，下列情况可分阶段完成：

a) 当工程量大、施工期长时，可采用分期吹填。

b) 当吹填面积大、工程量大时，可根据工程需要和使用目的分区吹填。

c) 当吹填厚度大，工程规模大时，可采用分层吹填。

③ 不同土质的吹填施工工艺要求

(a) 当工程对平整度要求较高时，对砂砾、粗砂等容易在排泥管口堆积的土质，应在吹填过程中用推土机边吹边进行整平工作。

(b) 当吹填砂中含有较多的细颗粒土时，应在排泥管线上设置三通管、转向阀或转向闸板，在排泥管口上设置扩散板、渗漏孔、挡板等、防止淤泥聚集。

(c) 在淤泥等软土地基上进行吹砂时，应根据设计要求或经过试验确定第一层的吹填土厚度，防止第一层吹填厚度过大时会产生淤泥拱起现象。

④ 排水口的布设要求

(a) 排水口的位置应根据吹填区地形、几何形状、排泥管的布置、容泥量及排泥总流量等因素确定。

(b) 排水口应设在有利于加长泥浆流程、有利于泥沙沉淀的位置上。一般多布设在吹填区的死角或远离排泥管线出口的地方。

(c) 在潮汐港口地区，应考虑在涨潮延续时间内，潮汐水位对排水口泄水能力的影响。

(d) 排水口应选在具有排水条件的地方，如临近江、河、湖、海等地方。

(e) 常用的排水口结构形式有：溢流堰式排水口、薄壁堰式排水闸、闸箱埋管式排水口、围埝埋管式排水口等。

⑤ 吹填区排放余水中含泥量的控制要求

(a) 吹填区余水的排放应满足当地环保规定的标准。

(b) 吹填工程施工作业对环境产生的影响应符合现行行业标准《港口工程环境保护设计规范》JTS 149 的有关规定。

(6) 环保疏浚与疏浚环保

1) 环保疏浚

环保疏浚的主要目的是清除湖泊水体中的污染底泥。

污染底泥是水环境污染的潜在污染源，在水环境发生变化时，底泥中的营养盐会重新释放出来进入水体。尤其是对城市湖泊，长期以来累积于沉积物中的氮磷往往很高，在外来污染源存在时，氮磷营养盐只是在某个季节或时期会对富营养化发挥比较显著的作用，然而在湖泊外来污染源全部切断以后，底泥中的营养盐会逐渐释放出来，仍然会使湖泊发生富营养化。

氮磷的释放，其机制不同。前者取决于氮化合物分解的程度，而后者与其化学沉淀的形态有关。氮化合物在细菌的作用下可以相互转化，不同形态的氮，其释放能力不同，溶出的溶解态无机氮在沉积物表面的水层进行扩散。由于表面的水层含氧量不同，溶出情况也不同。厌气性时，以氨态氮溶出为主；好气性时，则以硝酸氮溶出，其溶出速度比厌气时快。底泥中的磷主要是无机态的正磷酸盐，一旦出现利于钙、铝、铁等不溶性磷酸盐沉淀物溶解的条件，磷就释放。

一般情况下释放出的营养盐首先进入沉积物的间隙水中，逐步扩散到沉积物表面，进而向湖泊沉积物的上层水混合扩散，从而对湖泊水体的富营养化发生作用。

① 环保疏浚的技术特点

环保疏浚旨在清除湖泊水体中的污染底泥，并为水生生态系统的恢复创造条件，同时还需要与湖泊综合整治方案相协调；工程疏浚则主要为某种工程的需要，如疏通航道、水库增容等而进行，两者的具体区别见表 1-45。

环保疏浚与工程疏浚的区别 表 1-45

项　目	环保疏浚	工程疏浚
生态要求	为水生植物恢复创造条件	无
工程目标	清除存在于底泥中的污染物	增加水体容积，维持航行深度
边界要求	按污染土层分布确定	底面平坦，断面规则
疏挖泥层厚度	较薄，一般小于 1m	较厚，一般几米至几十米
对颗粒物扩散限制	尽量避免扩散及颗粒物再悬浮	不作限制
施工深度精度	5～10cm	20～70cm
设备选型	标准设备改造或专用设备	标准设备
工程监控	专项分析严格监控	一般控制
底泥处置	泥、水根据污染性质特殊处理	泥水分离后一般堆置

从表 1-23 可以看出，环保疏浚的主要技术特点是：疏浚泥层厚度薄，疏浚精度要求高，疏浚过程二次污染控制要求严格。

② 环保疏浚主要工艺流程

用环保疏浚设备将污染底泥从水下疏挖后输送到岸上，有管道输送和驳船输送两种方式。管道输送工作连续，生产效率高，当含泥率低时可长距离输送，输泥距离超过挖泥船排距时，还可加设接力泵站。驳船为间断输送，将挖掘的泥装入驳船，运到岸边，再用抓斗或泵将泥排出，该种运泥方式工序繁杂，生产效率较低，一般用于含泥量高或输送距离过长的场合。

绞吸式挖泥船能够将挖掘、输送、排出等疏浚工序一次完成，在施工中连续作业，它通过船上离心式泥泵的作用产生一定真空，把挖掘的泥浆经吸泥管吸入、提升，再通过船上输泥管排到岸边堆泥场或底泥处理场，是一种效率较高的疏浚工艺流程。采用管道输送泥浆并加设接力泵的疏浚工艺流程如图 1-37。

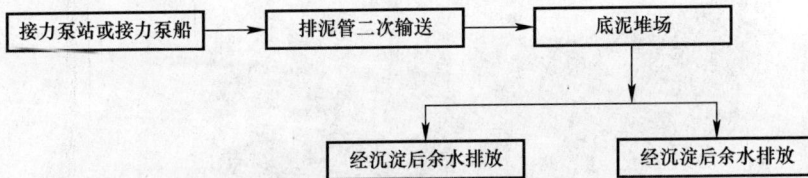

图 1-37　环保疏浚工艺流程图

③ 环保挖泥船

针对环保疏浚工程泥层厚度薄，施工精度要求高，疏挖过程二次污染要小的特点，对传统疏浚设备进行了必要的环保措施改造，并根据不同环保疏浚工程特点，开发了一些专用环保挖泥船。

（a）耙吸船溢流采用水下溢流，减小水下污染；耙头采用环保耙头，耙头设有涡流防护罩，既降低挖泥引起的浑浊度，又可提高挖泥浓度。

（b）抓斗船采用全封闭防漏抓斗，铲斗船采用遮盖铲斗，使泥斗在提升过程中没有泄漏。

（c）链斗挖泥船采用封闭斗架，将斗内溢出的泥沙经溢流槽回流至水底，减小水体浑浊度。

（d）绞吸挖泥船因参与环保整治较多，进行了多方面的尝试，特别是在绞刀形式上创造了许多新的思路，已开发出专用于环保疏浚工程的环保挖泥船，如圆盘式环保绞刀挖泥船（图1-38），铲吸式环保绞刀挖泥船（图1-39），螺旋式环保绞刀挖泥船（图1-40）等，这些专用环保挖泥船在提高挖泥精度，减小二次污染，提高挖泥浓度方面都得到明显改善。

图1-38　圆盘式环保绞刀挖泥船

图1-39　铲吸式环保绞刀挖泥船

图1-40　螺旋式环保绞刀挖泥船

2）疏浚环保

疏浚环保是指随着人们环保意识的加强，在以增加通航尺度为目的的工程疏浚项目中，也应注意研究分析疏浚对周围环境可能带来的环保影响，并采取必要的措施，减少影响程度。

① 疏浚对环保的影响

在疏浚工程设计中，应对疏浚可能造成的某些环境影响进行分析，包括影响范围和类型、影响程度的测定和控制。应从疏浚现场、运泥路线、抛泥区三个主要环节确定其直接或间接影响的距离和范围。

② 环境保护对疏浚工程设计的要求

（a）港口工程中的一般疏浚工程设计应按现行行业标准《港口工程环境保护设计规范》JTS 149 的有关规定执行。

（b）对敏感目标和保护目标的工程设计要求

a）疏浚物的再悬浮对水质的影响程度。

b）疏浚物再悬浮造成的混浊在施工结束后也就停止时，分析是否对疏浚进行限制。

c）分析生活在水底的生物（包括海产养殖）对混浊和沉积物的适应能力。

d）抛泥区抛泥作业对环境的影响。

如果上述分析结果认为疏浚的影响不大，则不宜对疏浚进行限制。

（c）在工程设计中，应结合我国实际情况，处理好由于对疏浚设备的过多限制而带来的疏浚生产水平降低、费用增加的矛盾，提出经济合理的方案。

③ 疏浚工程实施中的环保措施

（a）耙吸挖泥船水下溢流；

（b）运泥船、管线密封良好，防止漏泥；

（c）疏浚区、泄水口设置防污帘；

（d）吹填区泥浆采取物理、化学措施，加速泥浆沉淀；

（e）其他措施。

④ 疏浚土的海上处理

应按 1996 年修改的《伦敦公约》关于"疏浚物料评价框架"的有关规定执行。

1.2 港口与航道工程施工相关规范与标准

1.2.1 水运工程质量检查与检验

（1）水运工程质量检查与检验的划分

1）《水运工程质量检验标准》JTS 257 规定

《水运工程质量检验标准》JTS 257（以下简称《标准》）中对水运工程分项、分部、单位工程、单项工程和建设项目的划分，规定如下：

分项工程：是分部工程的组成部分，一般按工程施工的主要工序或工种、材料、施工工艺和设备的主要装置等划分。

分部工程：是单位工程的组成部分，一般按构成工程结构的主要部位划分。

单位工程：是单项工程的组成部分，一般按具备独立施工条件建成后能够发挥设计功能的工程。

单项工程：建设项目的组成部分，在施工图设计阶段具有独立的设计文件，建成后能够独立发挥生产能力和效益的工程。

建设项目：按照同一个总体设计进行建设，全部建成后才能发挥所需综合生产能力或效益的基本建设单位。

港口与航道工程的具体划分规定如下：

① 码头工程按泊位或座划分单位工程；

② 防波堤工程按座或合同标段划分单位工程，长度较长的，以长度 1～2km 划分为一个单位工程；

③ 船坞、船台、滑道按座划分单位工程；

④ 港区堆场、道路按设计单元划分单位工程；

⑤ 翻车机房按座划分单位工程，翻车机房地下廊道作为一个单位工程；

⑥ 船闸主体作为一个单位工程；上下游引航道及导靠船建筑物各为一个单位工程；

⑦ 堤坝、护岸、固滩和炸礁工程按座或合同标段划分单位工程；长度较长的整治建筑物以 2～5km 划分为单位工程；

⑧ 航道、港池、泊位和锚地的疏浚工程各为一个单位工程；

⑨ 长度较长的航道疏浚工程按合同标段或节点要求划分单位工程；

⑩ 分期实施的疏浚工程按施工阶段划分单位工程；

⑪ 陆域形成的吹填工程按合同或设计文件的区域划分单位工程。

施工企业在开工前应在建设单位的组织下、监理单位参加对单位工程和分部、分项工程作出明确划分，并报水运工程质量监督机构备案，据此进行质量控制和检验。

2）《水运工程质量检验标准》JTS 257 相关条文说明

水运工程各建筑物的建成，从施工准备开始到完工，要经过若干工序、若干工种配合施工。工程质量的优劣，取决于各工序的质量水平，因此必须控制每个工序的施工质量，才能保证整个工程质量取得良好水平。为便于控制、检查与检验每个工序的质量水平，与国家标准一样把这些工序称为分项工程。分项工程的质量是整个工程质量的基础。

水运工程多数工序是单一作业，如打桩工的打桩作业、钢筋工的钢筋绑扎作业、抛石工的抛石作业等，所以水运工程分项工程的划分，按主要工种来划分。但也有一些分项工程并不限于一个工种，而是由几个工种配合施工的，如地基预压工程等。

由于分项工程划分不能太大，以致不易反映出工程质量的全部面貌。所以又按水运工程建筑物的主要部位及其用途划分为若干分部工程，用来综合分项工程的质量。水运工程的分部工程数量随结构不同而异，如码头工程一般分为基础、墙身结构（或桩基、墩台等）、上部结构、挡土结构与回填、轨道安装、码头设施六个分部工程；而斜坡式防波堤分部工程仅为基础、堤身、护面三个分部工程。

单位工程竣工交付使用，是建筑施工企业把最终的产品交给用户，在交付使用前对整个建筑物进行综合评价，目的是突出建筑物的整体质量，保证使用功能。单位工程的划分标准是根据水运工程的建设经验和施工统计的有关规定而作出的，明确"单位工程是单项工程的组成部分，一般按具备独立施工条件、建成后能够发挥设计功能"来划分的。

由于水运工程规模大、工期长、涉及面广，分项、分部、单位工程划分是个复杂问题，《标准》仅提出几个原则规定，在施工前应根据工程实际情况，在建设单位的组织下，监理单位参加并根据工程项目的具体情况，对单位工程作出明确划分，按照分项、分部工程划分原则，对每个单位工程，编制单位工程的分项、分部工程检验计划表，并报水运工程质量监督机构备案，据此进行质量检验。

《标准》质量检验的基本规定：

① 施工单位应对工程采用的主要材料、构配件和设备等进行现场验收，并经监理工程师认可，对涉及结构安全和使用功能的，施工单位应按规定进行抽检，监理单位应按规定进行见证抽检或平行检验。

② 各工序施工应按相关规定进行质量控制，每道工序完成后，应进行检查，工序之间应进行交接检验，并形成记录。专业工序之间的交接应经监理工程师认可。未经检验或检验不合格的不得进行下道工序施工。

③ 工程质量的检验应在施工单位自行检验合格的基础上进行。

④ 隐蔽工程在隐蔽前应由施工单位通知有关单位验收，并形成验收文件。

⑤ 涉及结构安全的试块、试件和现场检验项目，施工单位应按规定进行检验，监理单位应按规定进行见证抽样检验或平行试验；涉及结构安全和使用功能的重要分部工程应按相应规定进行抽样检验或验证性检验。

⑥ 承担见证性抽检及有关结构安全检验的单位应具有相应能力等级。

⑦ 工程的观感质量应由验收人员通过现场检查，并应共同确认。

（2）水运工程质量检查与检验的合格标准

1）检验批质量合格标准

① 主要检验项目检验应全部合格。

② 一般检验项目检验应全部合格。其中允许偏差的抽查合格率应达到80％及其以上，且不合格的点最大偏差值对于影响结构安全和使用功能的不得大于允许偏差的1.5倍，对于机械设备安装工程，不得大于允许偏差值的1.2倍。

2）分项工程质量合格标准

① 分项工程所含的验收批均应符合质量合格的规定，且质检记录完整。

② 当分项工程不划分检验批时，分项工程合格标准应满足检验批的质量合格标准。

3）分部工程质量合格标准：

① 分部工程所含分项工程的质量均应符合合格规定。

② 质量控制资料完整。

③ 地基与基础、主体结构和设备安装等分部工程有关安全功能的检验和抽检结果应符合有关规定。

4）单位工程质量合格标准：

① 所含分部工程的质量均应符合合格的规定。

② 质量控制资料和所含分部工程有关安全和主要功能的检验资料完整。

③ 主要功能项目的抽检结果应符合相关规定。

④ 观感质量符合规范要求。

5）建设项目和单项工程质量合格标准：

① 所含单位工程均应合格。

② 工程竣工档案应完整。

6）当分项工程及检验批和分部工程质量不合格时，应按下列规定进行处理：

① 返工重做。经返工重做或更换构配件、设备的应重新进行检验。

② 经检测单位检测鉴定能够达到设计要求的，可认定为质量合格；经检测鉴定达不到设计要求但经原设计单位核算认可能满足结构安全和使用功能的，可认定为质量合格。

③ 经返修或加固处理的分项、分部工程，虽然改变了外形尺寸但仍能满足安全和使用功能要求，可按技术处理方案和协商文件进行验收。

④ 经过返修或加固仍不能满足安全和使用功能要求规定的分部和单位工程，不得验收。

7）水运工程质量检验标准中的主要检验项目和一般检验项目。

主要检验项目：分项工程中对安全、卫生、环境和公共利益起决定性作用的检验项目。

一般检验项目：主要检验项目以外的检验项目。

（3）水运工程质量检查与检验的程序和组织

1）水运工程项目开工前，建设单位应组织施工单位、监理单位对单位工程、分部工程和分项工程进行划分，并报水运工程质量监督机构备案。工程建设各方应据此进行工程质量控制和检验。

2）分项工程及检验批的质量应由施工单位分项工程技术负责人组织检验，自检合格后报监理单位，监理工程师应及时组织施工单位专职质量检查员等进行检验与确认。

3）分部工程的质量应由施工单位项目技术负责人组织检验，自检合格后报监理单位，总监理工程师应组织施工单位项目负责人和技术、质量负责人等进行检验与确认。其中，地基与基础等分部工程检验时，勘察、设计单位应参加相关项目的检验。

4）单位工程完工后，施工单位应组织有关人员进行检验，自检合格后报监理单位，并向建设单位提交单位工程竣工报告。

5）单位工程中有分包单位施工时，分包单位对所承包的工程项目应按规定的程序进行检验，总包单位应派人参加。分包工程完成后，应将工程有关资料交总包单位。

6）建设单位收到单位工程竣工报告后应及时组织施工单位、设计单位、监理单位对单位工程进行预验收。

7）单位工程质量预验收合格后，建设单位应在规定的时间内将工程质量检验有关文件、报水运工程质量监督机构申请质量鉴定。

8）建设项目或单项工程全部建成后，建设单位申请竣工验收前应填写建设项目或单项工程质量检验汇总表，报送质量监督机构申请质量核定。

1.2.2　港口与航道工程建设标准强制性条文

（1）《工程建设标准强制性条文》中《水运工程混凝土质量控制标准》有关海水环境对混凝土最小保护层厚度、海水环境对混凝土水灰比最大允许值的规定

《工程建设标准强制性条文》中《水运工程混凝土质量控制标准》海水环境对混凝土最小保护层厚度的要求、海水环境对混凝土的水灰比最大允许值的要求见 3.3.5、3.3.16 条。

1) 海水环境对混凝土最小保护层厚度的要求

3.3.5 海水环境钢筋混凝土的保护层最小厚度应符合表3.3.5的规定。

海水环境钢筋混凝土的保护层最小厚度（mm）　　　　表 3.3.5

建筑物所在地区	大气区	浪溅区	水位变动区	水下区
北方	50	50	50	30
南方	50	65	50	30

注：① 混凝土保护层厚度系指主筋表面与混凝土表面的最小距离；
②表中数值系箍筋直径为6mm时主钢筋的保护层厚度，当箍筋直径超过6mm时，保护层厚度应按表中规定增加5mm；
③位于浪溅区的码头面板、桩等细薄构件的混凝土保护层，南、北方一律取用50mm；
④南方指历年最冷月月平均气温高于0℃的地区。

2) 海水环境对混凝土水灰比最大允许值的要求

3.3.16 按耐久性要求，海水环境及淡水环境混凝土水灰比最大允许值应分别满足表3.3.16-1的规定。

海水环境混凝土的水灰比最大允许值　　　　表 3.3.16-1

环境条件			钢筋混凝土预应力混凝土		素混凝土	
			北方	南方	北方	南方
大气区			0.55	0.50	0.65	0.65
浪溅区			0.50	0.40	0.65	0.65
水位变动区		严重受冻	0.45	—	0.45	—
		受冻	0.50	—	0.50	—
		微冻	0.55	—	0.55	—
		偶冻、不冻	—	0.50	—	0.65
水下区		不受水头作用	0.60	0.60	0.65	0.65
	受水头作用	最大作用水头与混凝土壁厚之比＜5	0.60			
		最大作用水头与混凝土壁厚之比 5～10	0.55			
		最大作用水头与混凝土壁厚之比＞10	0.50			

注：① 除全日潮型区域外，其他海水环境有抗冻性要求的细薄构件（最小边尺寸小于300mm者，包括沉箱工程）混凝土水灰比最大允许值宜减小；
②对有抗冻性要求的混凝土，如抗冻性要求高时，浪溅区范围内下部1m应随同水位变动区按抗冻性要求确定其水灰比。

(2)《工程建设标准强制性条文》中《重力式码头设计与施工规范》有关抛石基床的规定

《工程建设标准强制性条文》中《重力式码头设计与施工规范》对抛石基床的要求见3.1.3、3.1.7、3.1.10条。

3.1.3 重力式码头抛石基床的厚度应遵守下列规定：

(1) 当基床顶面应力大于地基承载力时，由计算确定，并不小于1m；

(2) 当基床顶面应力不大于地基承载力时，不小于0.5m。

3.1.7 当码头前沿底流速较大，地基土有被冲刷的危险时，应考虑加大基床外肩宽度、放缓边坡、增大埋置深度或采取护底措施。

3.1.10 抛石基床应预留沉降量。对于夯实的基床，应只按地基沉降量预留；对于不夯实的基床，还应考虑基床本身的沉降量。

（3）《工程建设标准强制性条文》中《高桩码头设计与施工规范》有关施工期验算岸坡稳定和预制构件安装的规定

《工程建设标准强制性条文》中《高桩码头设计与施工规范》JTJ 291 对施工期验算岸坡稳定的要求、对预制构件安装的要求见 3.4.9.1、12.0.2 条。

1）对施工期验算岸坡稳定的要求

3.4.9.1 施工时期应验算岸坡由于挖泥、回填土、抛填块石和吹填等对稳定性的影响，并考虑打桩振动所带来的不利因素。施工时期按可能出现的各种受荷情况，与设计低水位组合，进行岸坡稳定性计算。

2）对预制构件安装的要求

12.0.2 预制构件安装时，应满足下列要求：

对安装后不易稳定及可能遭受风浪、水流或船舶碰撞等影响的构件，应在安装后及时采取加固措施。

（4）《工程建设标准强制性条文》中《防波堤设计与施工规范》有关施工的规定

《工程建设标准强制性条文》中《防波堤设计与施工规范》对施工的要求见 7.2.2、7.2.6、7.3.5、7.4.4、8.1.4、8.3.9 条。

7.2.2 软土地基上的抛石顺序应符合下列要求：

（1）当堤侧有块石压载层时，应先抛压载层，后抛堤身；

（2）当有挤淤要求时，应从断面中间逐渐向两侧抛填；

（3）当设计有控制抛石加荷速率要求时，应按设计要求设置沉降观测点，控制加荷间歇时间。

7.2.6 每段堤心石抛填完成后，应及时理坡并覆盖垫层块石及护面层。

7.3.5 人工块体应自下而上安放，底部的块体应与水下棱体接触紧密。

7.4.4 干砌块石护面块石应紧密嵌固、相互错缝。

8.1.4 直立堤水下基床抛石前，应进行验槽，当回淤较厚时，应及时研究处理。

8.3.9 沉箱安装后，箱内应及时抛填。

（5）《水运工程质量检验标准》中的强制性条文。

《水运工程质量检验标准》的强制性条文如下：

1.3.0.2 水运工程施工应按下列规定进行质量控制。

1.3.0.2.1 施工单位应对工程采用的主要材料、构配件和设备等进行现场验收，并经监理工程师认可。对涉及结构安全和使用功能的有关产品，施工单位应按本标准的有关规定进行抽样检验，监理单位应按本标准的规定进行见证抽样检验或平行检验。

1.3.0.3 水运工程质量应按下列要求进行检验和验收。

1.3.0.3.1 工程施工应符合工程合同和设计文件的要求。

1.3.0.3.2 工程质量的检验应在施工单位自行检验合格的基础上进行。

1.3.0.3.3 隐蔽工程在隐蔽前应由施工单位通知有关单位进行验收，并形成验收文件。

1.3.0.3.4 涉及结构安全的试块、试件和现场检验项目，施工单位应按规定进行检验，监理单位应按规定进行见证抽样检验或平行检验。

1.3.0.3.5 分项工程及检验批的质量应按主要检验项目和一般检验项目进行检验。

1.3.0.3.6 涉及结构安全和使用功能的重要分部工程应按相应规定进行抽样检验或验证性检验。

1.3.0.3.7 承担见证抽样检验及有关结构安全检验的单位应具有相应能力等级。

1.3.0.3.8 工程的观感质量应由验收人员通过现场检查，并应共同确认。

1.5.0.4 单位工程质量合格应符合下列规定。

1.5.0.4.1 所含分部工程的质量均应符合质量合格的规定。

1.5.0.4.2 质量控制资料和所含分部工程有关安全和主要功能的检验资料应完整。

1.5.0.4.3 主要功能项目的抽查结果应符合本标准的相应规定。

1.5.0.4.4 观感质量应符合本标准的相应要求。

2.1.2.1 模板及支架的材料及结构必须符合施工技术方案和模板设计的要求。

3.2.1.2 码头前沿安全地带以外的泊位水域严禁存在浅点。

3.2.2.1 无备淤深度的港池疏浚工程设计底边线以内水域严禁存在浅点。

3.2.2.2.2 有备淤深度的港池疏浚工程边缘水域的底质为中、硬底质时，不得存在浅点。

3.2.3.1 无备淤深度的航道疏浚工程设计底边线以内水域严禁存在浅点。

3.2.3.2.2 有备淤深度的航道疏浚工程边缘水域的底质为中、硬底质时，不得存在浅点。

3.3.1.2 中、硬底质的一次性维护疏浚工程，设计底边线以内水域不得存在浅点。

5.4.3.2 抛填及爆炸施工的程序和爆炸参数应满足设计要求和经试验段施工所确定的施工参数。

9.12.1.2 炸礁的平面位置和范围必须满足设计要求，航槽底部高程严禁高出设计高程。

9.12.2.2 开挖施工程序应满足设计要求，严禁上下层同时垂直作业、弃渣堆集过高。

9.12.3.2 水下裸露爆破的布药方式、炸药品种和每次起爆用药量应满足设计要求。

9.12.4.1 弃渣堆填的位置、范围和高程应满足设计要求，不得影响航道尺度。

(6)《工程建设标准强制性条文》中《航道整治工程技术规范》JTJ 312 有关施工的规定

《工程建设标准强制性条文》中《航道整治工程技术规范》与施工相关的条款见 1.0.3、1.0.5、13.1.2、13.1.3、13.7.4.1、13.7.6、13.7.9、13.7.10、13.7.15、13.7.16、14.2.1.3 条。

1.0.3 航道整治应服从总体规划的要求，与流域的防洪、发电、排灌、环境保护、城市建设和港口发展等相协调。

1.0.5 对长河段和复杂多变滩险的航道整治工程，应进行施工期现场观测。当整治河段的河床地形、水流条件发生变化时，应对原设计中不相适应的部分进行局部调整。

13.1.2 施工前应根据设计文件对施工地区的自然条件、助航设施、船舶通过规律和施工对周围环境可能产生的影响，进行详细调查，编制施工组织设计。

13.1.3　航道整治施工应协调好施工与通航的关系。

13.7.4.1　陆上炸礁应以浅孔爆破为主，严禁采用塞缝爆破或裸爆。

13.7.6　水下爆破钻孔船的位置必须准确定位，并应经常校核，锚定牢固。

13.7.9　在深水急流中进行钻孔爆破，应配用伸缩性小的防护绳，将起爆线和导爆管等松弛地绑在防护绳上，防止折断。

13.7.10　炸礁施工应按现行国家标准《爆破安全规程》GB 6722 的有关规定确定爆破地震、水中冲击波和个别飞散物的安全允许距离。并应采取微差爆破等措施，减弱爆破引起的水中冲击波和地震效应。

13.7.15　挖泥船清除爆破石渣前，应详细了解钻孔爆破设计和实际爆破情况，施工中发现爆炸残留物或盲炮时，应立即采取措施，予以处理。

13.7.16　疏浚过程中发现施工区域有沉船和石堆等障碍物时。应先查明情况。确定其位置，对无法避开的障碍物应先清除后疏浚。

14.2.1.3　交工验收应进行水上水下地形、水文和建筑物等测量，炸礁、清障、清渣和打捞沉船工程应进行硬式扫床或全覆盖扫测，并应检验合格。

第2章　港口与航道工程施工案例

【案例1】

1. 背景

某港口码头后方堆场，填土施工碾压密实。填土料的击实试验含水量－干密度试验数据如表2-1所列。

填土料的击实试验含水量－干密度关系 表 2-1

含水量（%）	8	10	12	14	16
干密度（g/cm³）	1.39	1.65	1.75	1.70	1.55

2. 问题

（1）根据表列试验数据绘制填土料含水量－干密度试验曲线。

（2）确定该填土料的最佳含水量和最大干密度。

（3）上述的试验数据和计算确定的填土料的最佳含水量和最大干密度在施工中起什么作用？

3. 解析

（1）绘制填土料含水量－干密度试验曲线，如图2-1所示。

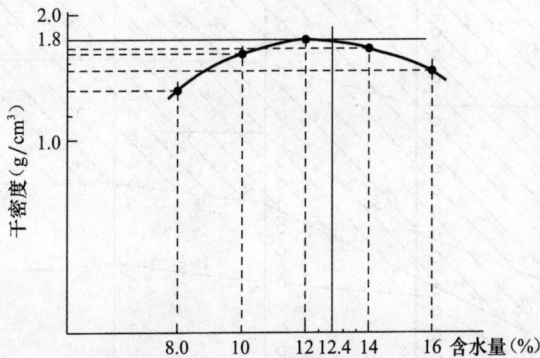

图 2-1　填土料含水量—干密度曲线

（2）根据填土料含水量－干密度试验曲线或根据表2-1所列试验数据内插计算得到填土料的最佳含水量为12.4%；最大干密度为1.80g/cm³。

（3）根据重型击实试验取得的表2-1所列数据可绘制出如图2-1所示的填土料含水量－干密度关系曲线（击实曲线），根据此击实曲线可以确定施工所用填土料的最佳含水量为12.4%；最大干密度为1.80g/cm³。用此指标控制施工，可使回填碾压的密实度达到设计要求。

【案例2】

1. 背景

港口堆场回填土碾压密实，设计要求回填土碾压密实度达到95%以上；碾压后，现场取样检测碾压密实度，取原状土样重 901.6g，测得其体积为 465.2cm³、其含水量为 12％。

2. 问题

计算碾压后的密实度，该堆场碾压的密实度是否达到了设计要求？

3. 解析

根据土壤含水量 W（％）的定义：含水量 W（％）＝土体中的水重/土体中的土重

即：土体中的水重＝含水量 W（％）×土体中的土重

土体中的水重＋土体中的土重＝含水量 W（％）×土体中的土重＋土体中的土重

＝［1＋含水量 W（％）］土体中的土重

即：　　　　现场取土样重＝（1＋12％）取样中的土重

901.6＝（1＋12％）取样中的土重

取样中的土重＝901.6÷（1＋12％）＝805g

取样土的干密度为：805/465.2＝1.73g/cm³

现场碾压密实度为：1.73/1.80＝96.1％＞95％　　　　满足设计要求。

【案例3】

1. 背景

某航道整治疏浚工程，业主提供的工程地质剖面图如图 2-2 所示。

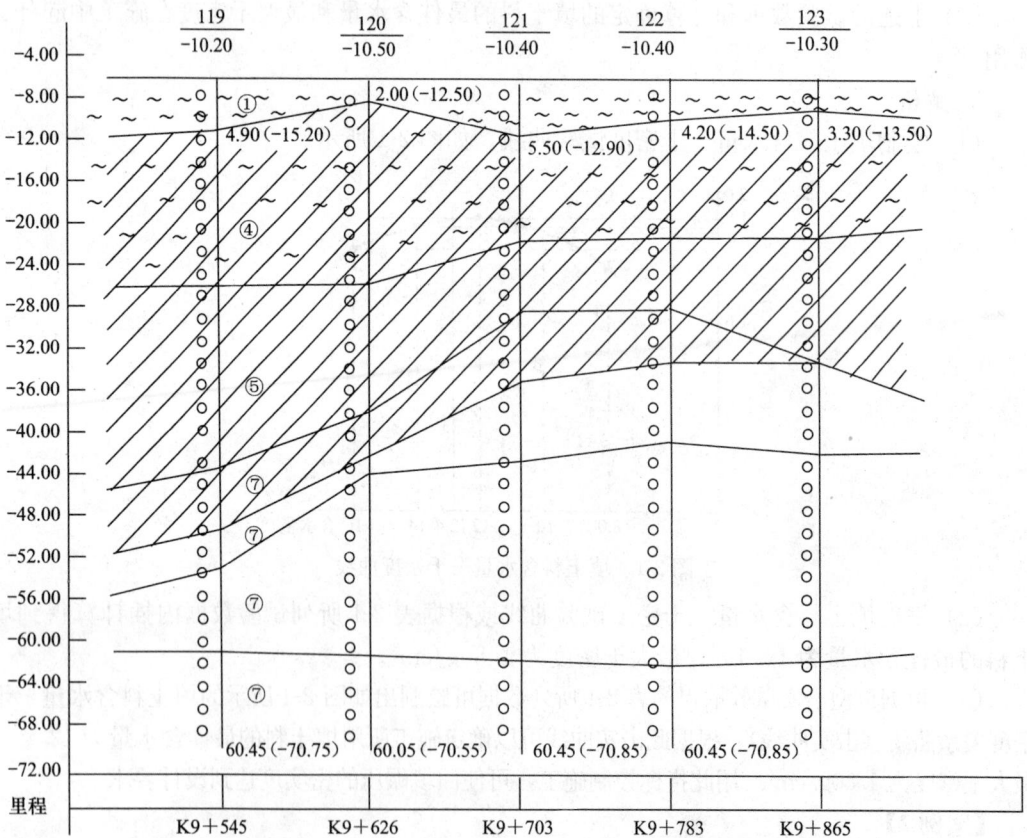

图 2-2　工程地质剖面图

102

2. 问题

解读该工程地质剖面图中的工程信息

（1）该工程地质剖面图中标示出了几个钻探孔？编号分别为多少？

（2）指出该地质剖面图中各钻孔海底天然泥面标高是多少？钻孔海底天然泥面标高的最大高差是多少？

（3）指出 119 号钻孔与 120 号钻孔间的钻孔间距是多少？

（4）从天然泥面算起，图中最深的钻孔孔深是多少？最浅的钻孔孔深是多少？各自的标高是多少？

（5）指出图中淤泥层厚的范围是多少？

3. 解析

（1）该工程地质剖面图中标示出了 5 个钻孔，其编号分别为：119 号、120 号、121 号、122 号、123 号。

（2）图 2-2 中各钻孔海底天然泥面标高如表 2-2 所列。

各钻孔天然泥面标高

表 2-2

钻孔编号	119	120	121	122	123
天然泥面标高（m）	−10.20	−10.50	−10.40	−10.40	−10.30

钻孔海底天然泥面标高的最大高差是：−10.20−（−10.50）＝0.30m

（3）119 号钻孔与 120 号钻孔间的钻孔间距是：K9＋626−（K9＋545）＝81m

（4）从天然泥面算起，图 2-2 中最深的钻孔孔深是 60.45m，标高是 −70.85m 和 −70.75m

最浅的钻孔孔深 60.05m，标高是 −70.55m。

（5）淤泥层厚范围是 2.0～5.5m。

【案例 4】

1. 背景

某海域理论深度基准面在黄海平均海平面以下 1.29m，以黄海平均海平面作为基准的大地测量，测得该区域某浅点处海底高程为 −6.00m，从当地潮汐表查得某时刻潮高为 2.12m，该时刻某公司拖运沉箱恰好通过该浅点处，沉箱吃水 5.5m，拖运的富裕水深取 0.5m。见图 2-3。

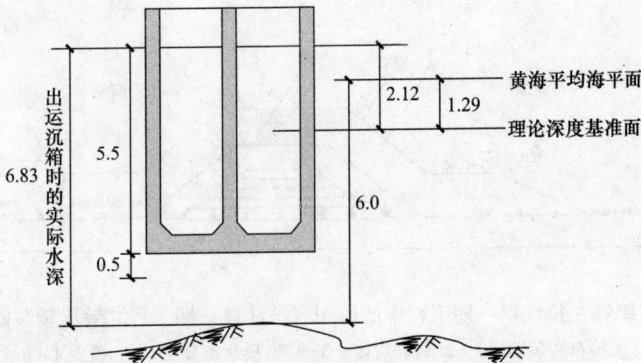

图 2-3　通航水深计算基准面示意图（单位：m）

2. 问题

（1）港口工程通航水深计算的基准面应怎样选取？

（2）当地潮汐表查得某时刻潮高的起算面是何基准面？

（3）在背景所述时刻该海域浅点区的实际水深为多少？

（4）某公司在背景所述时刻是否可拖运沉箱通过该浅点区？

3. 解析

（1）港口工程通航水深计算的基准面应取该海域的理论深度基准面。从理论上讲，理论深度基准面是最低潮位，以此为基准计算的水深，对于保证通航水深有较大的保证率。

（2）当地潮汐表查得某时刻潮高的起算面是当地的理论深度基准面。

（3）以该海域的理论深度基准面为起算面计算的水深为：

$-6.00+1.29m=-4.71m$，该时刻的潮高为 2.12m。

则在背景所述时刻该海域浅点区的实际水深为 4.71m+2.12m=6.83m。

（4）沉箱通过该浅点区需要的最小水深为：5.5+0.5=6.0m<6.83m（实际水深）

所以该公司在背景所述时刻拖运沉箱通过该浅点区是可行的。

【案例 5】

1. 背景

长江口深水航道整治工程的主体结构为南、北两条导堤及堤内丁坝。一期工程中，导堤总长为 42km，6 座丁坝总长 10km。深水段导堤为土工织物软体排护底的钢筋混凝土半圆体结构，如图 2-4 所示。浅水段为土工织物大型充砂袋堤心的斜坡堤结构，如图 2-5 所示。该工程采用了 3 种类型的软体排。

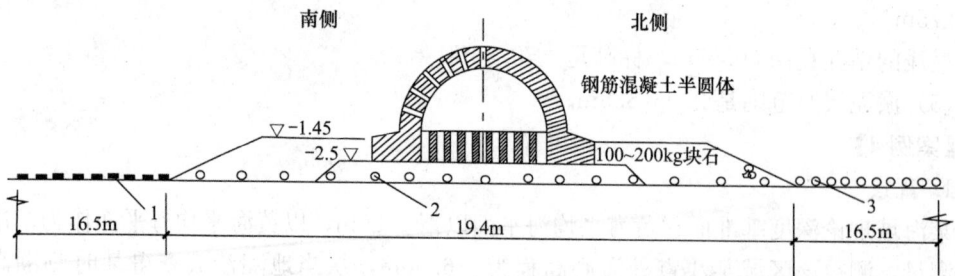

图 2-4 土工织物在长江口一期工程中的应用（土工织物护底软体排）

1—混凝土连锁块余排；2—砂肋软体排；3—砂肋余排

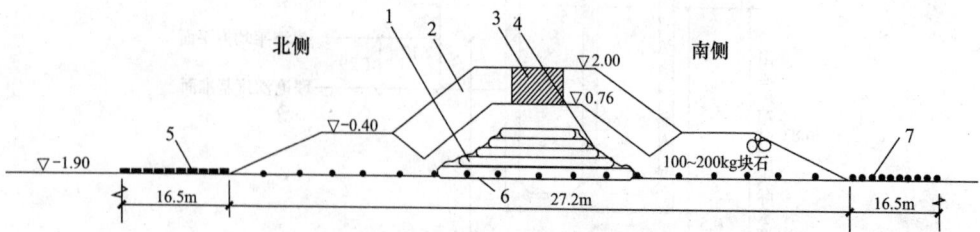

图 2-5 土工织物在长江口一期工程中的应用（长江口一期工程北导堤袋装砂堤心结构）

1—450g 无纺布袋装砂；2—2t 钩联块体；3—C20 模袋混凝土；4—覆盖 450g 无纺布；

5—混凝土连锁块余排；6—护底软体排；7—砂肋余排

（1）砂肋软体排

采用顺堤身纵轴线方向的长管状砂肋，作为排体织物的压载。堤身下的砂肋为ϕ280mm丙纶长丝机织布加筋套，一次织成，套内充砂。砂肋间距1.5m（半圆体及压载抛石下19.4m宽内），0.5m（堤外侧16.5m宽内的余排）两种。砂肋软体排还应用于丁坝下护面。

（2）混凝土连锁块软体排

混凝土连锁块单块尺寸为400mm×400mm×160mm，布置为4块/m^2，每片6×9m^2，各片间用预先连好的ϕ14mm丙纶绳纵横连接，作为排体织物的压载。混凝土连锁块软体排用于堤内侧16.5m宽内的余排，还用于导堤、丁坝的超前护底。

（3）连锁块砂肋混合软体排。

2. 问题

（1）长江口深水航道整治工程在堤下应用砂肋软体排的作用是什么？应用混凝土连锁块余排的作用是什么？

（2）对长江口深水航道整治工程所应用软体排的性能应有那些要求？

（3）软体排排体的连接应采用怎样的方法？

3. 解析

（1）长江口深水航道整治工程在堤下应用砂肋软体排的作用是可以防止因水动力作用造成河势的改变以及对江底冲刷而危及半圆体结构的稳定，因此，必须对堤下泥面进行保护。应用混凝土连锁块余排的作用是为了对堤外足够范围的江底进行护面，该保护范围应远大于因建造半圆体对水流和河势影响的范围。

（2）对长江口深水航道整治工程所应用软体排的性能要求有：

1）排体薄、强度高，满足堤身及水动力作用的要求

砂肋软体排总厚度不超过30cm，混凝土连锁块软体排总厚度不超过20cm，对水流干扰小。护底排用丙纶机织（编织）布+涤纶无纺针刺复合布。丙纶机织（编织）布的抗拉强度达到2600～3000N/50mm；既满足使用期结构的要求，同时还考虑了施工荷载的要求。

2）护底排有良好的滤水、保砂性

垂直渗透系数为0.002cm/s，等效孔径不超过0.08mm。

3）护底排的整体性、适应泥面的变形性能好

压载体与排体布连成整体，混凝土连锁块具有双向变形的性能，与江底变形有良好的贴附性和整体性。

4）具有与整治建筑物使用年限同步的耐久性。

5）排体的加工、运输、沉放，适应大工程标准化、机械化、高效率和安全的要求。

（3）排体连接应采用包缝法和丁缝法（图2-6）牢固可靠。

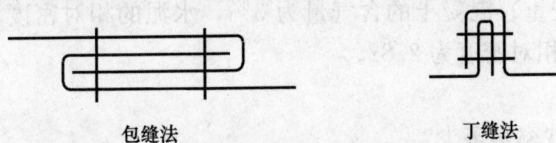

包缝法　　　　　　　　　丁缝法

图2-6　排体连接包缝法及丁缝法示意图

【案例6】

1. 背景

某工程施工工地对正常养护的混凝土取样进行强度试验。所取11组（$N=11$）混凝土立方体试块抗压强度（MPa）分别为：30.0；31.0；29.0；28.0；29.0；32.0；29.0；28.0；28.5；30.0；28.0。

2. 问题

求算该工地混凝土立方体试件抗压强度的标准差σ

3. 解析

（1）计算11组试件强度的平方值及其和a：

$a=30.0^2+31.0^2+29.0^2+28.0^2+29.0^2+32.0^2+29.0^2+28.0^2+28.5^2+30.0^2+28.0^2$
$=9472.25$

（2）计算11组试件强度的平均值b：

$b=(30.0+31.0+29.0+28.0+29.0+32.0+29.0+28.0+28.5+30.0+28.0)\div11$
$=29.3$

（3）计算平均值的平方值：$29.3^2=858.5$

计算σ值

$$\sigma=\sqrt{\frac{a-N\times b^2}{N-1}}=1.7(\text{MPa})$$

注：一般情况下，应满足 N≥25，才具有效性。

【案例7】

1. 背景

某公司沉箱预制场预制沉箱施工。设计要求沉箱预制混凝土立方体抗压强度的标准值为30MPa，该预制场实际统计的混凝土立方体抗压强度标准差为3.0MPa（$\sigma=3.0$MPa）。

2. 问题

（1）进行该沉箱混凝土配合比设计时其施工配制强度应取多少？

（2）按上述配制强度施工，混凝土强度的合格率可达到多少？

3. 解析

（1）混凝土施工配制强度＝设计要求的混凝土立方体抗压强度的标准值＋1.645σ
$$=30+1.645\times3.0=34.935$$

施工配制强度取35MPa。

（2）按35MPa配制强度施工，混凝土强度的合格率可达到95%以上。

【案例8】

1. 背景

某港口工程的超高强引气混凝土配合比为1：0.63：1.93，水灰比为0.38；高效减水剂的掺量1%（占水泥重）混凝土的含气量为3%，水泥的相对密度为3.1，中砂的相对密度为2.75，碎石的相对密度为2.82。

2. 问题

（1）该混凝土的砂率是多少？

（2）计算该混凝土每立方米的材料用量（水泥，砂，碎石，水，高效减水剂），计算中外加剂的体积忽略不计。

3. 解析

(1) 按《水运工程混凝土施工规范》JTS 202 的规定：

$$混凝土垃砂率(\%) = \frac{混凝土中砂的体积}{混凝土中(砂的体积 + 碎石的体积)}$$

该混凝土的砂率 $= (0.63/2.75)/[(0.63/2.75) + (1.93/2.82)] = 25\%$

(2) 按《水运工程混凝土施工规范》JTS 202 的绝对体积法计算该混凝土的材料用量：

1kg 水泥可配制混凝土的体积 V：

$$(1/3.1) + (0.63/2.75) + (1.93/2.82) + 0.38 = V \times (1 - 3\%)$$

$$V = 1.67l$$

$$1m^3 \text{ 该混凝土中的水泥用量} = 1000/1.67 = 598.8kg/m^3$$

$$砂用量 = 598.8 \times 0.63 = 377.2kg/m^3$$

$$碎石用量 = 598.8 \times 1.93 = 1155.7kg/m^3$$

$$拌合水用量 = 598.8 \times 0.38 = 227.5kg/m^3$$

$$减水剂用量 = 598.8 \times 0.01 = 5.99kg/m^3$$

【案例 9】

1. 背景

某船坞工程的高性能混凝土，水泥用量为 300kg/m³，磨细矿渣用量为 300kg/m³，硅灰用量为 18kg/m³，拌合水用量为 216.3kg/m³。

2. 问题

(1) 每方该高性能混凝土的胶凝材料用量是多少？

(2) 该高性能混凝土水胶比为多少？

3. 解析

(1) 该高性能混凝土的胶凝材料用量为：$300 + 300 + 18 = 618kg/m^3$

(2) 该高性能混凝土的水胶比为：$216.3/618 = 0.35$

【案例 10】

1. 背景

在港口与航道工程中，为了防止大体积混凝土开裂，在混凝土中掺入一定量的粉煤灰或磨细矿渣是常用的措施之一。在掺入这些掺合料时，根据它们的掺量与混凝土水泥用量的关系，有两种掺入法：

(1) 等量取代法：即在混凝土中掺入多少掺合料，就减少多少水泥（按重量计）；

(2) 超量取代法：即在混凝土中掺入掺合料的量大于减少水泥的量（按重量计）；这时，

$$\frac{掺入掺合料的量}{减少水泥的量} = K$$

K：称为超量取代系数（$K > 1$）

进行混凝土配合比的设计计算时应按上述原则进行。

2. 问题：

(1) 混凝土的原水泥用量为 350kg/m³，掺入 15% 的粉煤灰，等量取代，掺入粉煤灰后混凝土的水泥用量为多少？混凝土中掺入粉煤灰的量为多少？混凝土的胶凝材料为多少？

（2）混凝土的原水泥用量为 $350kg/m^3$，掺入粉煤灰，取代 15% 的水泥超量取代，超量取代系数 $K＝1.3$。掺入粉煤灰后混凝土的水泥用量为多少？混凝土中掺入粉煤灰的量为多少？混凝土的胶凝材料为多少？

3. 解析

（1）掺入粉煤灰后混凝土中的水泥用量为：$350×(1-15\%)=297.5kg/m^3$；

混凝土中掺入粉煤灰的量为：$350×15\%=52.5kg/m^3$；

混凝土中的胶凝材料为：$297.5+52.5=350kg/m^3$。

（2）掺入粉煤灰后混凝土的水泥用量为：$350×(1-15\%)=297.5kg/m^3$；

混凝土中掺入粉煤灰的量为：$350×15\%×1.3=68.25kg/m^3$；

掺入粉煤灰后混凝土中胶凝材料的用量为：$297.5+68.25=365.75kg/m^3$。

【案例 11】

1. 背景

在港口工程中，通过多年的实践，在浇筑船坞底板的同时，将相应的坞墙浇筑起 1～2m 的一段，如图 2-7 所示。

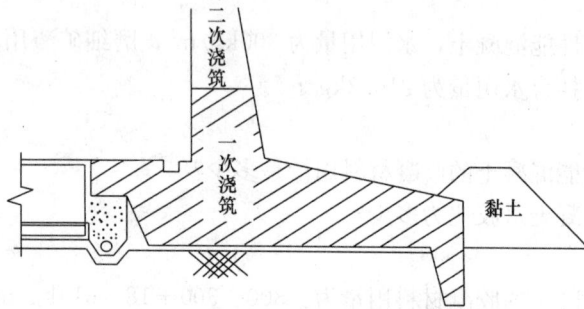

图 2-7　防止坞墙混凝土开裂浇筑分层位置示意图

2. 问题

（1）从降低大体积混凝土温度应力的角度，分析该施工措施会起到怎样的作用？

（2）接槎部位应采取怎样的措施处理？

3. 解析

（1）在港口与航道工程大体积混凝土中，由于温度应力的产生而导致混凝土结构的开裂，这其中，基础与结构之间、结构与结构之间的约束，是产生温度应力的根本原因之一。因此，采取措施，降低约束体与被约束体之间的约束程度，是港口与航道工程大体积混凝土防裂的基本措施之一。

港口与航道工程中大型船坞的施工中，在船坞底板上后浇坞墙结构，由于两者之间的间隔期一般都比较长，另外，坞底板与坞墙的刚度相差比较悬殊，底板对坞墙构成了强约束，常导致坞墙的开裂。

在工程施工中采取了减小约束的程度，即降低了温度应力。

（2）对接槎部位的原混凝土应充分凿毛，冲洗干净，在饱和面干的状态下，均匀铺设一层较原混凝土高一个强度等级的水泥砂浆，然后浇筑坞墙新混凝土。

【案例12】

1. 背景

某开敞无掩护海域油码头的输油管线钢管桩栈桥工程，钢管桩直径800mm，壁厚20mm，混凝土桩帽的底标高为+6.5m，设计高水位为+4.51m，设计低水位为+0.51m，设计耐用年限为50年。

2. 问题

试编制一个保证耐用年限为50年的钢管桩防腐蚀投标技术方案。

3. 解析

（技术方案编制）

（1）本工程腐蚀区域的划分和确定

海水环境工程依其遭受腐蚀程度的不同，在垂直方向上划分为大气区、浪溅区、水位变动区、水下区和泥下区五个区域，根据《海港工程钢结构防腐蚀技术规定》及《水运工程混凝土施工规范》JTS 202给出的"对有掩护海港，大气区和浪溅区的分界线为设计高水位加1.5m；浪溅区和水位变动区的分界线为设计高水位减1.0m；水位变动区和水下区的分界线为设计低水位减1.0m；水下区与泥下区的分界线为泥面"，考虑到本工程属外海无掩护工程，根据《水运工程混凝土施工规范》JTS 202的规定"对开敞式建筑物，其浪溅区上限，可根据受浪的具体情况适当提高"，据此，本方案对钢管桩腐蚀分区的范围作了适当的调整（将浪溅区的上限提高1.0m，即4.51＋1.5＋1.0＝7.01m），其结果列于表2-3中。

腐蚀区域范围划分表　　　　　　　　　　　　　　表2-3

腐蚀分区	大气区	浪溅区	水位变动区	水下区	泥下区
区域范围高程（m）	7.01m以上	7.01～3.51m	3.51～−0.49m	−0.49m至泥面下2m	泥面下2m以下

（2）钢管桩的防腐蚀耐久性方案

本码头栈桥工程的基桩采用直径800mm的钢管桩，其优点是施工速度快、抗弯矩能力强、对沉桩锤击的适应性好，其缺点是抗海水的腐蚀能力差。

1）桩设计壁厚预留腐蚀量

《港口工程桩基规范》JTS 254给出的钢材在海水中的平均腐蚀速度如表2-4所列。

海港工程碳素钢的单面年平均腐蚀速度　　　　　　　表2-4

所处部位	腐蚀深度平均值（mm/a）
大气区	0.05～0.1
浪溅区	0.20～0.50
水位变动区、水下区	0.12～0.20
泥下区	0.05

根据表2-4所列数据可以看出，如果钢管桩壁厚预留4mm的富裕腐蚀量，以浪溅区

为例，按均匀腐蚀（平均腐蚀速度）计，大约能耐 20 年的腐蚀，当然，根据不同区域腐蚀速度的不同，钢管桩可以采取不同的预留厚度。但是，腐蚀的发生并不是均匀的，局部点腐蚀的速度将是平均腐蚀速度的几倍乃至十几倍，显然，单纯预留腐蚀厚度措施的效果是有限的。

2）采取电化学保护措施

钢桩在海水中的腐蚀尽管是一个十分复杂的过程，但简言之，主要是由于种种原因造成钢铁分子失去电子而成为水化离子状态进入海水，所谓电化学保护，就是借助一定的设备或材料，人为地向钢桩表面（乃至内部）不停地供给足够量的电子，代替、抑制或者减缓了钢桩失去电子的腐蚀，使钢桩在系统中作为阴极得以保护。通过电设备向钢桩强制输入直流电称为外加电流的阴极保护；用专门研制的电位较钢桩低得多的材料作阳极，不停地向阴极（钢桩）释放电子，阳极材料逐渐被腐蚀，而阴极（钢桩）得到了保护，称为牺牲阳极法的阴极保护。

外加电流法的阴极保护，其设备在保护的年限内长期不停地需要人员维护，不仅费用高，而且繁琐。

牺牲阳极法则完全不存在上述的弊病，如果联合采用预留腐蚀厚度和牺牲阳极法保护措施，则因电化学的作用，使腐蚀趋于均匀化，极大程度地抑制了点腐蚀的发生，无形中对预留腐蚀厚度的防腐作用起到了增效的作用。一定年限后牺牲阳极可以重新设计并予以更换。

本方案采用牺牲阳极法对钢桩进行防腐蚀保护。但是，在开敞海域码头高程较高时由于在大气区和浪溅区阴极保护效果甚微，所以，对钢桩的上述两个区域，尚应采取涂层防腐。

3）涂层防腐

涂层防腐是采用专门研制的具有优良抗水、耐蚀性，与被保护结构（钢桩）表面具有足够黏结性的材料，涂敷或包覆结构表面，使之与腐蚀介质隔离，达到防腐蚀的目的。常用的例如油漆涂料、环氧树脂涂料、树脂玻璃钢包敷层等，近年来，聚氨酯及其改性涂层的研制成功，提供了优良的海用钢结构涂层防腐材料。

具有足够厚度聚氨酯涂层保护的钢管桩其耐用年限可达 30～50 年，目前，国外已经有应用 20 年效果良好的工程实例。涂层厚度与设计耐用年限的关系见表 2-5 所列。

聚氨酯涂层厚度与设计耐用年限的关系　　　　　　　　　　表 2-5

设计使用年限	涂层厚度（μm）	
	浪溅区	水下区
≥30 年	700	500
≥50 年	800	700
≥75 年	特殊设计	特殊设计

综合上述各类防腐蚀措施的优缺点，结合本工程的特点，从技术先进、保护效果符合要求、经济合理、施工可行等几方面综合比选，经优化组合，采用的防腐蚀方案列于表 2-6。

钢管桩的分区	防腐蚀方案
大气区	包裹于高性能混凝土桩帽中
浪溅区及水位变动区	采用100％固含量改性聚氨酯（EPU）XTW－M7 免底漆、超级耐久、环保型重防腐涂层。 （1）双组分，可调使用时间； （2）喷涂厚度 900μm； （3）桩预留壁厚 4mm； （4）全自动喷涂施工； （5）保护年限 50 年以上
水下区及泥下区	联合采用100％固含量改性聚氨酯（EPU）XTW－M7 免底漆、超级耐久、环保型重防腐涂层＋牺牲阳极电化学保护。 （1）喷涂厚度 700μm（水下区）； （2）保护年限 50 年以上

【案例 13】

1. 背景

某工程建设规模为两个 5 万 t 级泊位，采用重力式沉箱顺岸式结构，岸线长 700m，码头前沿底标高－17m，码头面高程＋5.4m。基槽及后方开挖水深 20～26m，基槽及后方清淤共 201.2 万 m³，大部分疏浚泥土被指定上岸用于场区回填。沉箱尺寸：长×宽×高为 11.6m×9.8m×16.5m。

2. 问题

试编制该沉箱重力式码头的简要施工方案（应包括基槽开挖及清淤、基床抛石夯实及整平、沉箱预制、出运下水、安放）。

3. 解析（简要施工方案编制）

基槽及后方清淤共 201.2 万 m³，采用 8m³ 抓斗挖泥船、1450m³/h 绞吸船各一艘，500m³ 泥驳两艘。绞吸船用于淤泥质土壤的开挖，抓斗挖泥船用于黏土和松散岩石的开挖。开挖按分层、分条、分段方式推进。分段长度为 50～60m，每条宽为 18～22m，施工中条与条之间重叠 2m，基槽挖泥分四层开挖，第一层挖至－19.5m，第二层挖至－21m，第三层挖至－22.5m，第四层挖至设计底标高。后方清淤，紧跟沉箱安装施工进度推进，分条、分段、分层施工，分段长度为 90～100m，每条宽 50m 左右，条与条、段与段之间重叠 2.5m，分层厚度 2m。

抛石采用 200～500m³ 开底驳，再用民船补抛找平；抛石层厚度根据夯实工艺和抛石厚度而定，本工程采用爆夯法，抛石基床厚度为 4.0～7.5m，分两层爆夯，层厚控制在 2.5～4m，线性布药，在药包上捆扎悬挂绳索及漂浮物；施工船在爆区定位，布药完成，施工船撤离爆区，进行起爆。

基床整平采用潜水工水下导轨刮道法，并配整平船一艘，装二片石、碎石船 3 艘。细平、极细平前对基床进行检查，如回淤厚度超过规定则予以清淤。

在现场预制场制作沉箱。底板钢筋直接在底模上绑扎，然后，由下而上逐层绑扎水平钢筋，并调整竖向钢筋的位置。模板采用大型组合钢模板，外模一次到顶，内模分层，在混凝土浇筑过程中安放到位。混凝土采用搅拌车运输，地泵泵送入模，插入式振捣棒振密。

沉箱场内采用气囊运输，移至出运码头；码头前沿与8000t半潜驳甲板面相接，沉箱由码头前沿至整体上驳过程中，通过调节压载水，使船体无横倾并保持船艉甲板面与码头面水平。沉箱出运到半潜驳上后，调节压载水使船舶保持正常浮运状态。拖至下沉水域，至安放位置加压载水下潜，安装沉放。沉箱安装后即进行沉箱内及沉箱间的回填，以利沉箱稳定和后续工序施工；棱体抛填采用开底驳和民船配合进行；混合倒滤层采用300～500m³的皮带船抛填。浇筑胸墙混凝土和码头附属设施施工。

设置永久观测点，定期观测码头沉降、位移和倾斜。

【案例14】

1. 背景

我国南方某高桩码头工程，码头总长543m，共有3个泊位，码头顶面标高4.4m，前沿水深－11.7m，最大可停靠2.5万t级集装箱船。结构形式为高桩梁板式，承台宽36m，基桩采用600mm×600mm预应力空心方桩（空心直径$\phi300$mm），预制桩长39～50m，总数820根，排架间距7.0m；码头接岸为斜坡式挡土墙。

2. 问题

试就背景所述，编制该高桩码头工程主要工序的施工方案。

3. 解析

（1）桩基施工

1）预制桩

本工程在现场设立临时预制场制作。模板采用定型钢模板，空心部分采用300mm的胶囊，为防止胶囊在浇筑时导致钢筋上浮，在两侧模顶部每隔2.5m设一个钢筋卡卡压钢筋骨架，振捣过后再拆除。

施加预应力采用先张法，为减少预应力筋的松弛影响，采用超张拉方法进行张拉，张拉控制应力$\delta_k＝450$MPa。混凝土由拌合站拌制，用轻型轨道电瓶车运至现场；在混凝土浇筑过程中胶囊内气压始终控制在0.03～0.035MPa；混凝土浇筑完毕初凝后及时覆盖麻袋，洒淡水潮湿养护不少于10d。

2）桩转堆出运

当桩混凝土达到设计强度的75%时，放松、切断预应力钢筋后，用门吊进行水平转堆，起吊按设计采用六点吊。桩在堆场用方木多点支垫，堆放层数不多于3层，同一型号的桩放在一起。

用门吊将桩从堆场由出运码头装至方驳上，桩出运应按沉桩顺序分层装驳，装驳层数不多于3层；并在方驳两侧焊设封仓铁架，桩与铁架、桩与桩之间应用木枋、木尖支顶牢固，避免桩在拖运过程中发生平移、倾倒事故。

3）沉桩夹桩

沉桩采用锤为D－80的打桩船施打，从施工泊位的一侧端头开始，先里后外，阶梯形推进；桩位采用前方交会法测量控制，标高及贯入度采用水准仪观测控制。采用贯入度和设计标高双控法进行沉桩质量控制。

锤击过程中，桩锤、替打和桩体始终保持在同一直线，避免偏心锤击。由于本工程桩较长，吊桩入龙口时严格控制桩的入水长度，以防桩尖触底，造成断桩裂桩。

沉桩后及时进行夹桩，纵、横向夹桩采用[10、[12槽钢，形成稳定网格。

4）现浇桩帽

桩头凿至设计标高后，立模、绑扎钢筋，浇筑混凝土，混凝土由拌合站拌好，用搅拌车运至临时码头经溜槽卸至工作船上的吊斗内运至现场，吊入模内，振捣密实。

（2）上部结构施工

1）构件预制：本工程上部结构预制构件共 1934 件，混凝土总方量 10577m³。在现场设置两条制预应力梁台座及一条制预应力板台座，侧模采用钢模板，人工绑扎钢筋，预应力钢筋对焊后再上台座张拉；混凝土由汽车从搅拌站将吊罐运至浇筑点，再用吊机吊灰入仓。成型后淡水潮湿养护 10 天以上，达转堆强度后吊出作业线存放。各类型构件预制顺序与安装顺序一致。

2）构件安装：上部预制构件采用起重船安装，安放前测量人员在已浇好的桩帽顶面，放出安装线，按以下顺序安装：纵向梁→横向梁→靠船构件→面板→前边梁、水平撑。

3）上部结构混凝土浇筑：上部结构现浇混凝土共 9175m³，主要是现浇节点和面层混凝土，采用泵送运输入模，节点采用插入式振捣棒振密，面层混凝土采用平板振捣器振实。

（3）挡土墙护岸施工

1）抛砂垫层：岸坡验收合格后，立即组织砂船抛填砂垫层，砂垫层抛填时按顺序依次进行，确保无漏抛、无夹泥，保证砂垫层厚度。

2）抛石护坡施工：在砂垫层表面立即铺厚度为 50cm 的混合倒滤层，并与砂垫层施工相协调，每施工完一段回填砂，就及时覆盖上混合倒滤层。二片石、护面石层的施工紧随混合倒滤层后进行。

3）现浇混凝土挡土墙：挡土墙抛石基础经碾压整平处理后即可浇筑混凝土，现浇混凝土分段进行，混凝土用拌合车运至现场，吊斗卸料入仓，各段间设 2cm 的变形缝，用沥青木板填塞。

（4）附属设施施工：安装轨道、系船柱、橡胶护舷等。对轨道安装注意控制其平直，两轨间距符合要求，轨道压板、弹簧垫圈、螺母安放符合要求，确保螺母不因轨道振动而松脱。

【案例 15】

1. 背景

某 5000t 级顺岸码头工程，设计高水位为 +1.00m，低水位为 -1.5m，码头面高程 +3.00m，前沿水深 -11.00m，总长度为 170m，由板桩锚碇墙通过采用单锚板桩结构，前排为直钢板桩（PU32）墙挡土，本工程共有钢板桩 289 根，桩长 30～35m，现浇帽梁，帽梁宽度 3.30m，高度 2.00m。墙后填料填满至地面，墙后土压力由板桩、锚碇墙通过 $\phi70$ 拉杆传给锚碇桩共同承受，本工程锚碇墙 94 块，拉杆 94 根。安装导梁、拉杆后现浇帽梁固结。

2. 问题

根据背景材料所述，试编制该板桩码头主要工序的施工方案。

3. 解析

（1）沉桩

根据背景所述该工程特点，选用锤型为 MB—80 的桩船进行施打，并配置方驳和拖轮。钢板桩成组插打单根复打施工，终锤以最后 30 击平均贯入度小于 2mm/击。

113

1）沉桩定位：采用两台经纬仪分别沿码头岸线和垂直岸线方向进行直角交会控制。复打时用一台水准仪控制桩顶的标高。

2）沉桩方法：将钢板桩拼组插立在导向架内，插打至一定深度后，再进行单根复打至设计要求。

（2）导梁、锚碇墙、拉杆安装

1）钢板桩施打完毕后，及时安装导梁，导梁采用 220 槽钢焊接而成，将钢板桩联结成整体。

2）锚碇墙安装：断面尺寸为 1.78m×2.5m，重量为 10t，锚碇底标高为−1.5m，趁低潮施工，采用 30t 履带吊机安装。

3）拉杆安装：拉杆表面根据设计要求进行防腐处理，安装拉杆并旋入松紧螺栓，随前方分层分区回填工作进行逐次张紧拉杆，确保各拉杆受力均匀和避免由于拉杆垂度太大及锚碇墙位移造成板桩外移，施工中经常用仪器观测板桩和锚碇墙位移量，及时反复张紧拉杆。

（3）清淤及回填

1）钢板桩施打两段完毕后，即用吸淤船进行清淤。

2）当清淤完毕后，流水作业，及时进行抛石回填。在靠板桩及钢拉杆下部用反铲抛填，其他部分由自卸汽车直接运至指定地点回填。

3）回填时严格按设计要求分层回填，并密切观测、控制板桩和锚碇墙位移情况。

（4）现浇帽梁：帽梁宽度 3.30m，高度 2.00m，采用 30t 吊机配 0.8m³ 拌合机吊罐入仓。

（5）现浇面层及附属设施安装。

【案例 16】

1. 背景

某防波堤工程总长 551m，为斜坡式结构，基础底为淤泥质亚黏土；堤底标高为−20.0m，堤顶设计标高为+8.0m；当地块石来源较有保障。采用 7900 件 12t 扭王块护面，其中 0+000～0+110m 段设有 C30 的混凝土防浪墙。

2. 问题

依据背景材料所述，试编制该防波堤主要工序的施工方案。

3. 解析

（1）基础与堤身

依背景材料所述，该防波堤的基础为淤泥质亚黏土故采用爆炸挤淤处理水下软基基础。爆炸挤淤先在堤头适当位置埋设炸药包，爆炸将淤泥向四周挤出并向上抛掷形成爆坑，邻近爆坑的堆石体，在爆炸负压与强烈压缩、振动作用下滑向爆坑，形成瞬时定向滑移与泥、石置换，形成完整的抛石整体。在新的抛填堤的前端继续埋药爆炸，这样"抛填—爆炸"重复进行，当其长度超过 100m 后，在堤内、外侧布药进行侧向爆炸，一次侧爆长度控制在 50～100m，经侧向爆炸处理后，达到设计要求的断面尺寸和稳定堤身。

（2）扭王块预制

设置现场预制场，按日生产 30 件安排。采用钢模板，共 45 套；选用 3m³ 装载机一台，用于后方上砂料，50t 履带吊 2 台、载重 15t 平板车四台用于装车转堆出运；8t 轮胎

114

吊一台，用于装拆模板。混凝土由搅拌机搅拌后，用搅拌车接料运至浇筑地点，再由搅拌车直接将混凝土卸入模板内浇筑振捣，混凝土浇筑完毕后及时覆盖湿麻袋，防止表面发生龟裂；拆模后淋水养护，保持构件表面湿润。块体强度达到起吊强度后进行转堆。

（3）扭王块安装

采用150t吊机，配置平板车在陆上运送，在陆上进行定点随机安装。12t扭王块安装设计密度为22件/100m²。

安装顺序：安放＋3.5m以下，从堤根往堤头推进，此阶段堤面较宽，可同时进行堤心填筑；安放＋3.5m以上，由堤头往堤根推进，此阶段堤面较窄，只能先根据吊机能力先填筑，后安装，再填筑再安装。

（4）防浪墙施工

防浪墙全长110m，混凝土2759m³。防浪墙底部先用推土机整平，然后用二片石和碎石铺垫压实，再铺2～3cm厚的砂浆层；防浪墙分层分段进行，每段长度为10m，段间设伸缩缝，层间按施工缝处理。混凝土由拌合楼按设计配合比称料拌合，搅拌车接料运至现场入仓成型。

【案例17】

1. 背景

长江界牌河段位于长江中游，下距武汉173km；该河段上起杨林山，下止石码头，全长38km，是长江中游著名的演变复杂的分汊河道，其滩槽变化频繁，过渡航槽上提下移的变化范围达14km，是长江中下游碍航最严重的浅滩之一，几乎年年靠调标、爆破和疏浚才能勉强维持通航标准。航道整治工程实施前，每年枯水季大型船队须减载方能通过该河段，且在防洪方面也存在堤岸崩退等严重隐患。为此，决定对其进行整治。主要工程内容是：

（1）右岸自鸭栏以下建15道丁坝；

（2）对新淤洲头采用平顺护岸，构成鱼嘴工程；

（3）在南门洲与新淤洲之间残留夹套内建锁坝一道；

（4）在新堤夹下段进行基建性挖槽。

浅滩（界牌）整治工程建筑物的布置见图2-8所示。

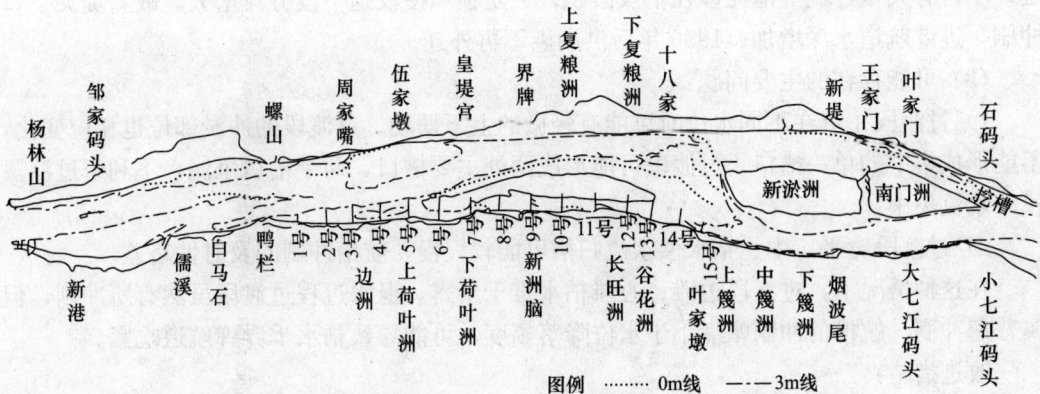

备注：1号丁坝及疏浚为未建工程，测量时间：1997.09.27，测量水位：5.91m

图2-8 浅滩（界牌）整治工程建筑物布置示意图

2. 问题

(1) 背景材料中 4 项工程内容的主要作用是什么？

(2) 试分析整治工程完成后的整治效果如何？

(3) 该工程中可能存在的问题是什么？应采取怎样的措施加以改进？

3. 解析

(1) 4 项工程内容的主要作用是：

1) 右岸自鸭栏以下建 15 道丁坝，主要是用以巩固上边滩，适当缩窄河宽。其中 1～8 号丁坝主要用于堵塞窜沟，巩固上边滩的中上部，抵御螺山边滩下移对上边滩的破坏；9～12 号丁坝主要用于调整过渡段进口水流，防止过渡段上提；13～15 号丁坝主要用于堵塞倒套，减弱横比降及横向漫滩水流，使过渡段航槽水流集中，以冲刷浅滩。

2) 对新淤洲头采用平顺护岸，构成鱼嘴工程，鱼嘴工程的主要作用在于制止过渡段下移，导引过渡段水流、使新堤夹有稳定的分流分沙条件。

3) 在南门洲与新淤洲之间残留夹套内建锁坝一道，其主要作用是防止夹套冲刷发展。封堵夹套还有利于新堤夹下段分流增加，河床冲刷，改善港口及进港航道水深条件。

4) 在新堤夹下段进行基建性挖槽，其主要作用是改善枯季洪湖港进港航道条件。

(2) 预期整治工程完成后的整治效果是：

1) 界牌河段河势得到控制

鱼嘴工程的兴建使新淤洲头岸线得以稳定，结束了过渡段持续下移的历史。右岸丁坝群已使上边滩成为与右岸相连的整体。整治前过渡段已超出第一次下移极限位置，上边滩出现多处窜沟，已呈第三次上提迹象。丁坝将窜沟及时封堵，避免了过渡段再次上提。1996 年起，螺山边滩再度下移，由于丁坝群的作用，上边滩中上段保持完整，螺山边滩的下移也受到一定限制。锁坝的兴建使新淤洲与南门洲重新联成一体，制止了夹套的发展。

2) 改善了过渡段航道条件

3) 改善了新堤夹下口进港航道条件

已建工程使新堤夹获得三个有利条件：一是获得稳定的分流条件；二是汊道口门稳定，不再有大量冲刷下泄泥沙在下段淤积；三是锁坝使汊道下段分流增大。故新堤夹下口冲刷，进港航道水深增加。1996 年后洪湖港不再外迁。

(3) 可能存在的主要问题：

1) 过渡段主流在不同水位时可能有轻微的上下摆动。过渡段的冲淤部位也相应变化，不能形成集中的单一槽口。过渡段可能形成两处主要槽口，两个槽口争流，不利于过渡段浅滩水流集中。

2) 过渡段宽平，中、枯水位水流归槽可能较缓慢，航槽冲刷的及时性略差。

在这种情况下，过渡段边滩、心滩枯水难于出露。退水过程过渡段虽然有所冲刷，但属普遍冲刷。航槽的冲刷幅度小于水位降落幅度，可能导致枯水季界牌航道吃紧。

改进措施：

针对界牌河段航道整治工程过渡段可能存在的过于放宽、主流摆动、水流分散等方面问题，采取调整措施，其基本思路是：除续建尚未实施的 13～15 号丁坝外，均重点考虑对鱼嘴前沿淤积出的低滩加以守护利用。主要工程措施是在新堤夹口门建护底带，防止口门拓深拓宽，水流抄后路；同时对低滩守护加固。另外要建顺坝、丁坝、潜坝，加固低滩、封堵窜沟，使低滩与已建鱼嘴连成一体，分流点适当上提。

【案例18】

1. 背景

川江兰叙段航道斗笠子滩位于重庆上游151km，斗笠子滩系宽阔河段，洪水期河宽近1000m，滩段江床地形比较复杂。左岸为岩基和零乱卵石包组成的金堆子，其上游为兔脑壳石梁，石梁至岸边有一小汊道，枯水基本断流；右岸为卵石边滩，并有一卵石江心洲，名为庙角碛，庙角碛与右岸之间的汊道宽约60m，只能通行上水木船。在庙角碛一侧形成水下突嘴，船舶不能靠近航行。金堆子存在一系列卵石包，河底起伏不平。枯水期在庙角碛与左岸金堆子间出现急流。在设计水位上1m时成滩，接近设计水位时，除右有回流，左现水埂、泡漩等碍航流态外，有效航宽不足50m。根据测量资料，最大表面流速4.23m/s。上水大、中型船队均需施绞上滩。

2. 问题

(1) 简析在庙角碛一侧形成水下突嘴、在庙角碛与金堆子间形成急流等滩险的成因。

(2) 根据背景材料所述，提出整治方案的要点。

(3) 根据所提整治方案，分析预期的整治效果。

3. 解析

(1) 斗笠子滩系宽阔河段，洪水期河宽近1000m。汛期大量的砂卵石在此淤积，汛后，随着水位退落水流归槽，河段发生冲刷。但左岸为基岩，不易冲刷，洪水期淤积的卵石不能全部冲走，在庙角碛一侧形成水下突嘴，船舶不能靠近航行。

由于兔脑壳石梁对水流的反击作用，航槽中底流十分紊乱，河床卵石运动剧烈，形成金堆子等一系列卵石包，并使得河底起伏不平。在水流的长期作用下，右岸庙角碛水下突嘴和左岸金堆子卵石包这两个斜向对峙体形成淤积体，卵石粒径增大，且结构紧密，对枯水主流的阻挑作用强烈，以致形成急流，妨碍船舶航行。靠近左岸流速虽然较缓，但因流态较乱和水下有卵石包潜伏，船舶不敢靠近。

(2) 本滩为枯水急流滩，但成滩原因又是洪水淤积，退水不能全部冲刷的浅滩。针对本滩的特点，采取中、枯水同时整治的办法。其整治原则为：中水期加强对庙角碛的卵石淤积冲刷，枯水期扩大滩口的过水面积，减缓比降、流速。其要点为：

1) 疏浚右岸水下突嘴，扩大枯水期过水面积，减缓滩口流速、比降。

2) 在左岸与兔脑壳石梁头部之间筑一锁坝，堵塞左侧小汊道，增大住航槽中水流量，冲刷庙角碛的淤积卵石。整治水位应为设计水位上5m。

3) 靠近兔脑壳石梁尾部右侧筑一顺坝，调整滩口比降，改变水流结构，减缓滩口流速，减弱卵石波运动。整治水位为设计水位上2m。该整治方案工程建筑物的布置见图2-9。

(3) 预期的整治效果

1) 滩段比降平缓，流速降低；

2) 水流结构发生变化，卵石波运动减弱；

3) 消除绞滩。

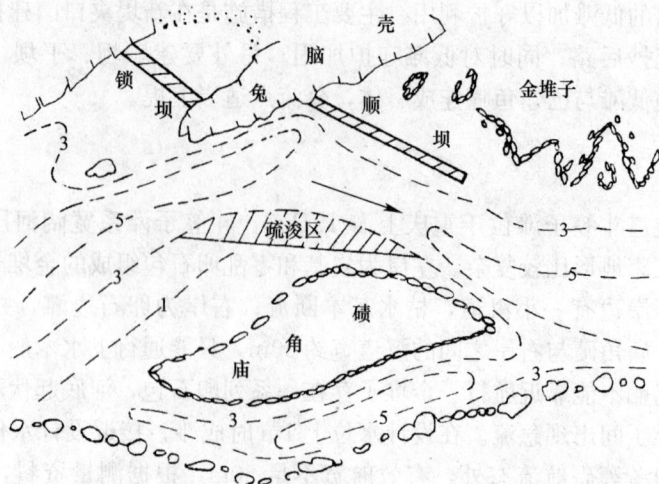

图 2-9 急滩（斗笠子滩）整治工程整治建筑物布置示意图

【案例 19】

1. 背景

长江口航道是长江航运进港和出海的黄金航道，随着我国航运事业逐渐走向国际化，船舶大型化发展，其水深已远远不能满足要求了。虽多年来不断地进行大规模地疏浚，但由于长江口特定的地理和水势条件，其北槽航道水深只能维持在 7m 左右，一直得不到明显加深的效果，经过 40 多年的不断探索，最终确定了"南港北槽"的治理方案。即在长江口南港北槽中建筑两条长导堤，其中北导堤规划全长 49km，南导堤规划全长 48km，并在导堤内侧抛筑短丁坝，北堤丁坝 10 座共 17.86km，南堤丁坝 12 座共 15.02km，结合疏浚工程措施，使航道水深由目前的 7.0m 增加到 12.5m，航道底宽达到 350～400m，以满足第四代集装箱船全潮进港和第五代集装箱船及 10 万 t 散货船乘潮进港的通航要求。

长江口深水航道整治的工程布置如图 2-10 所示。

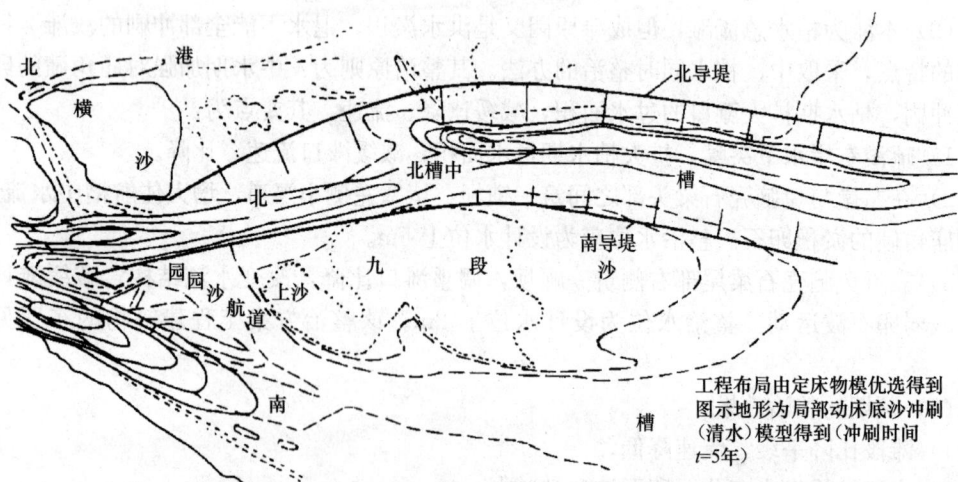

工程布局由定床物模优选得到
图示地形为局部动床底沙冲刷
（清水）模型得到（冲刷时间
$t=5$ 年）

图 2-10 潮汐河口（长江口）整治工程建筑物布置示意图

118

2. 问题

(1) 试分析虽几经疏浚但长江口北槽航道水深始终不能明显提高的原因。

(2) 简要论述长江口深水航道整治建筑物的作用。

3. 解析

(1) 长江口北槽航道虽几经疏浚，但水深不能明显提高的原因主要有以下几点：

1) 是涨落潮流携带的泥沙在人工挖槽中的回淤；

2) 是横沙东滩串沟的落潮漫滩流将北港的底沙带向北槽引起后者的淤浅；

3) 是南港分流入北槽的落潮水流通过江亚北槽和九段沙串沟又被分走一部分进入南槽，削弱了北槽水流动力；

4) 是北槽两侧浅滩即横沙东滩和九段沙浅滩的风浪掀沙增加了北槽人工航道回淤物质的来源；

5) 江亚南沙沙头的后退，除引起园园沙航道淤浅外还将通过引起南北槽分流分沙格局的变化而影响北槽人工航道的维护条件。

(2) 长江口深水航道整治建筑物，包括分流口工程、双导堤和丁坝在内的整治建筑物布置，其作用是：

1) 稳定南北槽包括分流口的河势，控制江亚南沙沙头后退，保持并进一步改善南北槽分流分沙格局和园园沙航道的稳定；

2) 截断北港对北槽的底沙补给；

3) 堵塞江亚北槽及九段沙串沟，以使北槽的落潮流不被分走；

4) 避免两侧浅滩风浪掀沙的影响。

以上作用可扼要归纳为"导流、防沙、减淤"。辅以疏浚，可以达到明显提高北槽航道通航标准的目的。

【案例 20】

1. 背景

某航道局自航耙吸式挖泥船（4500 舱容）承担某港的航道疏浚工程，抛泥运距 18.1km；平均航速 8.5 节，往返航行时间为 2.28h；调头时间 0.33h（包括调头、卸泥时间，挖泥调头时间 1 次）；挖泥装舱时间 1.3h；（挖槽长度 3.0km，挖泥航速 2.5 节）周期循环时间 3.91h。装舱量按 3000m³/舱计。

2. 问题

计算其运转周期生产率。

3. 解析

运转周期生产率：$W = \dfrac{Q_1}{\dfrac{L_1}{V_1} + \dfrac{L_2}{V_2} + \dfrac{L_3}{V_3} + T_1 + T_2} = 767\text{m}^3/\text{h}$。

【案例 21】

1. 背景

某绞吸挖泥船装有产量计，当产量计显示流速 5.2m/s，泥浆密度 1.2t/m³，如原状土密度为 1.85t/m³，海水密度为 1.025t/m³，此时泥浆浓度为多少？该船主要施工挖泥参数为：绞刀横移速度 10m/min，前移距 1.5m，切泥厚度 2m，如生产率为 1500m³/h。

2. 问题

求算该绞吸挖泥船挖掘系数为多少?

3. 解析

(1) 泥浆浓度计算

$$泥浆的浓度 = \frac{单位体积泥浆中的土重}{单位体积天然状态泥浆中的土重}$$

$$\rho = \frac{r_m - r_w}{r_s - r_w} = \frac{1.2 - 1.025}{1.85 - 1.025} \times 100\% = 21\%$$

(2) 挖掘系数计算

根据挖掘生产率公式

$$W = 60KDTV$$

挖掘系数

$$K = \frac{W}{60DTV} = \frac{1500}{60 \times 1.5 \times 2.0 \times 10} = 0.83$$

【案例 22】

1. 背景

某疏浚工程工程量 80 万 m^3,采用链斗挖泥船施工。该船泥斗斗容 0.5m^3,泥斗充泥系数 0.6,土的搅松系数 1.2,经测算需配备 500m^3 舱容自航泥驳 4 艘,其主要施工参数有:重载航行时间 1.4 小时,轻载航行时间 1h,卸泥掉头时间 0.2h,无备用驳,该船时间利用率为 60%。

2. 问题

(1) 计算该船生产率。

(2) 确定挖泥船的斗速。

(3) 确定本工程的施工天数。

3. 解析

(1) 生产率计算

根据泥驳所需数量计算公式:

$$n = \left(\frac{l_1}{v_1} + \frac{l_2}{v_2} + t_0 \right) \frac{KW}{q_1} + 1 + n_B$$

$$4 = (1.4 + 1 + 0.2) \frac{1.2W}{500} + 1$$

$$W = 480 m^3/h$$

(2) 确定挖泥船的斗速

根据链斗挖泥船的生产率计算式:

$$W = \frac{60n \cdot c \cdot f_m}{B}$$

$$480 = \frac{60 \cdot n \cdot 0.5 \cdot 0.6}{1.2}$$

$$n = 32 \text{ 斗/min}$$

(3) 确定本工程的施工天数

挖泥运转时间:800000/480 = 1666h

施工天:$\dfrac{1666}{0.6 \times 24} = 116d$

【案例 23】

1. 背景

乍浦港二期多用途件杂货码头工程，位于浙江省平湖市乍浦镇西南杭州湾北岸。水工工程由栈桥及码头两部分组成。码头长 336m，宽 35m，设计为一个泊位。结构形式为高桩梁板式结构。桩基为 φ1200 预应力大管桩，现浇桩帽，现浇横梁，预制安装纵梁、面板，现浇面层。栈桥长 417.8m，宽 16m，结构形式为高桩板梁立柱式。桩基为 60cm×60cm 预应力混凝土方桩，现浇墩台、立柱、帽梁，安装预应力空心板，现浇面层。

本工程码头的分项工程划分见表 2-7 所列。

码头的分项工程划分表　　　　　　　表 2-7

序　号	分项工程	序　号	分项工程
1	预制 φ1200mm 预应力大管桩	14	现浇电缆沟箱梁
2	沉 φ1200mm 预应力大管桩	15	现浇踏步梁
3	现浇桩帽	16	现浇面层混凝土
4	预制靠船构件	17	钢引桥制作
5	预制纵梁	18	钢引桥安装
6	预制电缆沟箱梁	19	QU100 钢轨安装
7	预制面板	20	系船柱制作
8	安装靠船构件	21	系船柱安装
9	安装码头纵梁	22	护舷制作与安装
10	安装码头电缆沟箱梁	23	系网环制作与安装
11	安装面板	24	铁爬梯制作与安装
12	现浇横梁	25	栏杆制作与安装
13	现浇轨道梁	26	现浇护轮坎

2. 问题

(1) 对本工程进行单位工程划分。

(2) 对码头单位工程进行分部工程划分。

(3) 指出码头单位工程各分部工程所包含的分项工程。

3. 解析

(1) 根据相关标准规定，码头按泊位划分单位工程，本工程设计为一个泊位，故码头应划为一个单位工程。

本工程栈桥规模较大，应单独划为一个单位工程。

因此，本工程应划分为两个单位工程。

(2) 码头单位工程的分部工程划分为：桩基、上部结构、码头设施。

(3) 码头桩基分部工程所包含的分项工程为：表 2-7 中的 1～3 分项工程；

码头上部结构分部工程所包含的分项工程为：表 2-7 中的 4～18 分项工程；

码头附属设施分部工程所包含的分项工程为：表 2-7 中的 19～26 分项工程。

【案例 24】

1. 背景

某承包单位通过招标投标，承接了××航道整治工程，该整治工程主要内容为筑坝和护岸。建设单位及时组织监理、施工单位在工程开工前明确了单位、分部、分项工程的划分。

2. 问题

对该工程进行单位、分部、分项工程划分。

3. 解析

(1) 该工程划分为筑坝、护岸两个单位工程。

(2) 筑坝单位工程划分为基础、护底、坝体、坝面、护坡等分部工程。

护岸单位工程划分为基础、护底、护脚、护坡等分部工程。

(3) 基础分部工程划分为基槽开挖、抛石挤淤、填砂挤淤、现浇混凝土基础、砂石垫层、土工织物垫层、换砂基础、浆砌石基础、水下抛石基础、水下抛石基础垫层等分项工程。

护底分部工程划分为散抛石压载软体排护底、系结压载软体排护底、散抛物护底、基槽开挖、土工织物垫层、砂石垫层等分项工程。

坝体分部工程划分为混凝土预制构件制作、混凝土预制构件安装、充填袋坝体、块石抛筑坝体、石笼抛筑坝体等分项工程。

坝面分部工程划分为土工织物垫层、抛石面层、铺石面层、砌石面层、混凝土预制块体制作、混凝土预制块体安装、预制混凝土铺砌块制作、预制混凝土铺砌块铺砌、现浇混凝土面层、模袋混凝土面层等分项工程。

护坡分部工程划分为岸坡开挖、土石方回填、削坡及整平、基槽开挖、砂石垫层、土工织物垫层、砂石倒滤层、土工织物倒滤层、盲沟、明沟、抛石面层、铺石面层、砌石面层、模袋混凝土面层、现浇混凝土面层、预制混凝土铺砌块制作、预制混凝土铺砌块铺砌、砌石拱圈、砌石齿墙等分项工程。

护脚分部工程划分为水下抛充填袋护脚、水下抛石护脚、水下抛石笼护脚、抛石面层等分项工程。

【案例 25】

1. 背景

某港务局拟建造 1 个 10 万 t 级泊位、2 个 5 万 t 级泊位，其中 2 个 5 万 t 级泊位的初步设计和工程概算已经过批准，征地拆迁工作已经落实，能保证分年度连续施工的需要；10 万 t 级泊位的施工图设计已审定，征地拆迁工作已基本完成。全部工程的资金已经落实。

2. 问题

该港务局是否可以对该工程进行招标？为什么？

3. 解析

依据背景材料所述，该港务局已经具备了水运工程施工招标 4 个条件中的 3 个，尚无经由交通行政主管部门核验的报建手续，因此还不能进行施工招标。

【案例 26】

1. 背景

某施工单位在 10 万 t 级码头工程的投标报送资格审查申请文件时，已将按规定要求如实填报的文件盖好公章按期送达；法定代表人的授权的代理人也已在文件上签字，但发现所送达的文件中无法定代表人对其代理人的有效书面授权证明材料。

2. 问题

该施工单位所报送的资格审查申请文件是否有效？为什么？

3. 解析

依据背景材料所述，由于所报的文件中无法证明在文件上签字人作为该单位法人代表代理人的合法身份，所以该资格审查申请文件为无效文件。

【案例 27】

1. 背景

某港务局招标建造 2 个 5000t 级的钢板桩码头，招标文件中明确要求，投标文件在完成原案的同时，可以用代案投标。某施工单位在投标时，考虑到码头的耐久性，在投标文件中做了地联墙和小沉箱结构的两个方案，并进行了方案和报价比较。按要求办齐所有的手续后将投标文件及时送达。开标会上该施工单位的投标文件被宣布为废标。

2. 问题

该施工单位的投标文件为什么被宣布为废标？

3. 解析

（1）依背景材料所述，该施工单位的投标文件中仅完成了地联墙和小沉箱结构的两个方案，而没有完成原钢板桩案，而招标文件中明确要求，代案要在完成原案的同时进行，这属于"不符合招标文件实质性要求"。

（2）依背景材料所述，该施工单位的投标文件中，做了地联墙和小沉箱结构的两个方案，并进行了方案和报价比较，并没有明确以哪一个方案及报价投标，这属于"投标人在一份投标文件中，对同一个施工项目有两个或多个报价"。因此，该施工单位的标书被宣布为废标。

【案例 28】

1. 背景

某航道施工单位承包了 7.5km 的航道疏浚工程任务，要求将现有的航道水深由 7.5m 浚深为 9.0m。并从当地测绘局取得当地海底高程的最新测绘图。按常规在合同中约定了双方的责任（合同中没有其他特别的约定），及时向当地的海事局办理了水上水下施工许可证，按期开工，但施工进行一周后，接到海事局的停工令，指出的缘由是没有发布航行通告，没有办理抛泥区许可证。为此，航道施工单位被迫停工 8d。上述手续办齐后继续施工，10d 后，当监理进行水深检查时，发现已经浚深完成部分的航道水深只有 8.5m，后经检查发现，当地测绘局的最新测绘图说明中指出，其海底高程的起算面为黄海平均海平面，同时在图的备注中说明，当地的理论深度基准面在黄海平均海平面下 0.5m。为此，航道施工单位对 10d 来认为已浚深完成的部分航道要返工，需再浚深 0.5m。

2. 问题

（1）因为没有发布航行通告，没有办理抛泥区许可证，施工单位被迫停工 8d 造成的工期和费用损失应由哪个单位承担？为什么？

（2）施工单位对 10d 完成工作量的返工，因效率降低或超挖造成的工期和费用损失应由哪个单位承担？为什么？

3. 解析

（1）因为没有发布航行通告，没有办理抛泥区许可证，施工单位被迫停工 8d 造成的工期和费用损失应由建设单位（甲方）承担。因为按常规办理航行通告、抛泥区许可证审批等施工所需各种手续是建设单位的责任。

（2）施工单位对 10d 完成工作量的返工，因效率降低或超挖造成的工期和费用损失应由施工单位自行承担。因为，建设单位及时向施工单位提供了从当地测绘局取得的当地海底高程的最新测绘图，资料的真实性有保证，施工单位应对上述资料的理解和应用负责，没有认真研究高程的起算面是施工单位的责任。

【案例 29】

1. 背景

某施工单位承担了 5 万 t 级高桩码头的施工任务，采用直径 1000mm 的钢管桩作为码头基桩，合同约定，由建设单位指定某钢结构厂提供钢管桩，送桩到现场，供施工单位沉桩，建设单位与供桩厂签订了合同。码头沉桩施工中，由于供桩不及时和部分桩质量不合格被监理退回，造成工期延误和施工单位窝工的费用损失，施工单位就此提出了工期延长和费用索赔。

2. 问题

（1）施工单位就此提出工期延长和费用索赔是否可行？为什么？

（2）就背景材料所述，存在怎样的索赔关系？

3. 解析

（1）施工单位就此提出工期延长和费用索赔可行。因为施工单位与业主有合同关系，钢管桩可视同"甲供"构件，供桩不及时和部分桩质量不合格是业主的责任。

（2）施工单位向建设单位提出索赔；建设单位向其指定的并签有合同的钢管桩供桩厂索赔。

【案例 30】

1. 背景

华南珠江三角洲地区某疏浚吹填工程，投入施工船舶和设备有两艘自航耙吸式挖泥船，两艘绞吸式挖泥船及其施工管线，两艘锚艇，三艘 400HP 拖轮，进行航道疏浚施工。

2004 年 7 月 14 日 02：00，北太平洋海面形成热带低压，中心位于北纬 20°7′，东经 125°8′，中心附近风力 7 级，中心气压 1002hPa，以 20km/h 的速度向西北偏西方向移动。

2004 年 7 月 14 日 08：00，热带低压中心位于北纬 20°5′，东经 124°7′，中心附近最大风力 7 级，7 级大风半径 50km，中心气压 996hPa，以 10～15km/h 的速度向西北偏西方向移动。

2004 年 7 月 14 日 14：00，热带低压发展为热带风暴，编号为 0409 号，定名为"圆规"，中心位于北纬 21°2′，东经 122°8′，中心附近最大风力 8 级，7 级大风半径 120km，中心气压 996hPa，以 15～22km/h 速度向西北偏西方向移动。

2004 年 7 月 15 日 08：00，"圆规"中心位于北纬 19°9′，东经 118°9′，中心附近最大风力 9 级，7 级大风半径 150km，中心气压 996hPa，以 18～23km/h 速度向西移动。

2004 年 7 月 16 日 08：00，"圆规"中心位于北纬 21°7′，东经 115°2′，中心附近最大风力 9 级，7 级大风半径 150km，中心气压 990hPa，以 18～23km/h 的速度向西北方向移动。

拆管、水上管线下锚固定等善后工作以 3h 计；从工地拖航绞吸船至防台锚地需 4h；自航耙吸船从工地至防台锚地航行需 2h。

2004 年 7 月 16 日 15：00，"圆规"在香港东部沿海登陆，中心附近最大风力 9 级，7 级大风半径 150km，中心气压 990hPa，以 18～23km/h 速度向西北方向移动；23：00，"圆规"中心位于北纬 24°2′，东经 113°8′，中心附近最大风力 7 级，中心气压 1008hPa，迅速减弱为扰动云团。

2004 年 7 月 17 日 08：00，0409 号台风"圆规"警报解除。

所标绘的台风"圆规"行进路线图，如图 2-11 所示。

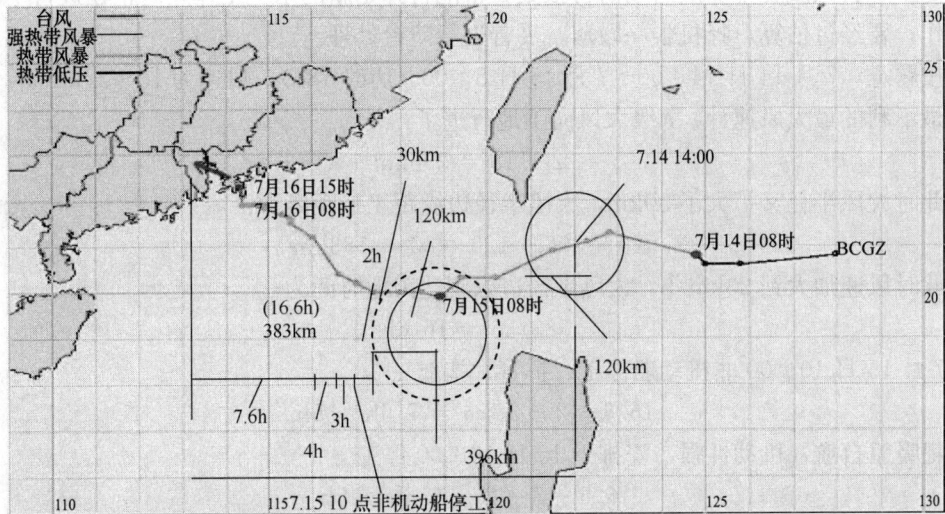

图 2-11   0409 号台风"圆规"行进路线示意图

2. 问题

如果你是该项目的项目经理，你应怎样组织正确的防台工作？

3. 解析

(1) 2004 年 7 月 14 日 02：00，项目经理部接到气象警报后，安排专人分析其动向，随时向项目经理报告，同时向所辖所有船舶通报热带低压情况，要求各船舶做好防台准备。

(2) 2004 年 7 月 14 日 08：00，项目经理部接到气象警报后，继续记录、标绘、分析其动向，并通报热带风暴最新信息。

(3) 2004 年 7 月 14 日 14：00，项目经理部持续不断接收气象警报，记录、标绘、分析其动向，预计 48h 内有 6 级大风影响工地，工地处于台风威胁中，随即召开防台紧急会议，部署防台工作，启动"防台预案"，作出防台决定，两艘绞吸式挖泥船及其施工管线为本次防台工作重点，计划 7 月 15 日 10：00 停工拆管，指定三艘 400HP 拖轮为防台值班拖轮，绞吸船拖往防台锚地，水上管线由两艘锚艇抛管子锚就地防台，锚艇由拖轮拖往防台锚地；安排两艘自航耙吸式挖泥船 7 月 15 日 16：00 停工，进入防台锚地。会后向所辖所有船舶通报热带风暴最新信息和防台决定。

7 月 14 日 14：00，经如下分析认为"预计 48h 内有 6 级大风影响工地，工地将处于台风威胁中"：

从 7 月 14 日 14：00 "圆规" 中心（北纬 $21°2'$，东经 $122°8'$）到工地（大约北纬 $22°2'$，东经 $113°8'$）的距离是：

以北纬 $22°$ 处计，经度每 $1°$ 的近似距离是 $111km×\cos22°=103.2km$（也可直接从海图上查得，或用 GPS 定位确定）；

"圆规" 中心到工地的大致距离是 $103.2×9°=929km$；

7 月 14 日 14：00 风速为 $15\sim22km/h$，7 级大风 $120km$ 半径边缘影响到工地的时间大约为 $(929-120)/(15\sim22)=54\sim37h$ 左右；若以平均风速计，则为 $46h$，即可认为在 $48h$ 内有 6 级以上大风影响工地的可能。即工地将处于 "台风威胁中"。

处于 "台风威胁中" 应启动防台预案，不能再开始新的水上工作，对正在进行中的水上工作，要经过估算，择机告一段落，妥善进行防台处理。

按题意，7 月 14 日 14：00～7 月 15 日 8：00（历时 18h），风速为 $15\sim22km/h$，（以下以最不利的最大风速计）7 级大风向工地行进了：

$$22×18=396km$$

此时大风半径又扩大了 $30km$，大风半径边缘距工地距离为：

$$929-396-120-30=383km$$

此时风速加大到 $23km/h$，大风半径边缘到达工地时间为

$$383/23=16.6h$$

7 月 15 日 10：00 非机动船停工、拆管、拖航

$$16.6-2-3-4=7.6h＞5h$$

耙吸船自航，机动性强，安排于 15 日 16：00 停工

$$16.6-8-2=6.6h＞5h$$

即能确保 "碇泊施工的船舶在 6 级大风范围半径到达工地 5h 前抵达防台锚地" 和确保 "自航施工船舶在 8 级大风范围半径到达工地 5h 前抵达防台锚地" 的规定。

（4）2004 年 7 月 15 日 08：00，项目经理部继续记录、标绘、分析 "圆规" 动向，同时向所辖所有船舶通报热带风暴最新信息，并督促船舶做好停工准备。

（5）2004 年 7 月 16 日 08：00，记录、标绘、分析其动向后，预计 12h 内有 6 级大风影响工地，工地处于台风严重威胁中，随即安排防台值班，同时向所辖所有船舶通报热带风暴最新信息，此时各船舶已相继按计划进入防台锚地，掌握各船舶进入防台锚地时间、位置及船舶防台准备情况，要求各船舶做好抗台准备。

（6）2004 年 7 月 16 日 15：00，防台进行中。

（7）2004 年 7 月 17 日 08：00，项目经理部向辖下船舶发布台风警报解除信息，船舶陆续投入生产。

【案例 31】

1. 背景

上海洋山深水港区一期码头工程，处于杭州湾东北部，上海南汇芦潮港东南的崎岖列岛海区。距上海芦潮港约 $32km$，距宁波北仑港 $90km$，一期码头工程位于小洋山岛与镬盖岛之间，总长 $16km$，由码头（宽 $37m$）和驳岸（$B=13m$、$18m$）两个部分组成，后方堆场有 160 万 m^2，由北、东、西围堤和一期码头驳岸所组成挡土结构，填砂加固形成港区陆域。一期建成后，集装箱年吞吐量 200 万 TEU，能接纳第五代集装箱船泊位 5 个。

一期码头工程为高桩梁板式结构，排架间距 10m，顶面标高＋8.10m，桩基为 ϕ1200mm 钢管桩，上部结构为现浇桩帽、横梁、安装梁板、现浇面层等。驳岸结构桩基为 ϕ1200mm 钢管桩、支承桩和 1700mm 钢管桩的板桩墙，其中 195m 为抛石堤沉箱结构。

本工程施工特点如下：本工程属典型的孤岛施工，岛外交通不便，因征地未能先期完成，外界干扰会对施工进度和组织带来影响。本工程施工水位影响很大，桩帽、横梁均需候潮作业，势必增加人力资源的投入，施工区域潮流较急，海底粉砂层较易冲刷，施工现场边界条件变化较快，应对边界条件进行观测，以指导施工。码头与陆域形成同步施工，施工船舶较多，作业面相对较窄，指挥部应给予总体协调。现浇混凝土采用 C45 高性能混凝土，应进行典型施工。

本工程施工总流程图，见图 2-12。

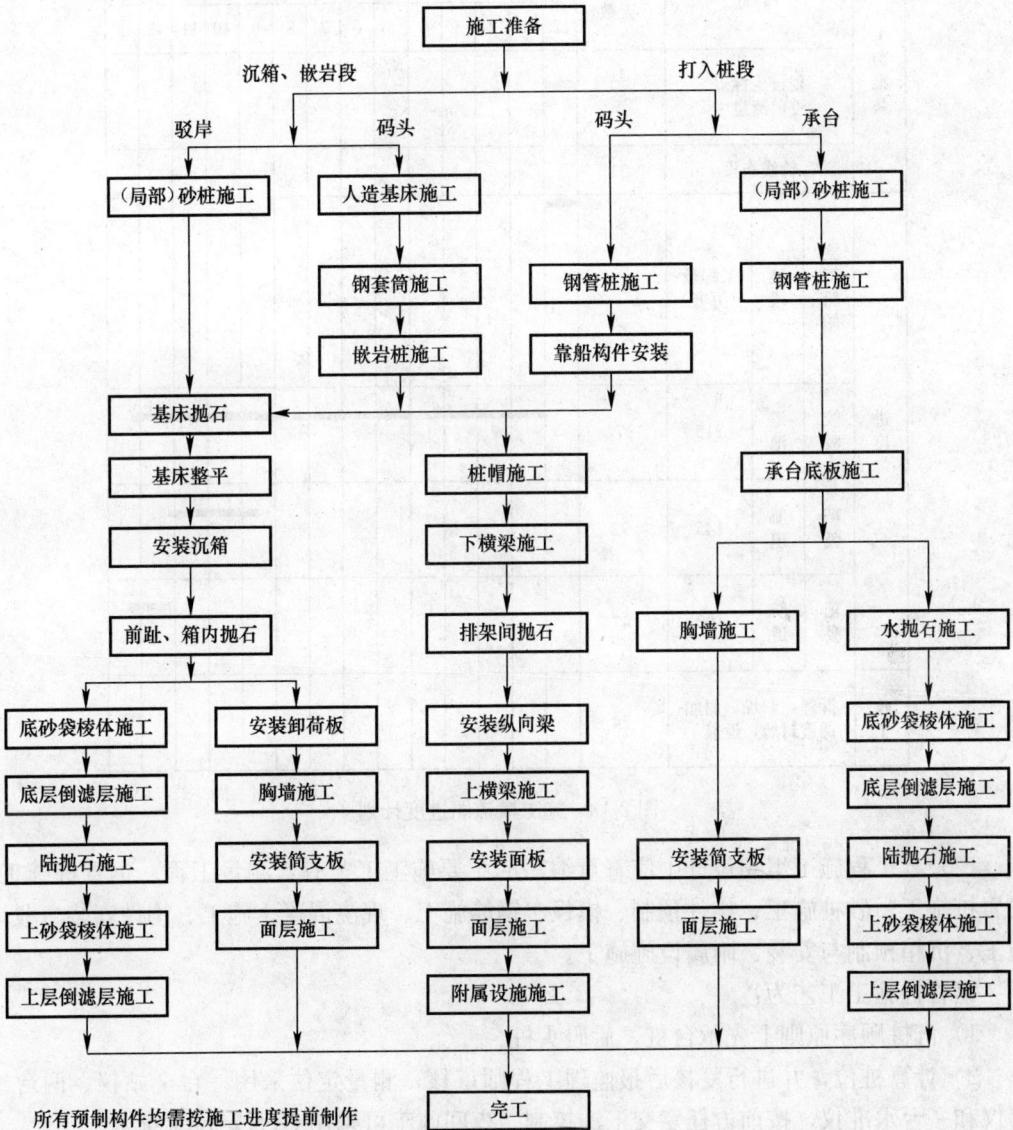

图 2-12　上海洋山深水港区一期码头工程施工总流程图

2. 问题

（1）本工程施工的总体构思应如何考虑？

（2）本工程施工组织设计应着重编写的主要施工工艺有哪些？简述钢管桩的施工工艺。

（3）本工程施工组织设计中质量和安全技术措施应包括哪些内容？

3. 解析

（1）本工程施工的总体构思如下：工程先期完全依靠水上施工，钢桩、砂桩、人造基床的施工分区推进，尽快形成多个施工流水作业面。抓住沉桩、嵌岩桩、抛石等关键线路，合理调度水上船舶交叉作业，采用合理的工艺措施，实现多段施工平衡堆进的总体目标。施工进度计划见图 2-13。

工前准备	内容			施工天数	时间（月）													
					12	1	2	3	4	5	6	7	8	9	10	11	12	1
	复核坐标点 浚前测量			31	▬													
	管线布设			31	▬													
进度	施工船舶	地段	工程量（万方）	施工天数														
	绞吸	港池	215	372		▬▬▬▬▬▬▬▬▬▬▬▬▬												
	耙吸	航道	145	92										▬▬				
	耙吸	航道	100	47												▬		
收工	拆管、归垛、船舶调遣封舱、返航			24													▬	

图 2-13 施工横道图进度计划

（2）本工程施工组织设计中应着重编写的主要施工工艺有：测量工程、钢管桩施工、嵌岩桩施工、砂桩施工、构件预制、模板、钢筋施工、现浇混凝土施工、构件安装、驳岸施工、沉箱预制与安装、附属设施施工。

钢管桩施工工艺为：

1）沉桩顺序原则上先承台桩，后码头桩。

2）计算桩位，并进行复核后报监理工程师审核，测量定位采用一台全站仪、两台经纬仪和一台水准仪，按前方任意交汇法控制。夜间施工可采用 GPS 定位系统。

3）船机设备选用桩架高 60～80m 的打桩船，满足要求，桩锤选用 D100 柴油锤，钢桩由运输方驳运至施工现场，打桩船负责沉桩，满足打桩进度要求。

4）沉桩后及时进行桩间连接与加固，及时设置警示灯。

（3）本工程施工组织设计中的质量和安全技术措施包括：

1）质量目标：工程质量优良，争创国优工程。

2）质量管理体系和质量责任制。

3）专项质量管理措施：QC 小组、典型施工、新技术应用等。

4）单位工程、分部工程、分项工程的划分。

5）安全生产目标：杜绝死亡、沉船、火灾事故，减少重伤、轻伤和一般事故。

6）安全管理体系和安全责任制。

7）专项安全管理措施。

8）制订安全生产管理计划书、安全培训与交底、防台防汛工作预案等。

【案例 32】

1. 背景

长江下游某航道整治工程施工组织总设计。

（1）编制说明

本施工组织总设计的编制依据是：

1）招标的有关文件；

2）总包合同；

3）长江下游某航道整治工程施工图设计；

4）有关的的技术标准及规范；

5）有关的法律、法规。

（2）工程概况

1）工程名称：长江下游某航道整治工程。

2）工程平面位置：本工程位于某水道南港，为长江下游的重点碍航河段之一。

3）工程结构：工程结构为护岸，护滩两种形式，护岸工程在原岸线的基础上平顺守护。以航行基面上 3m 为界，分为陆上和水下两部分。护滩带工程结构为干滩铺软体排护滩。

4）主要工程项目的工程量（略）。

（3）施工自然条件

1）气象条件

① 气温：年平均最高气温 33℃，年平均最低气温 3.8℃，历年最低气温－10℃。

② 风：年常风向为东北风。年最大风速达 9～20m/s，瞬时最大风速达 37.1m/s。

③ 雪：发生在 12 月中旬至次年 2 月，年平均降雪 9d。

④ 雾：年平均起雾日为 8d，多发生 11 月至次年 4 月，最多一年出现 15d。

2）水位，流量

① 水位

历年最高平均水位 15.65m，最低枯水位 5.99m，最高水位出现在 7～8 月份，最低水位发生在 1～2 月份。

② 流量

上游来水来沙的多年平均流量为 22466m³/s，径流量为 7980 亿 m³。年内最大流量和最高水位一般出现在 7～9 月份，最小流量和最低水位一般出现在 12 月份及次年的 1、2 月份，故主要施工期只有 3 个月。

3）工程地质

全部由全新世松散沉积物组成。

（4）施工组织

1）施工组织机构（略）

2）施工平面布置

① 布置原则

本护岸、护滩工程施工季节性强，施工布置首先满足施工强度要求，尽可能利用施工现场的有利条件。

② 总平面布置

在护滩带岸上平坦滩地及渡口水泥路上布设 4000m² 混凝土预制场，其中有 1000m² 混凝土块堆场，200m² 砂、砌石堆场。100m² 水泥堆场；30m² 发电房，500m² 民工生活设施。项目经理部租用当地民房，距 R1、R2 号护滩带约 1.5km。在渡口水泥马路与护滩带之间修一条临时道路，用以运输排布与混凝土块。详见施工平面布置图（略）。

③ 施工用水用电及通信

护滩带岸上可以接地方用电施工，供水以长江水净化后饮用，通信以手机、对讲机为主。

3）施工准备

① 临时生产设施及生活设施搭建。

② 材料组织

已与有关供货商进行了接触，签订了有关供货协议书，足以保证施工货源。

③ 预制场的准备

预制场设有水泥库房和粗细骨料的堆场、发电房、锅炉房及顶制块的堆场。预制场浇筑在原渡口水泥马路上进行，堆场、生活设施在就近的滩地上布置。预制场上设置 2 台 JDY - 350L 型搅拌机和 1 台卧式搅拌机进行混凝土搅拌。同时配备混凝土块钢模板 100 套。

④ 材料检验

施工前将材料送到具有资质的试验室抽样检验，合格后才能进入施工现场。施工中按监理和规范要求随机抽样检验。不合格的材料不能进入现场。

⑤ 施工放样及测量

根据设计方提供的控制点，将护岸及护滩带的控制点放出。同时在岸边进行控制点加密，并将所有控制点联网复测，保证平面控制精度，同时采用全站仪将所有控制点联网，往返测量两次后再平差，保证高程控制精度，平面控制和高程控制的成果形成资料，经监理认可后再作为施工控制依据。

开工前，在监理工程师和业主代表的监督下，请第三方进行施工区域水下地形测量，得到监理工程师和业主代表认可，并以此作为计量依据。

（5）施工技术方案

1）护岸工程。

2）护滩工程。

（6）施工工期

计划工程开工日期：某年某月某日。

计划工程完工日期：某年某月某日。

主体工程完工日期：某年某月某日。

（7）工程质量

1）本工程施工所遵循的规范及验收标准。

2）质量保证措施。

（8）施工安全措施

1）安全组织机构

本工程严格贯彻"安全第一，预防为主"的方针，严格遵守国家，建设部颁发的各项劳动法规，建立以项目经理为安全第一责任人，项目部设专职安全员，各施工队设兼职安全员的安全管理组织体系。

2）安全保证措施

（9）施工、环境保护及文物保护

现场文明施工、环境保护及文物保护由项目经理负总责，副经理主管。

（10）工程进度网络计划

1）施工总进度横道图和网络图（略）

2）劳动力使用量计划表

施工管理人员的安排上，由局抽调一名有丰富施工经验、二级项目经理资质的管理人员担任项目经理，项目经理部人员共10人。施工期劳动力平均200人，最高峰达350人。

3）资金使用计划（略）

2. 问题

（1）请画出本工程护岸工程和护滩工程的施工工艺流程图。

（2）请制定本工程的质量保证措施。

（3）制定本工程的安全保证措施。

3. 解析

（1）护岸工程和护滩工程施工工艺

护岸工程的施工工艺流程如图 2-14 所示。

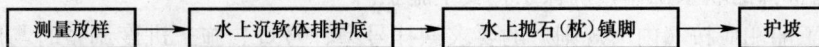

图 2-14　护岸工程施工工艺流程

护滩工程的施工工艺流程如图 2-15 所示。

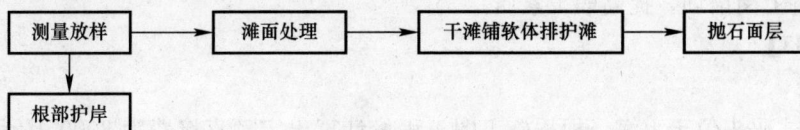

图 2-15　护滩工程施工工艺流程

（2）本工程的质量保证措施

1）以建一流工程为宗旨，靠优质、高效、诚信树立形象，科学管理，文明施工，100％满足业主对质量的要求，为顾客提供满意的服务和优良工程产品。

2）组成以项目经理为组长，项目总工为副组长的质量管理领导小组，负责组织、推动、决策质量创优工作。项目组长对工程项目创优工程组织实施，对工程项目创优负责。

3）认真编写施工组织设计，制定具体的施工工艺、方法及标准，严格按施工组织设计组织施工。

4）施工前作好技术交底，对各个施工工艺中的技术难点、重点、施工程序进行详细的技术交底，做到施工人员人人心中有数。

5）施工中认真执行"三检"，严把"五关"，发现问题及时以书面形式报监理、设计单位和甲方驻工地代表，以求尽快解决。

6）认真推行全面质量管理，积极开展 QC 活动，PDCA 循环提高工程质量管理水平。

7）派专人做好施工内业资料的搜集、编号、保存、签认、发放、回收等项工作，以便于工程竣工后，文件整理工作同步结束。

8）重点抓好脚槽、沉排、枯水平台、削坡、砌石护面等关键工序或关键部位的质量控制。

9）积极配合监理工程师的工作，及时将施工中出现的问题呈报监理工程师，并严格执行监理工程师的指令，每完成一项分项工程必须经监理工程师签字后，方可进行下一道工序。

10）加强检查工作，对工程中使用的设备、检测仪器按计量规定进行定期检验。

11）加强对原材料的质量控制，需送检的材料需经国家批准的专业检测合格后方可使用。

（3）本工程的安全保证措施如下：

1）牢固树立"预防为主，安全第一"的思想。安全生产目标是：无船舶交通、机损等级事故、无人身伤亡，无火警火灾。

2）完善各种施工安全设施和安全规章制度，施工期间严格按操作规范作业，落实安全责任制。

3）建立安全技术检查制度。

4）开工前发布施工通告。办理《水上、水下施工作业许可证》，加强同港、航监督部门与建设指挥部的联系工作，确保工程安全施工。

5）施工船舶应按《内河规则》的要求悬挂号型、号灯。施工进度调整时与航道部门联系及时调标，确保行船及自身安全。

6）根据施工进度及部位，调整安全防范重点工作。船上作业应备足救生、消防设备。临水作业必须穿救生衣。

7）坚持上岗培训，提高职工素质。

【案例33】

1. 背景

某重力式码头位于上海，根据施工图工程量计算出定额直接费为 3000 万元，基价定额直接费为 2800 万元，施工单位基地距工程所在地 300km，独立计算的费用为 100 万元。

2. 问题

试计算该工程项目的预算金额？

3. 解析

该工程项目为二类一般土木工程，并位于华东地区，按《沿海港口建设工程概算预算编制规定》中的计算标准，该工程项目的预算费用计算见表 2-8 所列。

××工程项目的预算费用计算表 表 2-8

序号	项　目	说明及计算方式	金额（万元）
（一）	基价定额直接费	指按定额规定的人工、材料、船机艘（台）班基价计算的工、料、机费用之和	2800
（二）	定额直接费	指按工程所在地的人工、材料、船机艘（台）班价格计算的工、料、机费用之和	3000
（三）	其他直接费	（一）×其他直接费费率	2800×（1.253%＋0.670%＋0.318%＋1.004%＋2.784%＋1.020%）＝197.37
（四）	直接工程费	（二）＋（三）	3197.37
（五）	企业管理费	[（一）＋（三）]×企业管理费费率	(2800＋197.37)×9.214%＝276.18
（六）	财务费用	[（一）＋（三）]×财务费用费率	(2800＋197.37)×0.679%＝20.35
（七）	利润	[（一）＋（三）＋（五）＋（六）]×利润率	(2800＋197.37＋276.18＋20.35)×7%＝230.57
（八）	税金	[（四）＋（五）＋（六）＋（七）]×税率	(3197.37＋276.18＋20.35＋230.57)×3.41%＝127.00
（九）	专项费用	(1＋税率)×独立计算的费用	(1＋3.41%)×100＝103.41
（十）	单位工程概预算金额	（四）＋（五）＋（六）＋（七）＋（八）＋（九）	3954.88

【案例 34】

1. 背景

某工程合同总价 2000 万元，总工期 12 个月，现业主指定增加额外工程 100 万元。

2. 问题

(1) 针对业主增加额外工程，承包商是否可以提出工期索赔？说明理由。

(2) 计算承包商可以提出的工期索赔值。

3. 解析

(1) 承包商可以提出工期索赔。因为是业主指定增加额外工程 100 万元，从而使承包商增加工作，延长了工程的竣工时间，因此承包商可以提出工期索赔。

(2) 承包商可以提出的工期索赔值＝(附加或新增工程量价格/原合同总价)×原合同工期＝（100/2000）×12＝0.6 个月。

【案例 35】

1. 背景

某港口码头工程，需要浇筑胸墙上的三段钢筋混凝土电缆沟，承担该项目的项目部只有一个模板班组；一个钢筋班组；一个混凝土班组。其工作内容及相应需要的时间如表

2-9 所列。

分　段	一　段			二　段			三　段		
施工内容	支立模板	绑扎钢筋	浇筑混凝土	支立模板	绑扎钢筋	浇筑混凝土	支立模板	绑扎钢筋	浇筑混凝土
所需时间（d）	2	2	1	3	3	1	2	2	1

2. 问题

（1）编制出施工横道图进度计划；

（2）绘制出施工双代号网络图计划；

（3）指出网络图计划中的全部关键工作，并在网络图计划中标画出关键线路。

3. 解析

（1）在编制施工横道图进度计划时，应根据工作内容的工序、现有的施工能力，尽可能安排流水作业。

编制的施工横道图进度计划如图 2-16 所示。

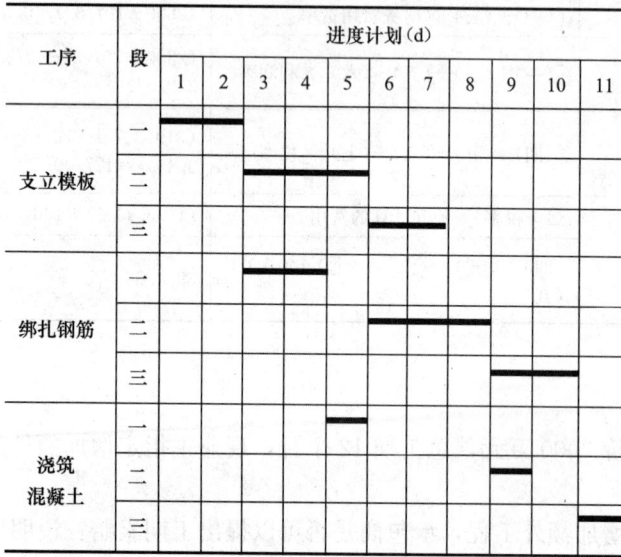

图 2-16　施工横道图进度计划

（2）施工双代号网络图计划如图 2-17 所示。

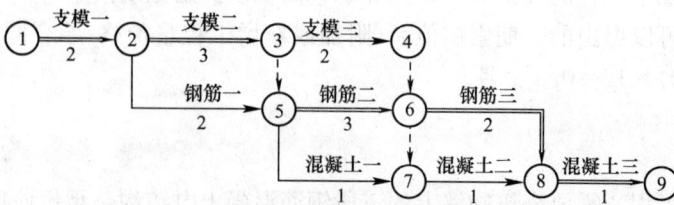

图 2-17　双代号网络图

134

【案例 36】

1. 背景

乍浦港二期多用途件杂货码头工程，位于浙江省平湖市乍浦镇西南杭州湾北岸。水工工程由栈桥及码头两部分组成。码头长 336m，宽 35m，设计为一个泊位。结构形式为高桩梁板式结构。桩基为 ϕ1200 预应力大管桩，现浇桩帽，现浇横梁，预制安装纵梁、面板，现浇面层。栈桥长 417.8m，宽 16m，结构形式为高桩板梁立柱式。桩基为 60cm×60cm 预应力混凝土方桩，现浇墩台、立柱、帽梁，安装预应力空心板，现浇面层。

本工程码头的分项工程划分如表 2-10 所列。

码头的分项工程划分表　　　　　　　　　　表 2-10

序　号	分项工程	序　号	分项工程
1	预制 ϕ1200mm 预应力大管桩	14	现浇电缆沟箱梁
2	沉 ϕ1200mm 预应力大管桩	15	现浇踏步梁
3	现浇桩帽	16	现浇面层混凝土
4	预制靠船构件	17	钢引桥制作
5	预制纵梁	18	钢引桥安装
6	预制电缆沟箱梁	19	QU100 钢轨安装
7	预制面板	20	系船柱制作
8	安装靠船构件	21	系船柱安装
9	安装码头纵梁	22	护舷制作与安装
10	安装码头电缆沟箱梁	23	系网环制作与安装
11	安装面板	24	铁爬梯制作与安装
12	现浇横梁	25	栏杆制作与安装
13	现浇轨道梁	26	现浇护轮坎

2. 问题

（1）对本工程进行单位工程划分。

（2）对码头单位工程进行分部工程划分。

（3）指出码头单位工程各分部工程所包含的分项工程。

3. 解析

（1）根据相关标准规定，码头按泊位划分单位工程，本工程设计为一个泊位，故码头应划为一个单位工程。

本工程栈桥规模较大，应单独划为一个单位工程。

因此，本工程应划分为两个单位工程。

（2）码头单位工程的分部工程划分为：桩基、上部结构、码头设施。

（3）码头桩基分部工程所包含的分项工程为：表 2-10 中的 1～3 分项工程；

码头上部结构分部工程所包含的分项工程为：表 2-10 中的 4～18 分项工程；

码头附属设施分部工程所包含的分项工程为：表 2-10 中的 19～26 分项工程。

【案例 37】

1. 背景

某承包单位通过招标投标，承接了××航道整治工程，该整治工程主要内容为筑坝和

135

护岸。建设单位及时组织监理、施工单位在工程开工前明确了单位、分部、分项工程的划分。

2. 问题

对该工程进行单位、分部、分项工程划分。

3. 解析

（1）该工程划分为筑坝、护岸两个单位工程。

（2）筑坝单位工程划分为基础、护底、坝体、坝面、护坡等分部工程。

护岸单位工程划分为基础、护底、护脚、护坡等分部工程。

（3）基础分部工程划分为基槽开挖、抛石挤淤、填砂挤淤、现浇混凝土基础、砂石垫层、土工织物垫层、换砂基础、浆砌石基础、水下抛石基础、水下抛石基础垫层等分项工程。

护底分部工程划分为散抛石压载软体排护底、系结压载软体排护底、散抛物护底、基槽开挖、土工织物垫层、砂石垫层等分项工程。

坝体分部工程划分为混凝土预制构件制作、混凝土预制构件安装、充填袋坝体、块石抛筑坝体、石笼抛筑坝体等分项工程。

坝面分部工程划分为土工织物垫层、抛石面层、铺石面层、砌石面层、混凝土预制块体制作、混凝土预制块体安装、预制混凝土铺砌块制作、预制混凝土铺砌块铺砌、现浇混凝土面层、模袋混凝土面层等分项工程。

护坡分部工程划分为岸坡开挖、土石方回填、削坡及整平、基槽开挖、砂石垫层、土工织物垫层、砂石倒滤层、土工织物倒滤层、盲沟、明沟、抛石面层、铺石面层、砌石面层、模袋混凝土面层、现浇混凝土面层、预制混凝土铺砌块制作、预制混凝土铺砌块铺砌、砌石拱圈、砌石齿墙等分项工程。

护脚分部工程划分为水下抛充填袋护脚、水下抛石护脚、水下抛石笼护脚、抛石面层等分项工程。

【案例38】

1. 背景

某工程局根据地方建设文明施工管理的要求，从安全生产、场容场貌、工地卫生、文明建设、工程质量五个方面制订了工程局文明施工基本要求。

2. 问题

请从五个方面分别简述工程局文明施工基本要求的具体内容。

3. 解析

（1）安全生产

1）"四宝"、"临水作业"的防护设施必须达标。

①"四宝"是指安全帽、安全网、安全带、救生衣。

②"临水作业"是指船与船之间、船岸之间安全网、跳板、走道板、梯子。

2）施工区域或危险区域应有醒目的安全警示标志。

3）塔吊及各类吊机（包括浮吊、打桩船）须达到建设部标准，经验收合格后方可使用；吊机的驾驶员、船员、指挥人员必须持证上岗。

4）现场施工用电必须有专业人员管理。

5）工地必须有具体的安全监护实施计划和施工现场安全监理的具体做法，安全监控人员必须持证上岗，并佩戴袖章。

（2）场容场貌

1）工地的门头、大门、企业标志要统一标准。

2）建筑材料划区域整齐堆放，并采取安全保卫措施，施工区域与生活区域必须分隔，场容场貌整齐、整洁、有序、文明。

3）工地主要出入口处应设置施工标牌简称"七牌一图"。

① 工程铭牌（施工单位、工地名称及工程概况）；

② 项目分项管理责任牌；

③ 安全生产十二项纪律牌；

④ 防火须知牌；

⑤ 安全和事故计数牌；

⑥ 十项安全技术措施牌；

⑦ 卫生管理责任牌；

⑧ 现场施工平面图。

4）施工现场必须做到三通一平（指道路、水、电和场地平整），排水畅通。

5）施工周期较长的项目对环境进行必须绿化。

（3）工地卫生

1）生活区应设置环境卫生宣传标牌和责任包干区图，有专人负责清扫。

2）生活区、现场和作业层面要保证有清洁卫生的饮用水供应。

3）生活区以及食堂、宿舍、厕所附近，必须安放灭害虫用具，为防治各种有害虫类对人体的侵害。

4）办公室、更衣室和宿舍内的办公和生活用品应排列整齐，室内应经营打扫，保持整洁。

5）厕所应有水源和冲洗设备，要有专人负责打扫，定期消毒，做到无异味。

6）食堂工作人员必须持有健康证和卫生上岗许可证，工作时必须戴"三白"，且每年应体验一次。

（4）文明建设

1）工地四周必须有反映企业精神，时代风貌的醒目标语和宣传栏。

2）工地治安综合治理应做到目标管理，并将落实责任到人，工地治安综合治理考核必须达标。

3）工地应严格按当地政府防台防汛要求及时做好防台防汛工作。

4）建立防火安全组织，义务消防队和防火档案，明确项目负责人。

5）拆除工作必须采取措施，把尘埃污染控制到最低程度。

6）必须在夜间施工的，而且会产生超标噪声的施工项目，必须经有关部门批准后方可施工。

（5）工程质量

1）工程项目应保持质量体系持续、有效运行，确保工程质量。树立"精品意识"，采取措施解决质量通病，争创优质工程。

2）严格按施工组织设计和设计图纸进行施工，各项技术资料准确、齐全，无重大质量事故发生。

3）严格按《港口工程质量检验评定标准》JTJ 221 检验单位、分部、分项工程的质量。

【案例39】

1. 背景

某码头护岸棱体抛石（10～100kg），采用陆上来料水上方驳抛填（水上运距1km），人工费23.25元/工日，块石到现场的价格为50元/m³，船用柴油4000元/t，船用淡水10元/t，船员工资单价38.35元/人。

2. 问题

计算该分项工程100m³的定额直接费。

3. 解析

根据以上条件查定额1331，计算如表2-11所示。

码头及护岸棱体抛石单位估价表（单位：每100m³）　　　　　表2-11

序号	项目	单位	数量	单价（元）	合价（元）
1	人工	工日	20.44	23.25	475.23
2	100kg以内块石	m³	112	50	5600
3	板枋材	m³	0.106	1200	127.20
4	其他材料	%	0.08		4.58
5	15t履带式起重机	台班	0.33	492.85	162.64
6	3m³轮胎式装载机	台班	0.33	703.06	232.01
7	400t方驳	艘班	2.15	486.54	1046.06
8	294kW拖轮	艘班	0.164	2757.10	452.16
9	潜水组	组日	1.15	720	828.00
10	其他船机	%	0.06		1.63
11	基价	元	7130.30		
12	定额直接费合计				8929.52

其中：船机使用艘（台）班预算费按《沿海港口水工建筑及装卸机械设备安装工程船舶机械艘（台）班费用定额》进行计算。

【案例40】

1. 背景

以【案例39】中294kW拖轮的艘班计算为例。

2. 问题

计算294kW拖轮的艘班预算价。

3. 解析

计算如表2-12所示。

138

费用项目		单 位	数 量	单价（元）	合价（元）
第一类 费用	基本折旧费	元	569.84		
	检修费	元	83.98		
	小修费	元	215.94		
	航修费	元	143.96		
	辅助材料费	元	57.58		
	小计	元	1071.30		1071.30
第二类 费用	定员	人	7	46.40	324.80
	柴油	kg	335	4	1340
	淡水	t	2.10	10	21
	小计	元	1216.58		1685.80
基价	使用艘班费	元	2287.88		
	艘班预算费	元			2757.10

【案例 41】

1. 背景

某项目的钻孔桩混凝土 C20，碎石最大粒径 40mm。材料单价分别为，碎石 55 元/m^3，中（粗）砂 35 元/m^3，水泥（强度等级 32.5）350 元/t，萘系减水剂 7 元/kg，引气剂 3 元/kg，水 1.5 元/m^3。

2. 问题

计算该混凝土的材料预算价格（结果保留 2 位小数）。

3. 解析

查定额表 131，其配合比为：水泥 351kg，碎石 0.76m^3，中（粗）砂 0.61m^3，水 0.194m^3，萘系（粉剂）2.457kg，引气剂 0.018kg。

C20 水下灌注混凝土的材料价＝0.351×350＋0.76×55＋0.61×35＋0.194×1.5＋2.457×7＋0.018×3≈203.54 元/m^3。

【案例 42】

1. 背景

事件一：某航道的疏浚工程设计挖槽 2.6km，设计工程量 80×$10^4$$m^3$（含超深超宽量）。其中：1 级土占 30%，2 级土占 10%，10 级土占 60%，平均挖深 10m，客观影响占施工期总时间 23%（四级工况），泥土处理外抛，运距 3km，选用 4500m^3 耙吸挖泥船施工。

事件二：某港池疏浚工程设计工程量 100×$10^4$$m^3$（含超深超宽量）；其中：2 级土占 30%，6 级土占 70%，挖深 11m；客观影响占施工期总时间 18%（四级工况），泥土处理为吹填；选用 4500m^3/h 绞吸挖泥船施工，排管管径 700mm，岸管长度 2000m，浮管长度 900m，排高为 8m，泥层总厚度 1.8m，不加格栅。

事件三：某港内航道疏浚工程，设计工程量 100×$10^4$$m^3$（含超深超宽量），其中：2 级土占 30%，3 级土占 70%；挖深 10m，泥层厚度 0.97m，客观影响占施工期总时间

18％（四级工况），泥土处理为外抛，运距 8km，选用 500m³/h 链斗挖泥船施工。

事件四：某港池疏浚工程量 50×10⁴m³（含超深超宽量），其中：2 级土占 30％，13 级土占 70％；平均挖深 13m，客观影响占施工期总时间 23％（四级工况），泥土处理为外抛，运距 9km，选用 8m³ 抓斗挖泥船施工。

2. 问题

根据《疏浚工程预算定额》分别计算事件一至事件四的各类船舶的万方艘班数。

3. 解析：

（1）事件一：自航耙吸挖泥船

查定额编号 343（1 级土）

定额挖槽 1.2km，小于设计挖槽长度，挖泥船不增加转头次数。

挖泥船：[0.782＋0.016×(10－8)＋0.130×(3－2)]×80×30％＝22.656 艘班

拖轮：[0.156＋0.003×(10－8)＋0.026×(3－2)]×80×30％＝4.512 艘班

查定额编号 344（2 级土）

定额挖槽 1.4km，小于设计挖槽长度，挖泥船不增加转头次数。

挖泥船：[0.855＋0.017×(10－8)＋0.134×(3-2)]×80×10％＝8.184 艘班

拖轮：[0.171＋0.003×(10-8)＋0.027×(3-2)]×80×10％＝1.632 艘班

查定额编号 352（10 级土）

定额挖槽 4.0km，挖泥船增加转头次数为 (4.0/2.6－1)×2＝1.08 次，取整为 1 次。

挖泥船：[1.425＋0.029×(10－8)＋0.130×(3－2)＋0.104×1]×80×60％＝82.416 艘班

拖轮：[0.285＋0.006×(10－8)＋0.026×(3－2)＋0.021×1]×80×60％＝16.512 艘班

合计：

挖泥船：113.256 艘班

拖轮：22.656 艘班

（2）事件二：绞吸挖泥船

标准岸管长度为 2000＋900×1.67＋(8－6)×50＝3603m

其基本定额船舶万方艘班增加系数为 0.025×36.03－0.675≈0.226

绞刀直径 2.4m，挖泥层厚度 1.8m，小于绞刀直径，其基本定额船舶万方艘班增加系数为(2.4/1.8－1)×0.75＝0.250

查定额编号 1435（2 级土）

挖泥船和住宿船：[1.637×(1＋0.226＋025)＋0.016×(11-6)]×100×30％＝74.886 艘班

锚艇和机艇：[0.819×(1＋0.226＋0.25)＋0.008×(11-6)]×100×30％＝37.465 艘班

查定额编号 1439（6 级土）

挖泥船和住宿船：[4.906×(1＋0.226＋0.25)＋0.049×(11-6)]×100×70％＝524.038 艘班

锚艇和机艇：[2.453×(1＋0.226＋0.25)＋0.025×(11-6)]×100×70％＝262.194

艘班

合计：

挖泥船和住宿船：598.924 艘班

锚艇和机艇：299.659 艘班

每百米岸管：598.924×1.5＝898.386 台班

每百米浮管：598.924×1.5＝898.386 台班

（3）事件三：链斗挖泥船

挖泥船斗高 1.4m，挖泥层厚度 1.1m，小于斗高且大于斗高的二分之一，挖泥船的万方艘班数增加系数为（1.4/0.97－1)×0.75＝0.33

查定额编号 2470（2 级土）

挖泥船：[4.785×(1＋0.33)＋0.096×(10－5)]×100×30％＝205.322 艘班

拖轮：[9.570＋0.192×(10－5)＋2.498×(8－2)]×100×30％＝765.540 艘班

泥驳：[14.355＋0.288×(10－5)＋2.498×(8－2)]×100×30％＝923.490 艘班

锚艇和机艇：[2.393×(1＋0.33)＋0.048×(10－5)]×100×30％＝102.681 艘班

查定额编号 2471（3 级土）

挖泥船：[3.885×(1＋0.33)＋0.078×(10－5)]×100×70％＝388.994 艘班

拖轮：[7.770＋0.156×(10－5)＋2.196×(8－2)]×100×70％＝1520.820 艘班

泥驳：[11.655＋0.234×(10－5)＋2.196×(8－2)]×100×70％＝1820.070 艘班

锚艇和机艇：[1.943×(1＋0.33)＋0.039×(10－5)]×100×70％＝194.543 艘班

合计：

挖泥船：594.316 艘班

拖轮：2286.360 艘班

泥驳：2743.560 艘班

锚艇和机艇：297.224（艘班）

（4）事件四：抓斗挖泥船

查定额编号 3611（2 级土）

挖泥船：[5.154＋0.180×(13－5)]×50×30％＝98.910 艘班

拖轮：[5.154＋0.180×(13－5)＋1.271×(9－2)]×50×30％＝232.365 艘班

泥驳：[10.308＋0.360×(13－5)＋1.271×(9－2)]×50×30％＝331.275 艘班

锚艇和机艇：[2.577＋0.090×(13－5)]×50×30％＝49.455 艘班

查定额编号 3622（13 级土）

挖泥船：[16.234＋0.568×(13－5)]×50×70％＝727.230 艘班

拖轮：[16.234＋0.568×(13－5)＋0.929/2×(9－13)]×50×70％＝662.200 艘班

泥驳：[32.468＋1.136×(13－5)＋0.929/2×(9－13)]×50×70％＝1389.430 艘班

锚艇和机艇：[8.117＋0.284×(13－5)]×50×70％＝363.615 艘班

合计：

挖泥船：826.140 艘班

拖轮：894.565 艘班

泥驳：1720.705 艘班

锚艇和机艇：413.070 艘班

【案例 43】

1. 背景

南海地区五级工况，选用 4500m³ 自航耙吸船施工，轻柴油的市场价格为 3000 元/t。

2. 问题

计算自航耙吸船的使用艘班费。

3. 解析：

查定额编号 13 及定额附表 2、附表 3，得：

挖泥一类费用小计为 12787.78 元

艘班油耗量为 5760−320＝5440kg，艘班燃料基价为 5.440t×2000 元/t＝10880 元

艘班船员人工费基价＝(12×50×841)/571＝883.71 元

燃料差价＝5.440×(3000−2000)＝5440 元

人工费差价＝[12×50×(957-841)]/571＝121.89 元

挖泥使用艘班费＝12787.78＋(10880＋883.71)＋(5440＋121.89)＝30113.38 元

【案例 44】

1. 背景

8 月下旬，在华东沿海组织航道施工的某项目部，从中央气象台获得台风消息。就防台工作，项目经理布置如下：安排人员去当地海事部门了解避风锚地；安排人员到工地船舶进行安全检查。反馈消息：避风锚地距施工区 30 海里；安全检查中发现有的船舶缺堵漏材料，有的船舶缺少备用拖缆，有的船舶舱口、门、窗无法水密。根据气象预报，台风有朝施工区移动的趋势，船舶 48 小时内遭受风力可达 6 级以上。

2. 问题

(1) 该项目部是否有防台预案？为什么？防台预案应在何时、由何人组织编制？

(2) 对上述防台隐患应何时整改？如何整改？

(3) 施工区未来 48 小时内遭遇风力可能达 6 级以上，项目部应做的主要工作有哪些？

(4) 在几级大风范围半径到达工地前几小时，非自航船舶应抵达避风锚地。

3. 解析

(1) 显然是没有防台预案。否则，不会在获得台风消息后才布置检查，也更不应该还存在这许多隐患，更不应该这时才去了解避风锚地，这些问题早在台风季节来临前就应根据预案加以解决了。

(2) 立即进行整改。

立即抢修舱口、门窗，使之达到水密的要求；缺少的各种防台物资应立即购置或从其他单位、船舶调剂；购不到的专用器材立即请公司快速送达；立即落实避风锚地。

(3) 马上开会研究落实防台、避台的问题；尽快完成上述整改工作；安排专用拖轮和专人防台值班，及时收听气象预报，并及时传达到各船，做好相应的准备工作。

(4) 6 级大风范围半径到达工地前 5 小时，非自航船应抵达避风锚地进行避风。

【案例 45】

1. 背景

某施工单位承建一重力式码头工程，合同签订后，该单位马上组建了项目经理部。由

142

于时间紧迫，项目部人员较少，工作忙，项目经理指派项目部工程技术部副经理编写施工组织设计，要求务必在一周内完成并送上级审批。工程技术部副经理如期完成了编制任务并送上级审批。

该项目部编写的施工组织设计主要有以下内容：

（1）工程概况

（2）施工的组织管理机构

（3）施工总体部署和主要施工方法

1）总体部署

2）主要施工方法

① 主要施工流程如图 2-18 所示（摘录其中部分流程）。

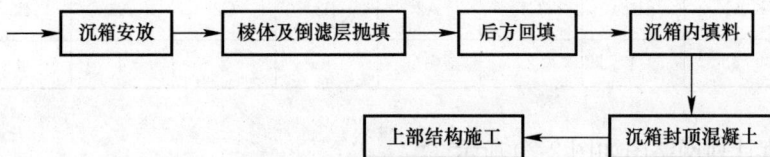

图 2-18　主要施工流程（部分）

② ……

（4）资源需求、供应计划

（5）施工总平面布置

（6）技术、质量、安全管理和保证措施

（7）文明施工与环境保护

（8）主要经济技术指标

（9）附图

2. 问题

（1）项目部在施工组织设计编写、报审过程中有哪些不妥之处？应当怎样做才是正确的？

（2）该施工组织设计的主要内容有何缺项？

（3）摘录的施工流程中有无不当？如有，请予改正。

3. 解析

（1）施工组织设计不应由工程技术部副经理编写，而应由项目部总工程师组织编写，经项目经理审查，报本企业领导审定后报出。

（2）缺少"编制依据"和"施工进度计划"2 个主要项目。

（3）正确的施工流程如图 2-19 所示。

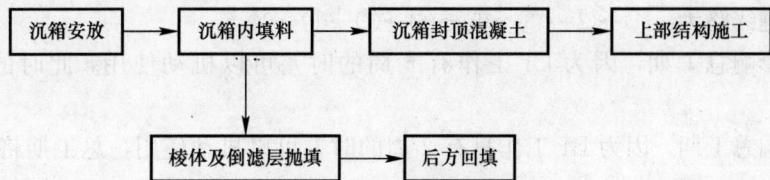

图 2-19　正确的施工流程

【案例 46】

1. 背景

某重力式码头主体工程施工分 3 个流水段进行，段间、段内施工工艺互无干扰。抛石基床（包括挖泥、抛石、整平）、沉箱安放（包括预制、出运、安装、箱内填料）、上部结构（包括沉箱封顶混凝土、胸墙及面层混凝土浇筑）分项工程各只有一个专业施工队施工。各分项工程所需工时如表 2-13 所列。

各分项工程所需工时 表 2-13

分 段	1 段			2 段			3 段		
项目	抛石基床 A1	沉箱安放 B1	上部结构 C1	抛石基床 A2	沉箱安放 B2	上部结构 C2	抛石基床 A3	沉箱安放 B3	上部结构 C3
所需工时（周）	4	4	2	6	6	2	4	4	2

施工进度计划网络图如图 2-20 所示。

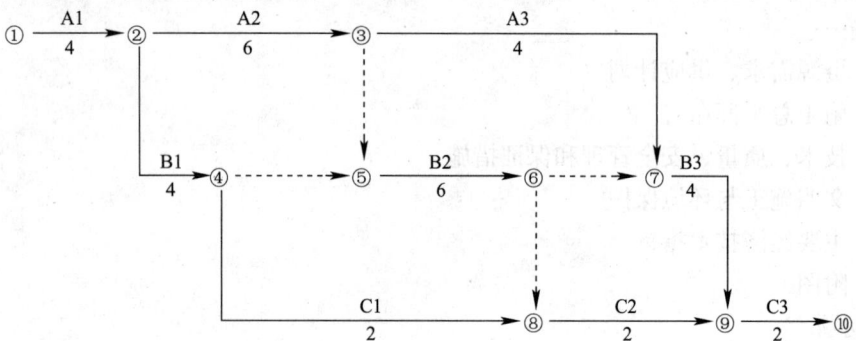

图 2-20　施工进度计划网络图

2. 问题

（1）根据表列项目与工时绘制施工进度计划横道图（按每项工作最早开始时间安排）。

（2）用结点和箭头连接的方式指出关键线路（例如①→②→③…）。

（3）C1 工作因故耽误了 3 周，是否影响总工期？为什么？这时的总工期是多少？

（4）B1 工作因故耽误了 3 周，是否影响总工期？为什么？这时的总工期是多少？

3. 解析

（1）绘制的施工进度计划横道图见图 2-21。

（2）关键线路为：①→②→③→⑤→⑥→⑦→⑨→⑩

（3）不影响总工期，因为 C1 工作有 6 周的时差可以机动使用。此时的总工期为 22 周。

（4）影响总工期，因为 B1 工作只有 2 周的时差可以机动使用，总工期将延长 1 周，为 23 周。

144

项目	段	进度计划（周）																					
		1	2	3	4	5	6	7	8	9	10	11	12	13	14	15	16	17	18	19	20	21	22
抛石基床 A	A1	▬	▬	▬	▬																		
	A2					▬	▬	▬	▬	▬	▬												
	A3											▬	▬	▬	▬								
沉箱安放 B	B1					▬	▬	▬	▬														
	B2											▬	▬	▬	▬	▬	▬						
	B3																	▬	▬	▬	▬		
上部结构 C	C1									▬	▬												
	C2																	▬	▬				
	C3																					▬	▬

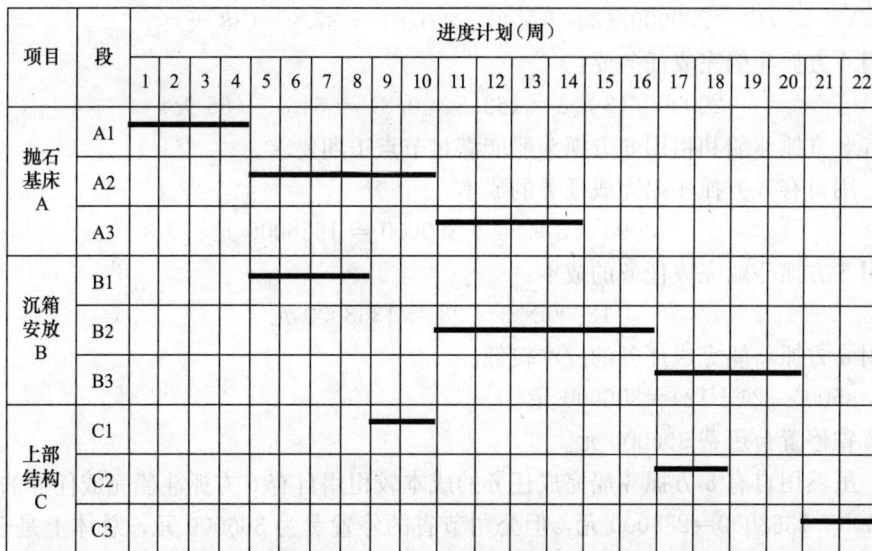

图 2-21　施工进度计划横道图

【案例 47】

1. 背景

某公司承接了一个 5000t 级泊位码头的基槽开挖工程，挖泥工程量为 20 万 m³，公司组织了项目经理部，在编制施工组织设计时，根据泊位施工的节点工期要求，基槽开挖的作业天数为 45 天。适宜施工的船型为抓斗式挖泥船。该公司闲置 8m³ 抓斗式挖泥船 1 组，但是，调遣至该工地需增加往返调遣费共计 36 万元。据调查，当地也有同类型船舶 2 组可供选择（有关参数见表 2-14）。

有关参数　　　　　　　　　　表 2-14

项　　目	单　位	4m³ 抓斗船组	6m³ 抓斗船组	自有 8m³ 抓斗船组
台班单价	元/台班	8000	12000	18000
生产率	m³/h	162.5	275	450

注：表中台班单价已包含各类取费。

2. 问题

（1）每日按 3 个台班施工，挖泥船组的时间利用率为 80%，各船组独立完成施工任务需多少天？（工期结果不足 1 天的按 1 天计），哪几组船能满足节点工期要求？

（2）试比较在满足节点工期要求的船组中，哪个船组成本最低？

（3）假定自有的 8m³ 抓斗船组闲置 1 天的折旧等停置台班损失为 8500 元，整个调遣过程需 12 天，若使用本公司自有 8m³ 抓斗船组，可减少停置费多少？

（4）经公司领导与项目经理研究，并通过经济比较，决定使用本公司自有 8m³ 抓斗船组，试从经济角度分析有哪几条理由？

3. 解析

（1）用自有 8 方抓斗船完成任务要：

$$200000/(3 \times 8 \times 450 \times 0.8) = 23.15 \quad （24 \text{ 天}）$$

租用 6 方抓斗船完成任务要：

$$200000/(3 \times 8 \times 275 \times 0.8) = 37.9 \quad (38 \text{ 天})$$

租用 4 方抓斗船完成任务要：

$$200000/(3 \times 8 \times 162.5 \times 0.8) = 64.1 \quad (65 \text{ 天})$$

自有 8 方抓斗船和租用 6 方抓斗船能满足节点工期要求。

（2）用自有 8 方抓斗船完成任务的成本：

$$18000 \times 3 \times 24 + 360000 = 1656000 \text{ 元}$$

租用 6 方抓斗船完成任务的成本：

$$12000 \times 3 \times 38 = 1368000 \text{ 元}$$

租用 6 方抓斗船完成任务的成本较低。

（3）$8500 \times (24 + 12) = 306000$ 元

可节省停置台班费 306000 元。

（4）虽然用自有 8 方抓斗船完成任务的成本较租用自有 6 方抓斗船完成任务的成本多花 $1656000 - 1368000 = 288000$ 元，但公司节省的停置费为 306000 元，总体上是合算的；另，公司完成的 1656000 元工作量可以从中提取相应的利润；再，项目部工期仅 24 天，工期短，消耗少，存在着潜在的经济效益，早投产还可多创社会效益。

【案例 48】

1. 背景

某工程船舶在海上作业时，为了避让大货轮进港，在航道边触礁，情况十分危机，船长向相关海事部门、项目经理分别报告并请求救助。该工程船主机功率 3200kW，事故中人员无死亡、无重伤，船体和机械直接经济损失 340 万元。

2. 问题

（1）项目经理应如何应对这一突发事故？

（2）项目部所属工地的船舶应怎样参加施救？应怎样向海事部门申请？申请的主要内容有哪些？

（3）根据《水上交通事故等级划分标准》，本次事故应属哪一级水上交通事故？具体依据是什么？

3. 解析

（1）① 项目经理应立即向当地海事部门及项目部所属企业报告此突发事故；

② 立即组织、联络、指挥船舶施救，同时要求保护现场；

③ 当事故得到控制、稳定后，立即向企业主管部门如实汇报事故原因、所采取的措施及损失情况；

④ 协助当地海事部门进行事故调查；

⑤ 配合海事部门进行事故处理。

（2）① 接到任务后立即行动，并在开始作业 24h 内向海事部门（港监）提出口头（作业）申请；

② 口头申请的内容：a. 遇险船舶的情况；

b. 水域污染及清除的情况；

c. 救助船舶的情况：名称、作业方式、地点、起止时间。

（3）① 属水上交通海损大事故；

② 因为发生海损事故的船只主机功率为 3200kW（3000kW 以上），直接经济损失 340 万元（300 万元以上、500 万元以下），所以属水上交通海损大事故〔按照交通部《水上交通事故统计办法》的分级：大事故：主机功率 3000kW 以上、直接经济损失 300 万元以上、500 万元以下；（或死亡 1~2 人）〕。

【案例 49】

1. 背景

某港池开挖、吹填造陆工程，开挖区的土质上层为中细砂、中层为黏土、底层为岩石，各层的开挖单价分别为 18 元/m³、46 元/m³、250 元/m³（含炸礁、清渣等）。分别采用 1250m³/h 绞吸式挖泥船、8m³/h 抓斗式挖泥船、炸礁船等组合施工。因为水域狭窄，不能分区施工。合同规定：在筑好抛石围堰后吹填中细砂，围堰石料由业主供料。该工程于 2002 年 6 月 28 日开工，合同工期 180d，工程施工中，发生了如下事项：

（1）抛筑围堰时，附近农民因征地补偿未谈妥而阻挠施工，导致停工 28d（2002 年 7 月 1 日~7 月 28 日）；

（2）抛筑围堰时，业主供料延误 7d（2002 年 7 月 30 日~8 月 5 日）；

（3）开挖中细砂时，由于用船紧张，挖泥船进场推迟，为赶回工期，经监理同意，施工单位换用功率更大的 1450m³/h 绞吸式挖泥船进场，因此增加调遣费 25 万元，但仍使工期延误 10d；

（4）在用 8m³/h 抓斗式挖泥船开挖黏土时，发现实际土质标高与设计不符，实际岩面标高浅于设计岩面标高，经监理确认，岩石开挖工程量增加了 1.5 万 m³，应业主、监理要求，施工单位增加炸礁设备进场，保证了该阶段工期，因此增加了调遣费 62 万元。

2. 问题

（1）施工单位从上述事项中哪些可获得工期补偿？哪些不能获得索赔？并说明理由。

（2）村民阻挠施工，应按怎样的程序向监理提出索赔？可提出那些费用索赔？

（3）换用更大功率的绞吸式挖泥船进场造成的费用增加，可否提出索赔？为什么？

（4）因土质不符增加的成本，应怎样索赔？计算炸礁、清渣的可索赔额。

3. 解析

（1）可获得的工期索赔：28d+7d＝35d。依题意这 28d 与 7d 是不重复的，所以总计是 35d。

村民阻挠施工导致停工 28d 属业主责任；

业主供料不及时，延误工期 7d，合同规定属业主责任；

施工单位因为用船紧张，挖泥船进场推迟，换用大功率船，尽管经监理同意，但由于是施工单位自己的原因，所延误的 10d 工期不能获得索赔。

（2）① 书面向监理提出索赔通知书：延误发生后，在合同约定的时间内，项目部向监理提出书面索赔通知书；

② 提交索赔资料：项目部向监理提出书面索赔通知书后，在合同约定的时间内向监理提交延长工期和费用索赔的有关资料和数据；

本项目可提出以下的费用索赔：设备停置费、现场管理费。

（3）换用更大功率的绞吸式挖泥船进场造成的费用增加不应索赔，因为这是施工单位的责任所致。

（4）由于地质条件与设计不符所造成的费用增加，应通过设计变更进行索赔。

可索赔额：设备调遣费：62万元

岩面标高浅了，炸、清岩费增加：250×1.5 万 $= 375$ 万元

相应的挖黏土费减少：46×1.5 万 $= 69$ 万元

费用总（增加）索赔额：$(375-69)+62=368$ 万元

【案例50】

1. 背景

某重力式码头基础长200m，分2段施工，基槽开挖要求风化岩层以上的黏土及淤泥层要全部挖除，抛泥区距施工现场6km。该基床施工的主要工序为：基槽开挖、基床抛石、夯实、整平，每道工序只各安排一班作业，各工序工期分别为60d、15d、5d、20d。由于工作面受限，在同一段内各工序不能同时作业。

2. 问题

（1）开挖基槽应选用何种挖泥船？应有哪些主要配套船舶？

（2）本工程的开工报告已经批准。施工作业前还需办理何种手续？何时、向何机关申报办理？

（3）绘出该基床施工主要工序作业的双代号网络图，指出关键线路，确定总工期。

（4）当第一段基槽开挖完成时，业主要求将总工期缩短30d，承包商应采取何种措施予以满足？说明总工期缩短30d后关键线路有无变化？

3. 解析

（1）选抓扬式或铲斗式或链斗式挖泥船。主要配套船舶有自航泥驳或泥驳、拖轮组。

（2）应在拟开始施工作业次日20d前向海事局提出通航安全水上水下施工作业的书面申请。

（3）所绘制的双代号网络图见图2-22。

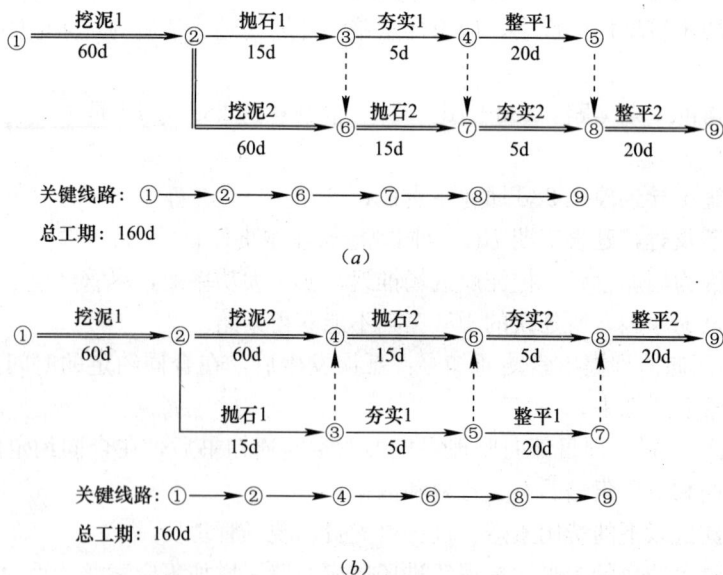

关键线路：①→②→⑥→⑦→⑧→⑨

总工期：160d

(a)

关键线路：①→②→④→⑥→⑧→⑨

总工期：160d

(b)

图2-22 主要工序作业的双代号网络图

（4）从第二段挖泥开始，配足 2 班船员，进行 2 班挖泥作业，可将挖泥 2 的 60d 工期缩短为 30d，总工期可提前 30d，满足业主要求。

此时关键线路不变，总工期 130d。

【案例 51】

1. 背景

某大型海上工程孤立墩混凝土承台施工，其混凝土的配合比为 1：1.5：2.50，水灰比为 0.40，水泥用量为 444kg/m³。承台的平面尺寸为 10m×10m，承台底标高为 −0.5m，顶标高为 +3.5m。9 根直径 1.2m 的钢管桩伸入承台混凝土中 2m（桩芯混凝土已提前灌注完成）见图 2-23。施工水域潮汐为规则半日潮，施工期低潮位 −1.0m、高潮位 +2.5m。承台施工用非水密模板，承台混凝土分 3 层浇筑，底层混凝土浇筑厚度为 1.0m，规范对赶潮浇筑混凝土的施工要求是在混凝土初凝前其顶面不能被水淹（混凝土的初凝时间为 1.5h）。

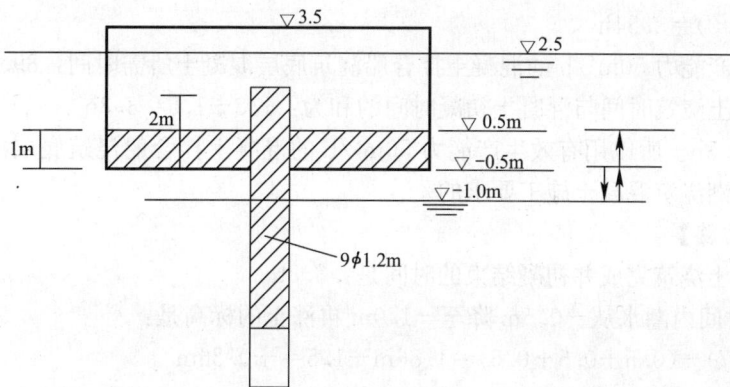

图 2-23　施工计算示意图

2. 问题

（1）承台混凝土的浇筑量是多少？承台底层混凝土的浇筑量是多少？

（2）何时开始浇筑承台底层混凝土对赶潮施工最有利？

（3）用有效生产能力为 50m³/h 的混凝土拌合船浇筑承台底层混凝土可否满足规范对赶潮浇筑混凝土的施工要求？

（4）为浇筑承台底层混凝土拌合船至少要备料水泥、砂、石子、水多少（材料的损耗率按 5% 计）？

（5）为使承台使用年限达到 50 年不大修，保证其耐久性的首选措施是什么？

3. 解析

（1）承台混凝土的浇筑量：$10×10×4−9×3.14×0.6^2×2=379.6m^3$

承台底层混凝土浇筑量：$10×10×1−9×3.14×0.6^2×1=89.8m^3$

（2）在落潮的过程中，当潮位落至 −0.5m（承台底模板刚露出水面）时开始浇筑混凝土对赶潮水施工最为有利。

（3）有两种解析思路，分析如下：

【第一种思路】

潮水从+2.5m降至-1.0m（总计3.5m）的时间是6h12.5min（6.21h），见图2-24。

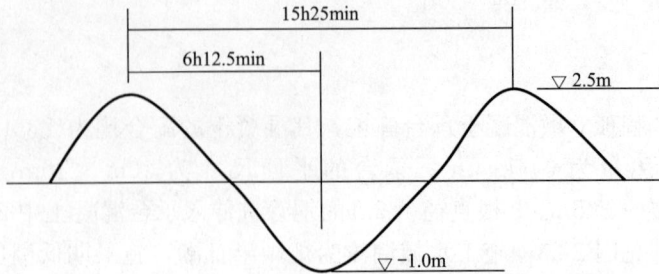

图2-24 计算简图

潮水每涨（落）1m所需时间约为：6.21/3.5＝1.77h

潮水从-0.5m落至-1.0m再涨至+0.5m（底层混凝土顶面）所需时间：1.77×(0.5+0.5+1.0)＝3.54h

用有效生产能力50m³/h的混凝土拌合船浇筑底层混凝土所需时间：89.8/50＝1.8h

底层混凝土浇筑时间与混凝土初凝时间的和为：1.8+1.5＝3.3h

3.54h＞3.3h 所以用有效生产能力50m³/h的混凝土拌合船浇筑底层混凝土是可以满足规范对赶潮浇筑混凝土施工要求的。

【第二种思路】

底层混凝土浇筑完成并初凝结束的时间是：3.3h

3.3h的时间内潮水从-0.5m降至-1.0m再涨至的标高是：

(3.3/1.77)-(0.5+0.5+0.5)＝1.86m-1.5＝+0.36m

还没有淹没底层混凝土的顶面（+0.5m）

所以是可以满足规范对赶潮浇筑混凝土施工要求的。

（4）备料：

水泥：444×89.8×(1+5%)＝41.9t

砂：444×1.50×89.8×(1+5%)＝62.9t

石子：444×2.50×89.8×(1+5%)＝104.8t

水：444×0.4×89.8×(1+5%)＝16.76t

（5）首选的保证措施是：选用高性能混凝土。

【案例52】

1. 背景

工程概况

1）工程的结构形式与工程规模

某港拟建2个3.5万吨级矿石码头泊位（1泊位、2泊位），每个泊位长180m，码头为高桩梁板式结构，桩基为600×600预应力混凝土空心方桩。

2）工程的地质条件

施工区域地层分为5层，自上而下分别为：

① 淤泥层：层厚7.2～9.5m，流塑状，分布均匀、高压缩性；

② 淤泥质黏土：层厚 4.1～5.5m，软塑～流塑态，均匀、饱和、高压缩性；

③ 粉质黏土：层厚 2.4～7.9m，可塑、中压缩性；

④ 粉土：层厚 8.9～14.1m，密实，平均 $N=45～52$；

⑤ 粉沙：极密，平均 $N=62$。

3）工程项目的组成

① 码头工程

码头主体工程，包括沉桩、构件预制、安装、上部结构施工由业主招标承包给了甲公司。

② 岸坡及港池挖泥

岸坡及码头前方挖泥由业主招标承包给了乙公司。

③ 后方软基加固（堆载预压 真空预压）

码头后方堆场软基加固分别承包给了丙、丁两个公司同时施工：

对应于 1 泊位的软基加固（甲区）承包给丙公司，合同规定采用堆载预压法加固施工；

对应于 2 泊位的软基加固（乙区）承包给丁公司，合同规定采用真空预压法加固施工；

预压荷载要求为 80kPa。

4）事故经过

施工全面展开大约 70d 后的某天，清晨，施工人员正准备进入施工现场，据目击者称，忽闻现场一阵持续沉闷的轰隆声、地面颤抖，随之在甲区发生了大面积滑坡。经调查测量，滑坡的范围为：沿岸线（东西向）135m、陆域纵深（南北向）125m，面积约 1.5万 m^2，约有 3.5 万 m^3 土、砂滑入海中。同时将前方已经沉毕的 64 根桩全部推倒，岸坡及港池已近竣工的浚深挖泥区，也被滑坡土体全部填充，此外，甲区岸边的插板机、排泥管、空压机、发电机、配电箱、电缆、泵、运输车等也随之滑入海中。所幸是施工人员正在准备但尚未进入现场，没有造成人员伤亡。滑坡区测量平面图如图 2-25 所示。

事后调查表明，事故发生时，后方甲、乙两区软基加固塑料板插设已经完成，甲区堆载三级荷载已经加毕（堆高约 3.8m）、乙

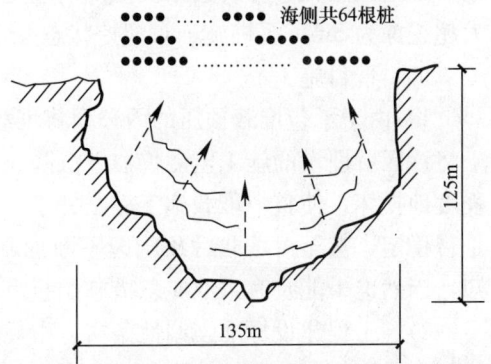

图 2-25 滑坡区平面示意图

区真空预压的真空度已稳定在 80kPa，甲区 1 泊位岸坡挖泥已完成，沉桩 37 根，港池浚深正在进行。事故发生后，沉桩、挖泥、软基加固各承包单位施工全部停止。乙区的岸坡稳定、真空预压加固软基施工继续正常进行。

2. 事故原因分析

工程的平面布置示意图如图 2-26 所示。

经过现场调查、分析，事故的主要原因如下：

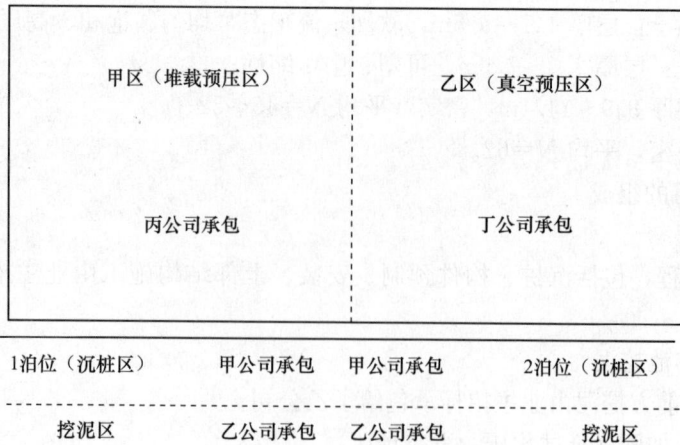

图 2-26　工程的平面布置示意图

（1）工程施工顺序安排不合理，对岸坡稳定形成了最不利的荷载组合

甲区堆载预压在进行中，堆载已达 3 级（堆高 3.8m），荷载约为 47kPa，致使堆载区的岸坡土体产生向海侧的挤出侧向变形。而此时岸坡和港池的挖泥与堆载同时施工，随着浚深的增加，使岸坡的陡度不断加大。

在这种情况下，在岸坡及其前沿同时实施沉桩，沉桩施工的振动（沉桩用 D100 柴油锤）及岸坡桩的下溜趋势，进一步加剧了滑坡发生的趋势。

（2）港池挖泥严重超挖

由于岸坡挖泥有时受水深限制，有时与沉桩单位相互干扰，在 1 泊位挖泥区严重超挖，超挖范围大，在码头岸线范围内超挖 0.5m 以上的达 70% 以上，平均超挖深 2m、最大超挖深为 5m。沉桩施工对超挖状态并不知晓。

（3）盲目施工

1）由于承包堆载预压的丙公司将堆载料的运输分包给了某包工队，运输中的野蛮施工将该区所埋设的施工监测仪器（沉降、侧向变形、空隙水压力仪、测斜仪等）均被不同程度地损坏，使整个堆载施工完全处于一种盲目状态，对于堆载后的地基固结程度、沉降是否稳定，甚至对堆载后预压区不断加剧发展的侧向变形和滑动失稳的临界状态一无所知，当然也未能及时采取应急措施制止滑坡的发生。

2）《工程建设标准强制性条文》中规定"施工期应验算岸坡由于挖泥、回填土、抛填块石和吹填等对稳定性的影响，并考虑打桩振动所带来的不利因素。施工期按可能出现的各种受荷情况，与设计低水位组合，进行岸坡稳定验算"。该工程事先没有进行这种验算，施工过程中，由于监测仪器的损坏，土体各种指标的变化无从获得，验算也无法进行。否则，滑坡的危险或许会被提前发现和制止。

3）客观原因是，滑坡发生时恰逢望日（农历八月十六）大低潮（潮位＋0.5）。

4）事故发生后对岸坡稳定性的核算：

① 对甲区发生滑坡的核算

根据滑坡发生时的工况，结合滑坡后的地质钻孔资料各土层的指标，应用地基计算系统 DJ95 对滑坡的发生进行了验证性计算。

152

计算结果表明，在②、③层土的结合面，抗滑稳定安全系数 K 仅达到 0.831、圆弧滑动半径 R 为 34，如图 2-27 所示。

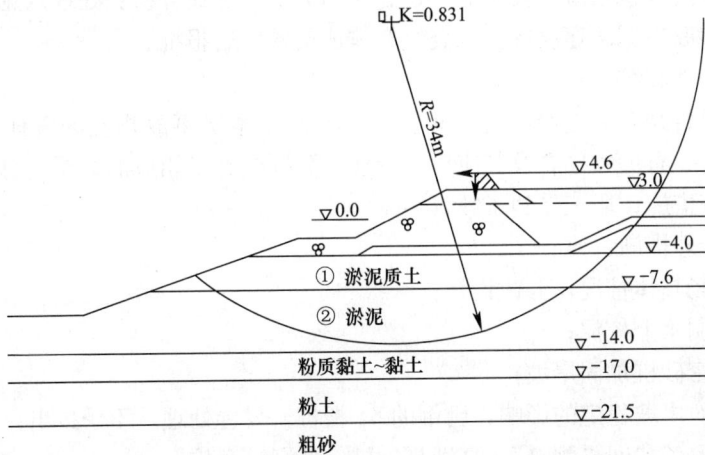

图 2-27　对滑坡发生的核算图式

② 对乙区真空预压岸坡稳定的分析

在甲区发生滑坡时，乙区真空荷载稳定在 80kPa 已 2 周，施工区内埋设的各种监测仪器工作正常、观测数据连续，测得岸坡土体背海向岸侧的平均变形为 12.5cm、平均沉降为 32.7cm，土体得到了一定程度的固结，保证了岸坡稳定，显示了真空预压加固软基有利于岸坡稳定的技术优势。

3. 事故的处理

事故的调查处理，必须坚持"事故原因未查清不放过，事故的责任者未受到处罚不放过，群众未受到教育不放过，防范措施未落实不放过"的原则。具体处理工作是：

（1）事故发生后，各单位立即将情况向各有关部门（各上级主管部门、集团主管部门、交通部质量监督部门、当地安全生产监督、质检、公安、检察、工会等部门）作了汇报，内容包括事故发生的时间、地点、经过等。

（2）保护好滑坡事故的现场，在事故调查组调查、取证、记录完成前，不移动、清理现场。

（3）组织调查。在接到事故报告后，企业负责人立即组织生产、技术、安技、工会等部门的人员组成事故调查组赶赴现场进行调查。

（4）现场勘察。调查组现场勘察的主要内容有：做出笔录、现场拍照（录像）、现场测绘等。

（5）分析事故原因，确定事故性质：

1）查明事故的经过，弄清造成事故的人员、设备、管理、技术等方面的问题，确定事故性质和责任；

2）封存、整理、查阅有关资料，根据调查确认事故的事实；

3）根据调查确认事故的事实按《企业职工伤亡事故分类》GB 6441—86 附录 A 的 7 项内容进行分析，确定事故发生的直接和间接原因以及事故的责任者，进一步通过对直接和间接原因的分析，确定事故中的直接责任者和领导责任者，再根据其在事故发生过程中的作用，确定主要责任者。

（6）提出调查报告：

调查报告的内容包括事故发生的经过、原因分析、责任分析和处理意见、本次事故应接受的教训、整改措施的建议等。调查组全体成员签字后报批。

（7）事故处理和结案：

事故调查报告经有关上级各部门审批后，确定了本次事故相应的责任人、直接责任者、主要责任者、有关领导者及其应负的责任，分别受到了相应的处罚；总结了教训、落实了整改和防范措施；职工受到了教育。

（8）工程处理措施：

1）根据现场具体情况，修改设计；

2）有效控制水上挖泥；

3）采用挤密砂桩加固岸坡；

4）为防止对岸坡稳定的影响，已倒的64根桩，妥善处理，不予拔出；

5）沉桩采取了"间隔跳打"、高潮打近桩、低潮打远桩；

6）重新设置观测仪器、加强观测、指导科学施工。

实践证明，这些措施是有效的，工程已顺利竣工、正常运营多年。

4. 应吸取的教训

1）工程不能肢解得过于分散。

该工程沉桩、挖泥、软基加固的施工，其相互的关联性和制约性很强，对于这样的工程，不应该过于分散地发包。在本工程中，总计发包给了甲、乙、丙、丁4个独立、不相干的公司承担，相互之间无制约、难协调，是工程在组织方面酿成事故发生的原因。

2）应该对参与施工的各单位建立起有效的制约和协调机制。

这种制约和协调机制应在合同中加以明确和规定，各单位应按合同规定有力地贯彻落实，加以执行，监理工程师应该在工程开工后按合同规定有效地进行监理、监督。

3）施工开始前，应该以承包主体工程施工的甲公司为主，协同参与工程的其他各单位编制统一的施工组织总设计，落实合同中规定的制约和协调机制。各单位必须严格按照施工组织总设计的统一安排，分别编制各自的施工组织设计，并在施工中落实执行。

4）该工程施工，应提前进行甲、乙区的软体地基加固，使软土土体的沉降量、抗剪强度、承载力值达到设计要求的指标。在软基加固的过程中，特别是对于堆载预压，应该加强观测，根据观测结果决定持荷时间及下一级荷载的加荷时间等。岸坡及港池挖泥前应按《工程建设标准强制性条文（水运工程部分）》对安坡施工期的稳定进行验算，港池挖泥应逐层进行，严禁图方便在码头前沿先挖大坑、靠斜坡区泥溜滑入大坑的做法。

5）软基加固施工中、特别是堆载预压中堆载料的倒运、堆荷中，必须强调对所埋设的各种观测仪器的保护，对分包运土单位进行技术交底，强调保护观测仪器的重要性，并落实施工中的具体保护措施。仪器的埋设也应做出明显标志、采取有效的自身保护措施。

应当根据观测结果指导科学地组织施工。

6）在斜坡泥面上沉桩应采取削坡和分区跳打的措施。

7）挖泥和沉桩的施工可考虑避开特大低潮时段进行。

【案例 53】

1. 背景

该工程为沉箱重力式码头，沉箱顶部浇筑浆砌块石墙，浆砌块石墙前部现浇混凝土胸墙。混凝土设计强度标准值为 C25。如图 2-28 所示。

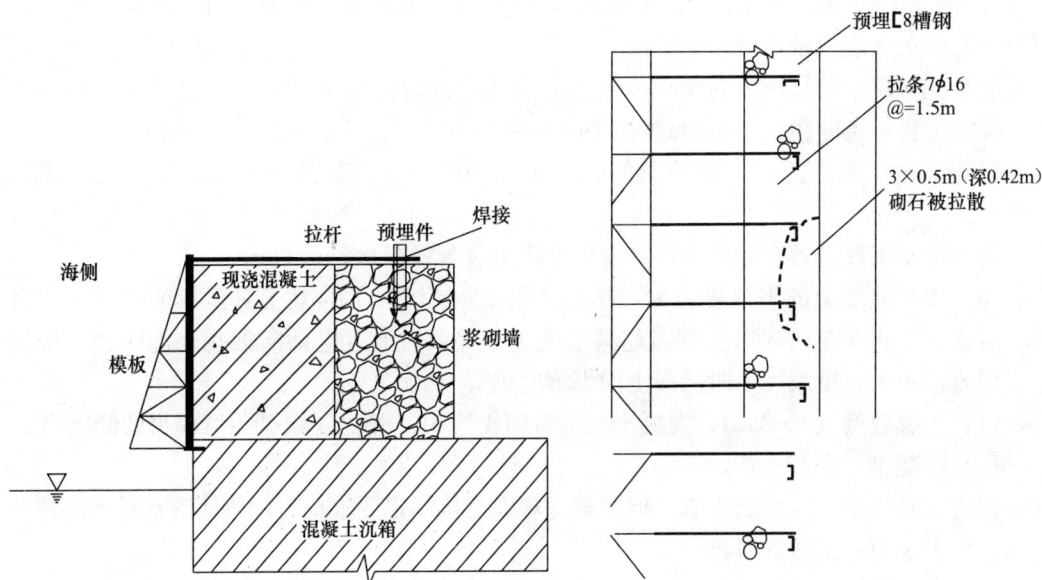

图 2-28　码头胸墙结构示意图

2. 事故经过

2000 年 4 月 2 日 15：30，现场负责人赵某带领铁工、电工、混凝土工等 4 人及民工 10 人至现场，16：00 开始现浇胸墙混凝土施工。胸墙混凝土由某商品混凝土公司供给，罐车运输混凝土。20：30 第 11 罐车混凝土开始下灰，现场负责人赵某在罐车南侧观察下灰情况，混凝土工张某在北侧模板操作平台中部进行混凝土振捣操作。20：45，当第 11 罐车混凝土将要下灰完毕时（此时模板内已浇筑混凝土 62m³），轰然一声闷响，整体模板连同混凝土一起倒入海中，

张某和另一名民工孙某也随同被抛入海中，赵某高呼救人，忙乱中有人抛大块木板作救生用，李某闻声和衣跃入海中救人，约一刻钟后，民工孙某被抢救上岸，经"120"急救获生、身受轻伤。但混凝土工张某被模板击中头部沉入海底，直至潜水员来后，才从海底捞出，已过约 75 分钟，抢救无效、溺水死亡。

3. 事故原因分析

(1) 固定模板拉条的锚碇预埋件预埋不牢。

1) 预埋件选用为 [8 槽钢，共预埋 7 根，其中 6 根槽钢腹板大面（8cm）与浆砌墙前沿线垂直、其余槽钢均为翼缘小面（4cm）与浆砌墙前沿线垂直，使用的 7 根封面拉条中有 6 根施焊在槽钢翼缘小面上，焊缝短、拉力不足。

2) 拉条与预埋件之间焊接不牢。从已破坏的焊口检查，普遍存有虚焊、假焊、夹渣的现象。

3) 浆砌石墙质量差，砂浆不饱满，局部砂浆松散、强度低，致使预埋锚定槽钢锚固

不牢，甚至有 300cm×52cm×42cm 的墙体被拉松散。

（2）模板固定拉条数量不够。

在模板设计中，没有进行模板的侧压力计算和拉条的数量、直径、间距和应力计算，仅凭经验设置了 7 根 Φ16，间距 1.5m 的拉条。事故发生后，依据《港口工程技术规范》JTJ 221 附录七"普通模板设计参考资料"，结合本工程的具体情况进行了计算，结果表明拉条的数量（或拉条直径）不足：

混凝土对模板的总压力为 100.4kN/m，模板顶部的拉力为 36kN/m

按本工程拉条间距 1.5m，每根拉条受力为：$36×1.5＝54kN$

拉条 $[\sigma]＝17kN/cm^2$，则拉条的直径应在 Φ22 以上，显然本工程的拉条直径选用不足。

如果按本工程拉条直径为 Φ16，则拉条间距应布置在 0.75m 以内。

（3）商品混凝土的坍落度过大，达到了近 20cm 增大了混凝土对模板的侧压力。对此，混凝土工张某曾向现场负责人赵某反映过，并及时通过电话向混凝土供应公司提出了，但改进不大，事故发生时混凝土的坍落度仍有 18cm 左右。

（4）气温较低（2～3℃），混凝土凝结时间长达 5h，增大了混凝土对模板的侧压力。

（5）混凝土工张某违章。

按规定临水作业应穿救生衣，但张某违规没有按固定要求执行，致使落水后不能浮于水面，失去了第一抢救的时机。

（6）管理混乱，内部发包失控。

项目部对该工程实施内部发包，交由赵某负责，但在发包合同中关于上缴利润条款未能取得一致，工程草率开工，以致用工、材料、设备、技术、安全、调度几乎都由赵某一人应付，压缩成本过度，安全管理不到位。

（7）公司管理存有薄弱环节，"以包代管"削弱了部门的管理职能。

4. 事故的处理

（1）经过调查、分析确定了事故事实、经过、事故发生的原因；明确了事故的性质：是一起由于工程技术质量事故而导致的人身伤亡事故。确定、分清了责任人、主要责任人和相关领导的责任。

（2）在分清责任的基础上，事故的当事人和有关的各方和相关的领导，按照规定，都受到了相关的处罚，接受和总结了经验教训，参与施工的群众也接受了一次技术、质量、安全的教育。

（3）妥善处理了伤亡者的后事。

5. 应吸取的教训和预防同类事故重复发生的措施

（1）施工中，对类似承重模板的拉条、围檩、螺栓等受力构件，一定要结合工程的具体情况进行受力计算，不可仅凭经验或盲目照套别人行事。

（2）对受力预埋件的埋设一定要认真检查，务使其埋设位置准确、埋设密实可靠；受力构件的焊接要经过计算，焊缝饱满、长度足够、无假焊、无虚焊、无夹渣。

（3）严格控制混凝土的质量，在模板设计时混凝土的侧压力计算中，要考虑到工程的具体情况，适当考虑各种特殊情况的荷载组合。

（4）严格管理，防止"以包代管"的倾向。

（5）加强遵守各项工艺制度、工艺纪律、安全操作规程、安全生产制度的自觉性教育和监督，加大奖罚的力度和监督。

【案例54】

1. 背景

（1）工程概况

长江口是巨型丰水多沙河口，经过长期的历史演变和近半个世纪的工程治理，形成了目前三级分汊、四口入海的稳定格局，主要的入海汊道自北至南为北支、北港、北槽和南槽。长江口大通站多年（1985年前）平均入海径流为9240亿m³（年平均流量29300m³/s），入海沙量4.86亿t（年平均含沙量0.547kg/m³）。从1990年起大通站平均径流量为9510亿m³，入海沙量3.4亿t。由于咸、淡水交汇，形成河口环流系统并产生细颗粒泥沙絮凝，在河口下段出现最大混浊带和相应的浅水区，即东西长达40~60km的"拦门沙"区段，最小滩顶水深为5.5~6.0m（理论深度基准面，下同），成为长江下游诸港和上海港海上运输的瓶颈。其中，作为长江出海主要通道的北槽航道，工程前通过疏浚维持7m通航水深作为万吨以上海轮进出长江口的航道，年维护量约为1200万/m³。

为打通长江口拦门沙这一制约长江三角洲经济发展的瓶颈，自1958年以来，一大批专家学者从不同学科专业角度，针对长江口治理方案作了大量研究。特别是1991~1993年开展的"八·五"国家重点科技项目（攻关）"长江口拦门沙航道演变规律及整治技术的研究"取得了重大进展。根据河口总体河势的稳定性、受上游河势局部变化影响程度、过境底沙量及通达上海港的方便程度等，选定北槽作为深水航道，明确了采用整治与疏浚结合的工程方案。建设分流口鱼嘴工程以稳定北槽有利河势，控制分流、分沙比；建造南、北导堤以归顺水流，形成北槽优良河型，阻挡堤外滩面泥沙侵入北槽，归集漫滩落潮水流并拦截江亚北槽的落潮分流，增强北槽水流动力，消除横沙东滩窜沟对北槽输沙的不利影响；建造19座丁坝以调整流场，使自然深泓与航道轴线趋于一致，增加航道范围单宽流量，有利于深水航道的成槽与维护；通过疏浚工程，加速形成深水航道，维护航道水深。

1）地理位置

长江口深水航道治理工程位于长江口南港北槽水域。工程总平面图如图2-29所示。

2）整治建筑物功能

从总体上发挥"导流、挡沙、减淤"的功能。据此，提出整治建筑物主体工程采用"分流口工程（鱼嘴和潜堤）、宽间距双导堤及长丁坝群"的布置形式。

① 分流口工程的功能

（a）稳定南北槽天然分流口的良好河势，稳固江亚南沙，阻止沙头的冲刷下移。

（b）稳定北槽上口良好的进流、进沙条件，使北槽上El主流与南港下段主流顺畅连接；继续保持底沙主要从南槽输送出海的状态。

（c）稳定潜堤北侧深泓，拦截底沙向北槽转移，维持南港下段圆圆沙航道良好水深条件。

② 南、北导堤工程的功能

（a）形成北槽南北固定边界。

（b）归顺涨、落潮流路，形成北槽优良河型，并为建筑丁坝形成整治治导线（丁坝

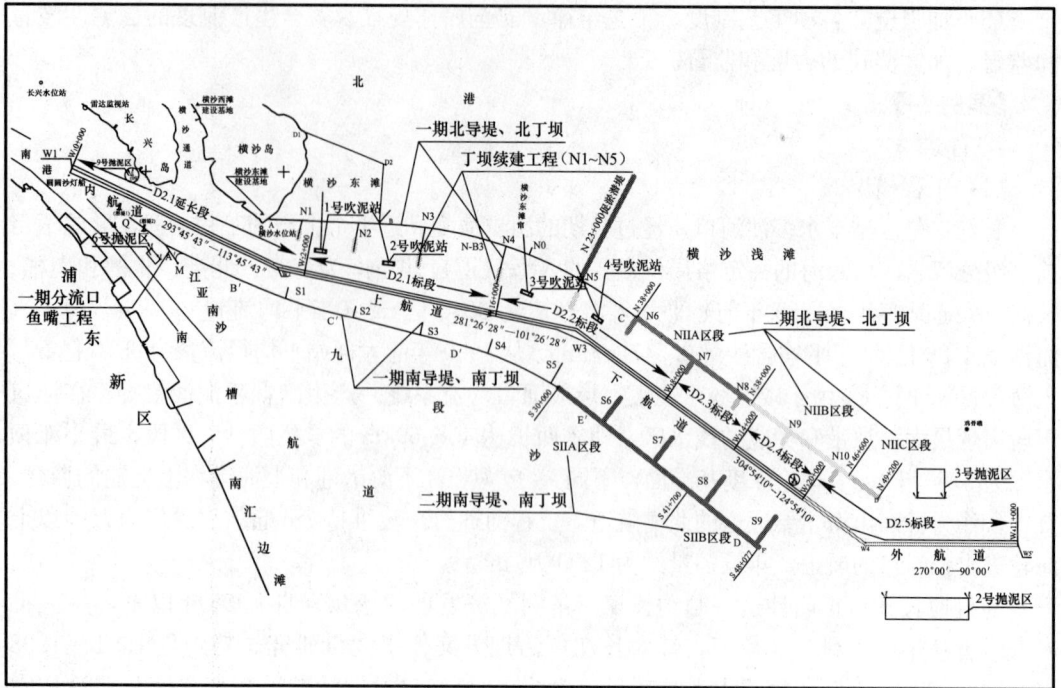

图 2-29　长江口深水航道治理工程总平面图

头部连线即为治导线）提供依托。

（c）减少滩槽泥沙交换，阻挡北槽两侧滩地泥沙在大风浪作用下进入航道，减轻航槽回淤。

（d）归集北槽两侧漫滩水流，增强北槽的水动力。

（e）使落潮主流与航道轴线趋于一致，变旋转流为往复流，并改善槽内航行条件。

③ 丁坝工程的功能

（a）以导堤为坝根，布设南、北丁坝群。其主要功能是：形成合理的治导线，调整流场，适度增强治导线范围内的流速、归顺流向，调整北槽河弯形态，调整河床断面从宽浅变为窄深。

（b）消除拦门沙，形成连续、稳定、有相当宽深尺度、覆盖航道的自然深泓，提供有利航道开挖和维护的必要的水、沙、地形条件。

3）主要工程量

见表 2-15、表 2-16 所列。

长江口深水航道分阶段建设规模　　　　　　　　　　　表 2-15

实施阶段		一期工程		二期工程		三期工程	总　量
		计划	实际	计划	实际		
分流口	南线堤（km）	1.60	1.60				1.60
	潜堤（km）	3.20	3.20				3.20
南导堤（km）		20.00	30.00	28.08	18.08		48.08
北导堤（km）		16.50	27.91	32.70	21.29		49.20

158

实施阶段	一期工程		二期工程		三期工程	总 量
	计划	实际	计划	实际		
丁坝（座/km）	6/9.17	10/11.19	13/20.51	9/18.9		19/30.09
航道水深（m）	8.5		10		12.5	12.5
航道宽度（m）	300		350/400		350/400	350/400
疏浚量（万 m³）	4496	3182	7635	5920	15090	
工期（年）	3	1998.1-2001.9	3	2002.4-2004.12	4	
投资（亿元）	32.55	30.88	63.37	57.11	28.75	

一期、二期工程主要实物工程量 表 2-16

序 号	项目名称	单 位	一期工程实际工程量	二期工程实际工程量	总 量
（一）	主要实物工程量				
1	砂被铺设	万 m³	0	81	81
2	塑料排水板打设	万 m	0	549	549
3	软体排铺设	万 m²	600	589	1189
4	袋装砂堤心	万 m³	21	31	52
5	半圆体安装（200t）	个	4200	2318	6518
6	半圆体安装（500t）	个	0	1096	1096
7	半圆型沉箱（1000t）	个	0	544	544
8	基床整平	万 m²	27	45	72
9	半圆体（沉箱）内充砂	万 m³	2	60	62
10	倒 T 形块体	个	114	0	114
11	削角王字块	个	1031	0	1031
12	2t~10t 钩连块体安装	个	281628	264169	545437
13	六面、两面空心方块安装	个	0	27028	27028
14	各类抛石	万 m³	223	506	729
15	制安灯桩基础	个	24	18	42
（二）	主要材料用量				
1	土工布	万 m²	1525	2176	3701
2	加筋带	万 m	1666	2794	4460
3	水泥	万 t	30.6	47	77
4	塑料排水板	万 m	0	624	624
5	橡胶阻滑板	块	0	29639	29639
6	混凝土总量	万 m³	92	157	249

4）工期

总体方案中各部分的功能、机理及效果相互关联，是一个相互联系的、有机的整体。本着"一次规划、分期见效、分期实施"的原则，工程分为三期建设，分别实现 8.5m、10m 和 12.5m 的航道水深治理目标。

一期工程 1998 年 1 月开工，2000 年 3 月达到一期工程目标水深 8.5m，2002 年 9 月通过国家验收。

二期工程 2002 年 4 月 28 日正式开工，2005 年 3 月 29 日航道全槽 10m 水深贯通，提前完成了二期工程，2005 年 6 月 16 日通过了交工验收，2005 年 11 月 21 日通过国家竣工验收。

三期工程 2006 年 9 月 30 日正式开工，计划 2009 年底完工，届时将实现工程最终治理目标 12.5m 水深。

（2）工程的特点

1）远离陆域，水文、地质条件差，工况恶劣

工程位于长江口北槽的茫茫江面，平均距上海外高桥江岸 50km，现场全部作业无陆基依托，常年受风、浪、流影响。综合测算，年水上可作业天仅有 140～180 天。

由于地处外海，水工结构与内河航道整治建筑物不同，必须承受强大的波浪力作用（随水深不同，$H_{1\%}$ 可达 3～8m）；且河口地区的地基条件较差，除表层分布着 1～6m 厚度不均的松散粉砂层（二期工程下游端缺失，直接为淤泥出露）外，下卧土层均为高压缩性、强度很低（N＝1～2）的淤泥或淤泥质土。对于需发挥"导流、拦砂、减淤"功能的整治建筑物，一般应考虑采用重力式结构，但在"大浪、软基"的条件下，合理结构形式的选择则成了具有挑战性的课题。

2）工程量大，施工强度高

本工程各类整治建筑物的总延长超过 130km，为给航槽疏浚工程施工创造较好的掩护和减淤条件，一、二期工程的疏浚工程均宜在导堤基本成型后再开工。因此，从总进度安排上要求每个月平均建成 2km 以上的导堤。如此高的施工强度在国内、外水运工程建设史上是前所未有的。

3）滩面泥砂具有高可动性

建筑物下的滩面主要由 $\bar{d}_{50}＝0.086mm$ 左右的粉砂组成，极易因水流作用而掀扬和运移。整治建筑物的施工又必然引起周边流场的改变，通常会使沿堤流发育而加剧堤侧滩地冲刷，进而危及建筑物的稳定。采取能有效控制建筑物周边河床冲刷的整治建筑物结构设计、施工工艺及工程管理措施，成为保证工程成功建设的又一技术关键。

4）局部河势变化的不确定性

长江口是巨型多汊河口，有其独特的水沙运动和演变规律，决不能照搬密西西比河口、莱茵河口等任何河口治理工程的经验；工程前 40 余年的研究成果虽然揭示了长江口水沙运动及河床演变的基本规律，提出了总体治理方案，但南支河段洲滩尚不稳定，北槽的来水来沙条件存在一定的不确定性；在当前技术水平条件下，作为整治方案基础的数、物模研究成果尚不可能做到定量准确；尤其是对整治建筑物及疏浚工程施工过程中可能引起的局部流场及滩槽冲淤的变化尚未作过深入具体的研究。鉴于上述原因，长江口深水航道治理工程的建设管理绝不能简单地"照图施工"，而必须始终围绕获得最佳整治效果（以最小的工程代价获得全航槽设计水深，并以最低疏浚工程量稳定地加以维护），把现场监测、试验研究、设计和施工管理有机地结合起来，实施科学的动态管理。

5）整治建筑物顶高程在平均水位以下

由于长江径流丰富，长江口流场的特点之一是落潮流占优势。为了充分利用落潮流挟

沙入海，在确保治理效果的前提下降低工程投资，经细致研究、论证，在总体设计方案中，导堤顶高程统一确定为＋2.0m（平均水位），潜堤和丁坝的坝头则取为－2.0m 和±0m。这一"半潜堤"的特点对结构波浪力计算、稳定性验算及施工方案等提出了新的课题。

2. 主体结构形式及施工工艺

（1）护底软体排结构

软体排最根本的功能是依靠足够的排宽，使排外形成"最终稳定冲刷坑"（即冲刷坑近堤轴线的内坡不再向堤轴线方向发展）时，能确保建筑物地基的整体稳定性。

本工程中主要使用了混凝土连锁块和袋装砂肋两种排体压载材料。代表性的软体排结构见图 2-30。混凝土连锁块排单价较高，主要用于堤（坝）头周边易产生三维冲刷（冲刷坑）的部位；长管砂肋排虽然价格较低，但充砂管有一定的刚度，适用于易产生二维冲刷（冲刷沟）的导堤、丁坝的堤（坝）身段。

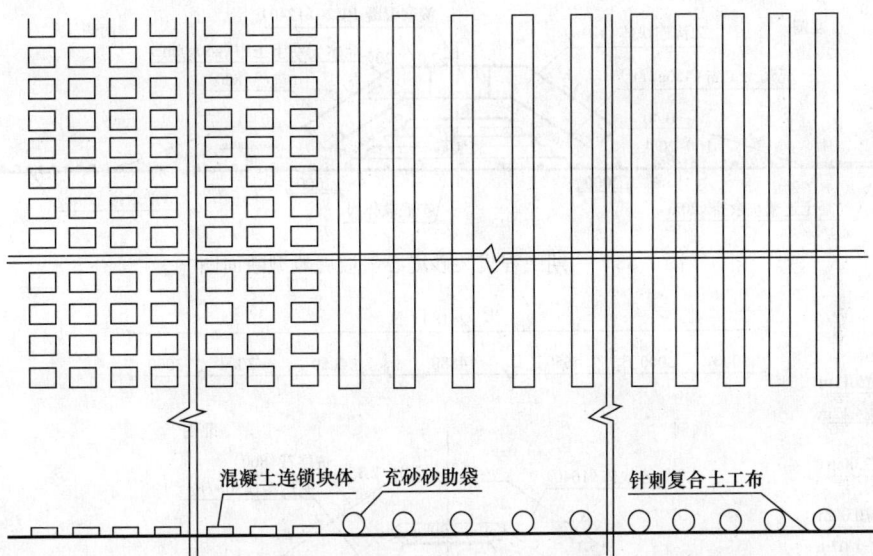

图 2-30　混合式软体排结构示意图

软体排的铺设如图 2-31 所示。软体排的铺设工艺流程如图 2-32 所示。

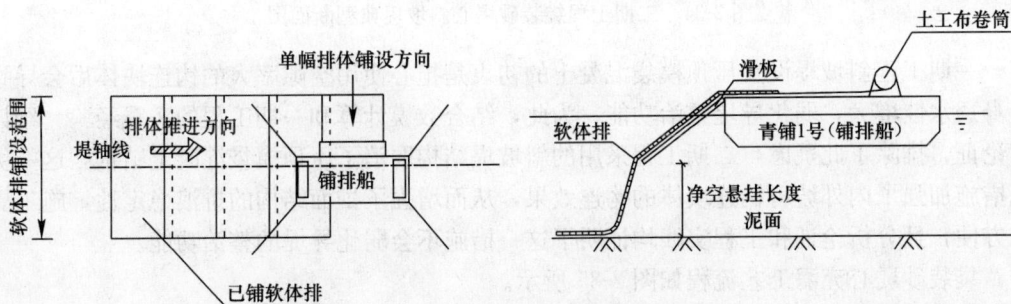

图 2-31　软体排的铺设

从护底结构的功能考虑，软体排体使用新型建材——土工织物是势在必行。一、二期工程各类土工织物总用量达到 3285 万 m² 之巨，超过了我国水运工程迄今为止的用量之和。

混凝土连锁块、土工布加工运输 → 排体土工布上卷筒 → 铺排船定位 → 排体展开、吊安混凝土连锁块

排体沉放 —设浮标2个→ 穿砂肋，冲灌砂肋 —设浮标2个→ 排体继续沉放 —设浮标2个→ 排体位置检测 → 结束

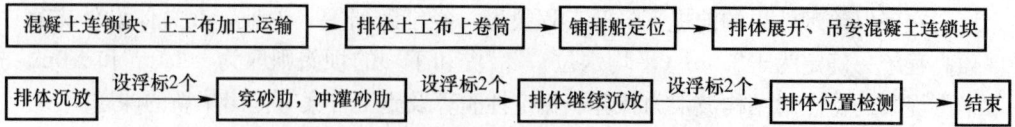

图 2-32　软体排的铺设工艺流程

（2）袋装砂堤心斜坡堤结构

图 2-33 和图 2-34 分别是一期工程施工图阶段和二期工程采用的袋装砂堤心斜坡堤的典型断面图。

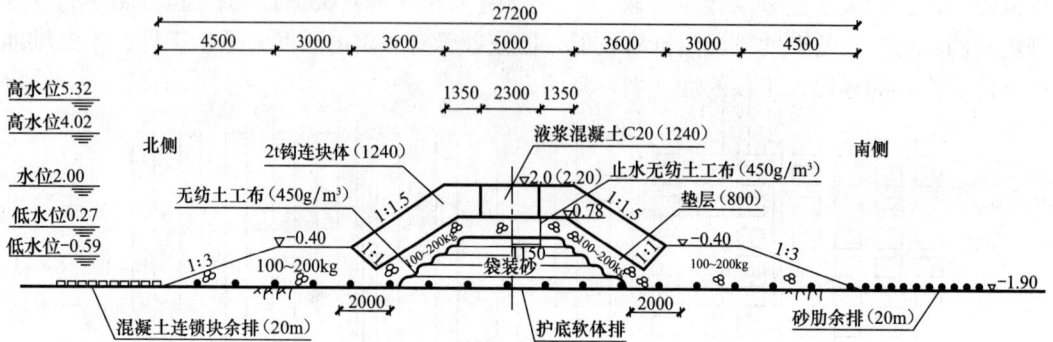

图 2-33　一期工程袋装砂堤心斜坡堤典型断面图

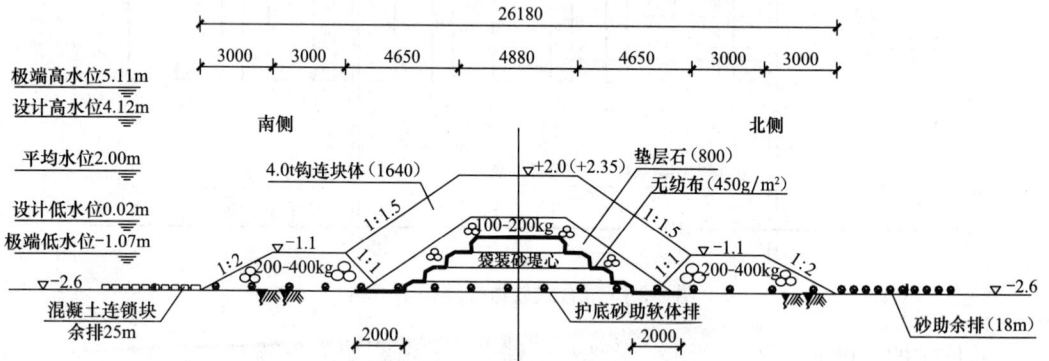

图 2-34　二期工程袋装砂堤心斜坡堤典型断面图

一期工程斜坡堤设置压顶模袋混凝土的初衷是担心使用空隙率大的钩连块体后会导致堤身透水性增大，弱化导堤整治功能。为此，结合数模计算和一期工程的实践经验，经详细论证，排除了此疑虑，二期工程采用的斜坡堤结构取消了压顶模袋混凝土结构，这一优化措施加强了内外坡肩钩连块体的钩连效果，从而增强了护面结构的抗浪稳定性，施工更加方便，且分析论证和工程实践均证明了这一措施不会弱化导堤的整治功能。

袋装砂堤心充灌工艺流程如图 2-35 所示。

充灌砂袋专用船定位后，运砂驳系靠在充袋船一侧；将缝制好的砂袋通过压袋筒底部后，用卷袋筒卷袋；卷至袋头后，将袋体在船甲板上展开，并使袋头挂在船舷旁；袋头系上定位桩，使袋头随定位桩下沉于河底；泥浆泵管头插进充砂袖口，并用尼龙绳活结绑扎于袖口上，以便自该袖口完成充砂后，松开绑扎绳，抽出充砂管。

162

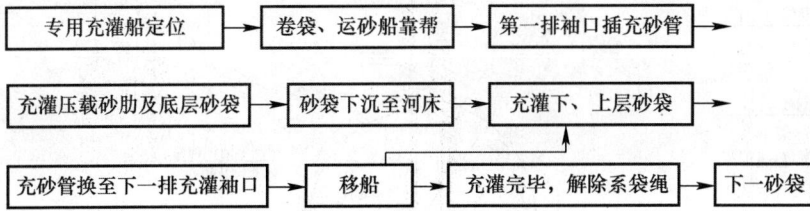

图 2-35　袋装砂堤心充灌工艺流程图

上述充袋准备作业完成后，压排筒压紧袋体；启动泥浆泵开始充砂，当袋头充至一定砂量后，定位桩与袋头分离。根据袋中所充灌的砂量，将泥浆泵管头移插至未充砂的袖口，升起压排筒，缓慢松开卷筒刹车，利用袋中砂的自重，袋体分段下滑沉于河底，然后启动锚机并在 GPS 定位系统的指示下沿堤轴线缓慢移动船位。重复以上操作，直至整个袋体充灌完成。底层砂袋充完后，移动船位，充灌上层砂袋，直至砂袋堤心筑至设计高程。

一、二期整治建筑物共 38.1km 的堤段采用了袋装砂堤心斜坡堤结构，充砂总量达 52 万 m³。

（3）半圆型导堤结构

日本在 1985 年开发了半圆型结构，但仅于 1992 年在宫崎港建设了 36m 长的实验堤。设计对日本半圆堤在结构上作了重大改进，使得在日本因"施工复杂、造价昂贵"而未能应用于实际工程的结构形式在我国成为"施工简便、造价较低"，得到大面积应用的新型结构（图 2-36）。一、二期工程采用半圆体结构的堤坝段总长达 50.01km。

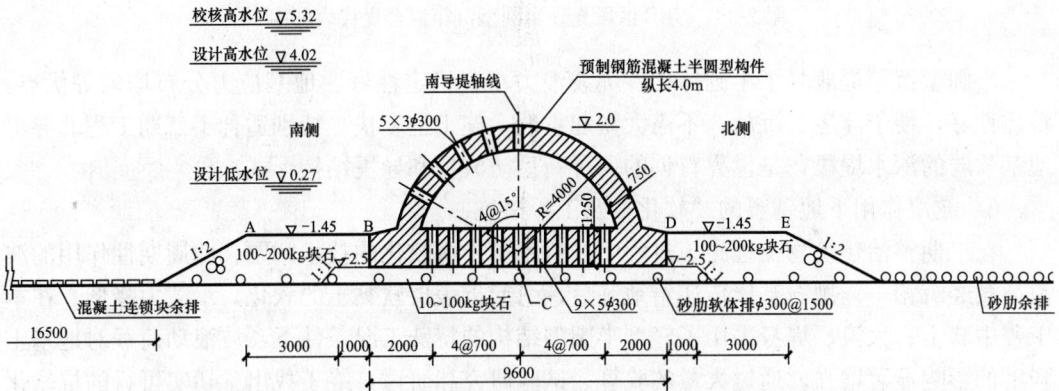

图 2-36　一期工程半圆型导堤代表断面图

在长江口深水航道治理工程中，又自主开发了两种新型结构。

1）充砂半圆体结构

二期工程中，设计提出了充砂半圆体混合堤结构形式（图 2-37）。

这种结构与日本的半圆体比较，改善了结构在施工及使用期的受力状况。通过腔内充砂，减薄钢筋混凝土拱圈和底板，减少混凝土用量，节省了工程造价。

2）半圆型沉箱结构

设计针对二期工程水深、浪大、软基、工期紧迫等特点，创新地提出了半圆型沉箱结构（图 2-38）。

163

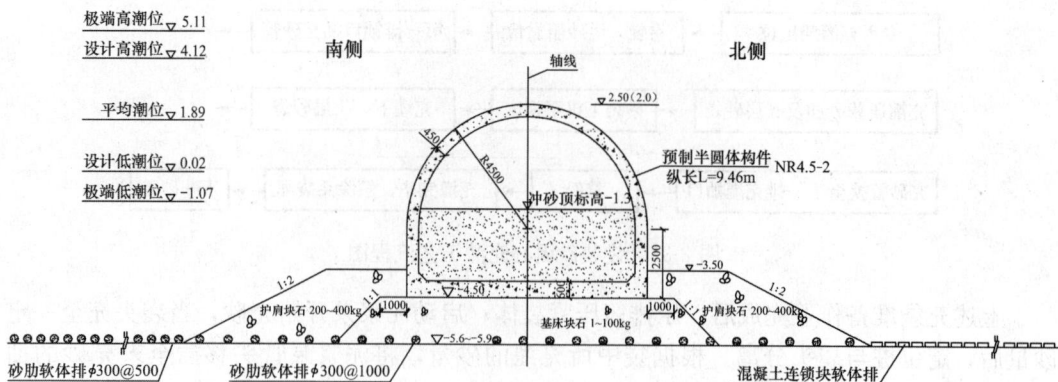

图 2-37　充砂半圆体结构典型断面

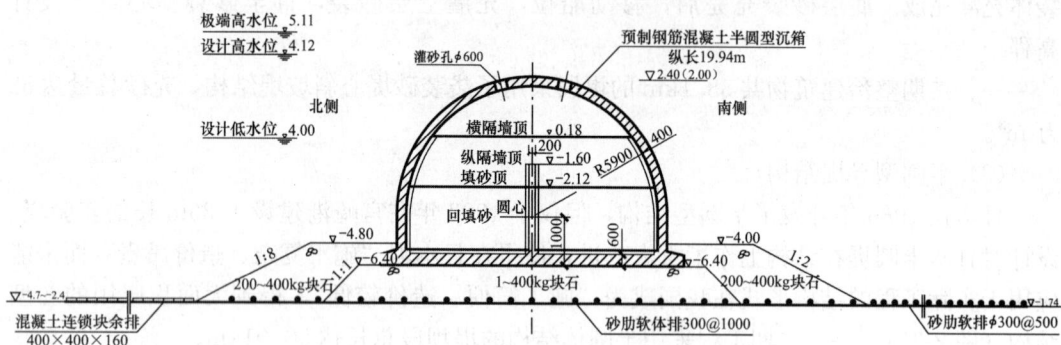

图 2-38　NIIB 区段充砂半圆型沉箱混合堤代表断面

半圆型沉箱堤兼具了半圆体构件堤波浪力小、稳定性好、地基应力分布均匀等优点，整体性好，便于浮运、沉放，不需大型起重船，施工进度快。特别适合于二期工程北导堤地基软弱的深水堤段，是世界首创的一种新型防波堤和导堤结构形式。

3）波浪作用下地基土的"软化"及工程措施

在二期整治建筑物工程施工过程中，遇到了土壤软化的技术问题，即周期性作用的波浪荷载经沉箱——抛石基床传递给地基后，引起近表层软黏土的软化，承载力降低。在本工程中软土、大浪、堤身采用了轻型半圆型结构的特殊工况条件下，波浪动荷载对地基土强度的影响显著增强。通过大量的验算、试验研究和研讨，终于找出了切实可行的抗软化工程措施，即：在原地基表面铺设砂被作为水平排水层；穿透砂被，在易软化的②$_{2-0}$或和②$_{2-1}$土层中打设塑料排水板作为竖向排水通道；利用抛石基床及与之等厚的部分护肩棱体块石的重量作为预压荷载，加速软土的排水固结；待软土强度提高至具备抵抗施工期波浪动荷载可能引发的软化作用后，再安装半圆形堤身结构，完成设计断面。

设计据模拟上述工艺方案的室内试验成果，综合采取了适当增大沉箱底宽、增加基床厚度和边载棱体宽度等措施。为确保主体结构的抗滑稳定性，对箱内填砂高度、过水孔设计等进行了优化，作出了修改设计，代表断面见图 2-39。

半圆型沉箱混合堤断面的主要工序施工流程如图 2-40 所示。

半圆型沉箱在横沙基地预制场预制，分底板、侧墙、拱圈三层和封端混凝土四次浇

164

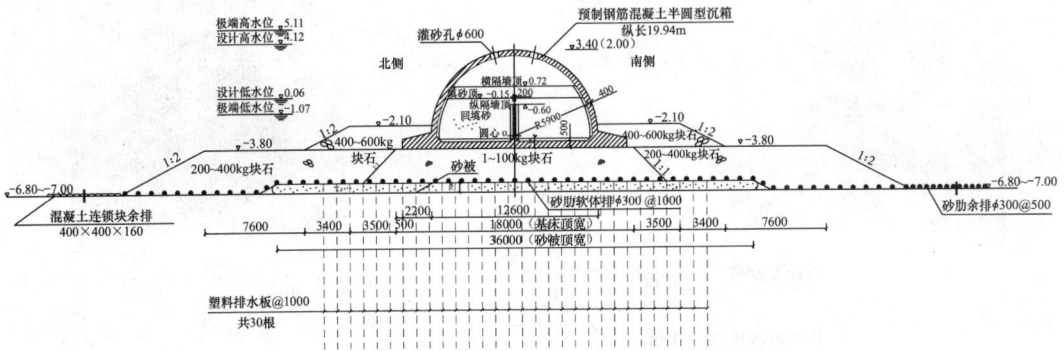

图 2-39　北导堤 N44＋000～N45＋000 修改设计断面

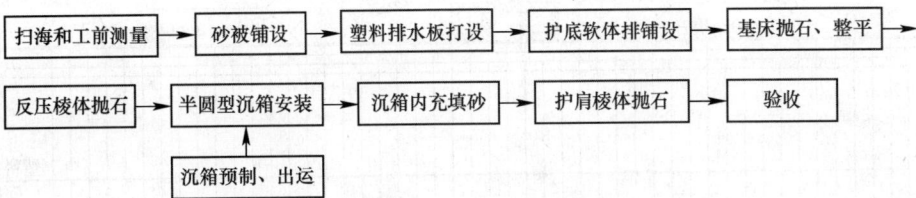

图 2-40　半圆型沉箱混合堤施工流程图

筑。模板采用大片异型钢模，拱圈内模整体抽芯；钢筋按混凝土分层断开，按规范有关规定预留搭接长度，横隔墙钢筋整体网片安装；混凝土后方集中拌和，罐车水平运输，泵送混凝土入仓工艺。

预制成型的沉箱达到出运强度后，使用步行式液压顶推系统，将沉箱经横移、纵移至出运滑道端头，经顶升上斜架车沿滑道溜放下水，拖轮拖至存放场存放或直接拖至现场安装。

沉箱安装使用专用沉箱安装船"长安 1 号"进行。安装船在 GPS 引导下，就位于基床北侧设定的沉箱安装位置，调准安装位置，注水坐底；拖轮拖沉箱逆流顺靠安装船带缆，然后调整各缆绳和安装船导向杆，使沉箱与设定理论位置重合后，注水下沉；沉箱底部离基床 50cm 时，再次检查沉箱位置，调整导向杆和缆绳，继续注水，使沉箱准确坐底于基床上。

沉箱安装后，按照对称、均匀的原则进行充砂。充砂标高经监理确认合格后，采用现浇混凝土对充砂孔进行封堵。

（4）空心方块斜坡堤结构

针对北导堤堤头 2.6km 地质条件极差的区段，设计提出的新型空心方块斜坡堤方案经论证、试验、优化后被采纳，断面结构如图 2-41 所示。

北导堤堤头段空心方块斜坡堤采用的六面钢筋混凝土空心方块外形为边长 2.5m 的正六面体，单体重量为 14.4t，三维开孔（方孔尺寸为 1.5m×1.5m）。

北导堤 N6、N8 及 N10 丁坝坝头空心方块斜坡堤采用的两面钢筋混凝土空心方块外形为边长 2m×2m×3m 的六面体，单体重量为 19.7t，一维开孔（方孔尺寸为 1.2m×1.2m）。

空心方块斜坡堤断面的主要工序施工流程如图 2-42 所示。

丁坝用
两面空心方块

导堤用
六面空心方块

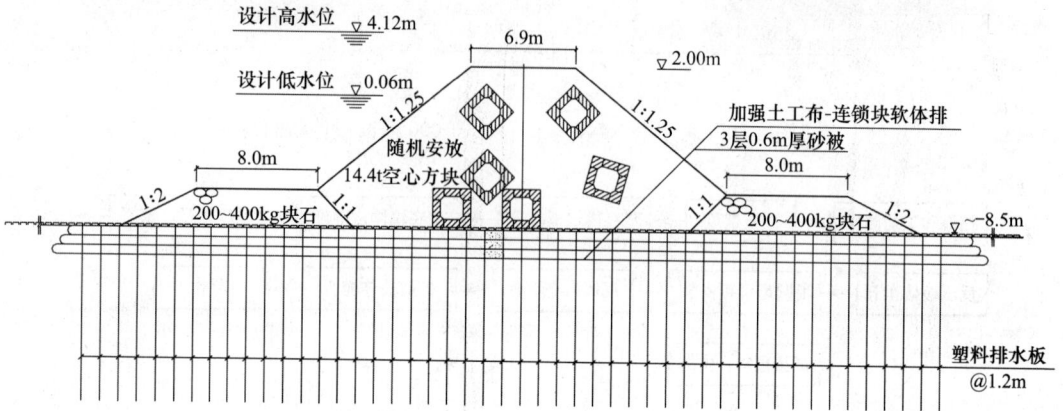

图 2-41　空心方块斜坡堤断面图

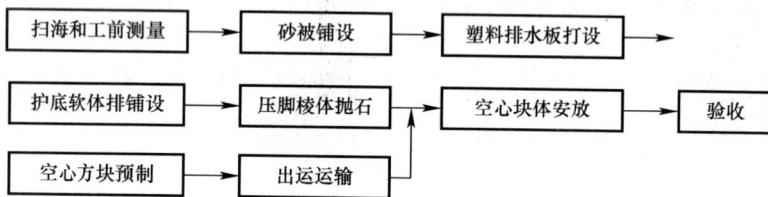

图 2-42　空心方块斜坡堤施工流程图

　　空心方块安放前需根据塑料排水板打设前砂被顶标高、设计堤顶标高及施工控制标高进行室内模型摆放试验，确定空心方块的安放层数、安放网格和安放数量，经监理、业主批准后进行施工。施工中严格按照"水平分层、质心定点、姿态随机，坝体的空隙率不大于设计规定"的要求进行。

　　二期工程共使用新型空心方块 27028 块，建成堤坝 3.08km。

　　3. 工程质量管理

　　（1）制定创优目标，落实创优计划

　　制定了创国家优质工程及每标段创一项上海市水运工程优质结构"申港杯"奖的创优目标，落实了创优计划。

　　（2）编制技术标准

　　及时、认真地组织编写了《长江口深水航道治理工程整治建筑物工程质量检验评定标准》及其《局部修订》，经交通部批准发布实施，对全部采用新型结构的一、二期工程质量管理提供了技术标准。

166

（3）建立试验检测中心

在横沙基地专为一、二期工程建立了"长江口航道建设有限公司试验检测中心"，取得水运工程乙级资质，为各监理单位对工程用料及混凝土制品质量进行平行检测服务，提高了质检资料的公信度。

（4）组织专题技术攻关

组织专题技术攻关，解决质量控制难点。例如通过专题研究，解决了塑料排水板打设的"回带"问题和打设孔砂被漏砂问题；通过空心方块安放室内试验，解决了安装数量和堤身断面尺度的控制问题。

（5）强调以工序质量保分项及单位工程质量的管理原则

强调以工序质量保分项及单位工程质量的管理原则，执行质量一票否决制。凡不合格的原材料，一律退货。二期工程中的退货批次和数量较一期工程显著减少，其发生退货土工布 4 家各 1 批，共 13.9 万 m^2，塑料排水板 1 批，10 万 m，分别占总用量 2176 万 m^2 和 624 万 m 的 6‰ 和 1.6%。

4. 施工组织管理

（1）实施科学的动态管理

在长江口深水航道治理工程建设过程中，始终坚持"以确保整治效果和建筑物稳定为目标，以现场监测成果为依据，以科研试验为手段，适时优化设计施工方案"的原则，密切关注整治建筑物推进过程中局部河势的变化，依靠科学试验和严密的现场监测，把科研、监测、设计、施工等各个环节有机地结合起来，因势利导，适时调整结构形式、施工方案和计划，确保工程的顺利实施，成功总结了一套对本工程实施动态管理的基本程序（图 2-43）。

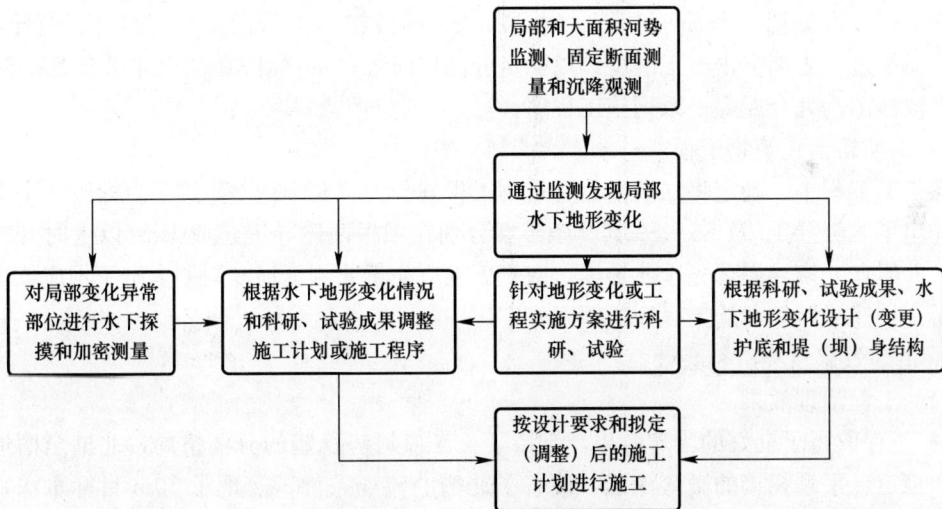

图 2-43 动态管理的基本程序

（2）确定总体施工程序的主要内容

1）根据总工期及水上施工工程量的要求合理划分导堤（丁坝）的标段；

2）确定各标段各堤（坝）段水上推进作业面的分配、施工程序、推进方向及推进速度；

3）确定导堤合龙位置及合龙施工程序；

4）确定导堤—丁坝—航槽疏浚的施工程序。

（3）确定总体施工程序时所遵循的原则

1）确保施工过程中局部河势和滩面的稳定，减少滩面地形调整对航槽回淤的影响；

2）确保各标段高速均衡施工，从而确保实现总工期要求；

3）保证建筑物施工期稳定；

4）减少施工难度；

5）在结构施工中，严格遵循"超前护底"和"堤头连续推进"的原则；

6）依据对本工程特点的具体分析，制订出一整套导堤合龙施工技术原则；

7）采用大型专用作业船的原则。

根据长江口区域的工况条件，实施总体施工程序的基础条件是要做到施工工艺和装备与工程需求相适应。为此，在工程中全面采用了 GPS 技术、通过实现水下抛石基床整平的机械化取消了潜水作业、倡导和组织各施工单位大力开发各类单一功能（即只需完成单一工序，如软体排铺设、基床抛石整平等的施工）的高效专用作业船，从而为工程的顺利实施提供了施工设备和工艺的保障。

（4）确定总体施工程序的方法

确定合理的总体施工程序的方法主要是通过二维流场数学模型（部分采用了定床物模）对拟定的多个施工分段及组合方案，按不同施工阶段研究比较流场的变化情况，分析确定。

（5）一、二期工程的主要施工程序

1）一期整治建筑物工程

根据确定的总体施工程序，规定了一期工程北导堤按一个标段由上游至下游施工；南导堤在 S9＋000 处划分为 Sw 和 Se2 个标段；Sw 标段在 A′点分潜堤、南线堤、南导堤 3 个作业面推进，先期突击施工潜堤，以稳定分流口河势；Sw 标段在江亚北槽合龙；Se 标段在九段沙窜沟处合龙等一系列施工程序。

2）二期整治建筑物工程

在二期工程中，确定将二期整治建筑物工程划分为"北 3 南 2"共 5 个标段 8 个工作面，作出了 N6～N10 及 S6～S9 共 9 条丁坝分别在坝根两侧导堤建成 1km 以上时开工的决定，并遵守"南导堤可先于北导堤，南侧丁坝应先于北侧丁坝，同侧上游丁坝应依次先于下游丁坝建成"等对施工程序的原则规定。

5. 治理效果及经济社会效益

（1）工程治理效果

1）工程取得了良好的治理效果。维持了长江口河势稳定的分汊格局，北槽全槽形成连续、稳定、平顺相接的微弯深泓，改善了北槽的流场条件，实现了 10m 目标水深，迄今为止，通航水深保证率达到 100％。

2）大型船舶通过能力显著提高。与治理前相比，通过北槽吃水大于 9.0m 的船舶由日均 12.4 艘增加到 60.4 艘，其中吃水大于 10m 的船舶更是从日均 0.4 艘增至 31.3 艘。

3）通航安全性提高、航速增大。深水航道内的波浪和水流条件大为改善，通航安全得到了有效保障，航速由 8nmile/h 提高到 12nmile/h。

（2）经济社会效益

1）促进了上海国际航运中心的建设。上海港长江口内码头的集装箱吞吐量由 1997 年的 253 万标准箱增加至 2006 年的 1849 万标准箱（不含洋山港集装箱吞吐量 323 万标准箱），增加了 6.3 倍，2004 年以来一直居世界第三；港口吞吐量由 1997 年的 1.64 亿 t 增加至 2006 年的 5.37 亿 t，增加了 2.3 倍，居世界第一。深水航道治理工程对促进长三角地区集装箱运输体系、大宗散货海进江中转体系和沿江地区江海物资转运体系以及上海国际航运中心的建设发挥了重要作用。

2）促进了长江南京以下深水岸线的利用。工程建成后，已将 10m 水深航道延伸至南京，使南京以下 400km 航道两侧的 160km 深水岸线得以更加充分利用，并为进一步开发利用长江黄金水道创造了有利条件，促进了沿江产业带及上海、长三角乃至长江流域地区经济社会发展。据江苏省测算，2001～2005 年，直接拉动江苏省 GDP 约 800 亿元。

3）加快了南京以下水运结构的调整。工程建成后，南京以下 10 多个沿江港口 200 多个（2004 年江苏 201 个）万吨级泊位直接受益，促进了长江南京以下两岸港口直接连接海运航线，形成了崭新的发展格局，江苏沿江主要港口海轮运输量大幅增长（2005 年江苏海进江运量超过 1 亿 t）。

4）大幅度提高了船舶装载量。原 7m 水深时完全不能进出长江口的 5 万吨级以上大型船舶，猛增至 4500 艘次/年，集装箱班轮每艘次增加载箱量约 2500 标准箱。大型铁矿石船舶每艘次可少减载 1 万 t 左右进入长江。2002 至 2006 年，仅大宗散货、石油及其制品、集装箱三大货种运输船舶的直接经济效益增加 333.69 亿元。

长江口深水航道治理工程的经济社会效益，随着航道的进一步增深和向上游延伸，随着长江黄金水道的充分开发利用，将会更加显著，影响深远。

【案例 55】

1. 背景

某承包商承包了北方某重力式集装箱码头和防波堤的施工工程，其中码头工程采用抛石基床。设计要求基床应坐落在坚硬的土层上，并在招标文件中给出了相应的标高和地质资料。承包商在投标时编制了施工组织设计，确定了重锤夯实基床的施工方案。根据招标文件要求并经过现场调查，承包商编制了施工进度计划，确定了防波堤的总工期为 31 个月；码头总工期为 42 个月。承包商据此编制了投标报价。经招标、评标，该承包商中标，并与发包人签订了施工承包合同，承包商按期开工，在施工的过程中发生了如下事件：

① 在基槽开挖时，施工开挖至发包人在招标时所给地质资料的相应设计标高时，土质仍十分松软，达不到设计所要求的技术指标，经报监理工程师同意，继续下挖直至达到设计所要求技术指标的土层，最深处已超深挖 10m，从而使挖泥量和抛石量各增加了 3 万 m³、费用增加了 114 万元，局部工期增加了 30d。

② 由于码头基床的高程相差致使基床的抛石厚度相差很大，若仍采用重锤夯实法施工，施工控制的难度很大，夯实船在海上停留的时间过长，受风浪影响大，施工效率低、工期要延长。为此，承包商提出改用爆夯方案，并向监理工程师递交了具体的施工方案，需增加费用 50 万元，工期不延长。

③ 在进行沉箱安装施工时，由于防波堤施工尚未完成，沉箱的安装是在没有掩护的情况下进行的，经查阅，交通部有规定，对无掩护海域的施工，应增加外海施工系数：人

工费增加 10%、船舶及水上施工机械费增加 25%。

2. 问题

根据施工过程中所发生的事件，承包商提出了如下申请，是否成立？

（1）针对事件①，承包商按合同约定，提出了增加费用 114 万元和延长工期 30d 的申请。

（2）针对事件②，承包商提出了增加费用 50 万元。

（3）针对事件③，承包商提出了增加人工费 10%、船舶及水上施工机械费增加 25%。

3. 解析

（1）所提申请成立，增加费用 114 万元和延长工期 30d。理由是现场地质条件与招标文件所给的资料发生了较大变化，属于工程变更范畴的问题，是属于发包商的责任，应按合同约定给予承包商以费用和工期的补偿。

（2）承包商改变施工方案，是为了便于施工，缩短船机在海上停留的时间，不是发包商的要求，是属于承包商自己的替代方案，由此所发生的费用应由承包商自己承担。

（3）承包商提出了增加人工费 10%、船舶及水上施工机械费增加 25%。的申请不能成立。因为在防波堤建成前，在无掩护的条件下进行码头沉箱安装，是承包商自己的施工组织设计所安排的，按照这样的安排，承包商在投标报价中理应包含了无掩护海域施工应增加的外海施工系数。投标文件不报，属于漏项，责任自己承担。

【案例 56】

1. 背景

为配合某内河枢纽的兴建，航运部门决定投资 1 个亿，整治 2 个碍航滩段，扩大其通航能力。投资部门成立了项目公司为项目法人，负责项目的管理建设，经设计立项，有关部门审查批准，在办理相关手续后，先实施 W 段航道整治工程，工程费用 6800 万，工程由筑坝与疏浚项目组成，项目公司将 W 航道整治工程的监理任务直接委托了某水利监理资质的 A 监理公司，开工后因质监部门检查指出其做法不妥，业主进行了改正，将工程监理委任某水运工程甲级监理资质的 B 监理公司，并与其签订了监理合同。B 监理单位在接手后，按《水运工程施工监理规范》JTJ 216—2000 的规定，对工程实施的过程开展了监理工作。

2. 问题

（1）为什么质监部门指出业主做法不妥？

（2）本工程的 B 监理公司的监理工作包括哪些阶段，其内容是什么？

（3）监理对 W 段项目中标的施工单位进行了监理交底，对提交的施工组织设计进行了审查，审查意见为"主要内容有缺项（具体缺项详见附页），补充后重新申报"，请问施工组织设计的主要内容应有哪些？

（4）施工组织设计的编写、签发与申报程序是怎样的？

3. 解析

（1）不符合国家现行的招投标规定，按现行有关规定，工程投资大于 3000 万公用项目的监理、施工均应招标。直接委托了没有水运监理资质的单位，违反了"承担水运工程施工监理的单位应具有水运工程监理资质"的水运工程施工监理的有关规定。

（2）本工程的 B 监理公司的监理工作包括施工期监理、交工验收及保修期监理。

① 施工期监理包括工程质量控制、工程进度控制、工程费用控制和合同管理。

② 交工验收监理包括审查承包人的预验收申请报告；对全部完成或部分完成的工程进行预验收，审查承包人的交工验收报告或中间验收报告及其他有关交工资料；对申请交工的工程提出质量等级评价建议；审查承包人工程保修期的质量保证计划；审查交工结算；参加交工验收会议签认"交工验收证书"或"中间验收证书"；提交监理工作总结报告。

③ 保修期监理包括检查工程质量情况；审查或估算修复费用；审查人的补充资料，审查承包人的工程保修终止报告；签认"工程保修终止证书"。

（3）编制依据；工程概况；施工的组织管理机构；施工的总体部署和主要施工方案；施工进度；各项资源需求、供应计划；施工总平面布置；技术、质量、安全管理和保证措施；文明施工与环境保护；主要技术经济指标；附图。

（4）施工组织设计在项目经理领导下，由项目总工组织经理部人员分工编写，由项目总工统一汇总、协调，施工组织设计经项目经理审查后，报企业审定，经企业法人代表签发批准后报送业主和监理单位。

【案例 57】

1. 背景

某预制场拖运沉箱出港，经计算，沉箱稳定压载的吃水为 8.5m，港池内地形图标注海底平面高程为 −8.0m，已知当地的理论深度基准面较黄海平均海平面低 1.29m。

2. 问题

（1）不乘潮拖运沉箱是否可行？为什么？此时港池内的实际水深是多少？

（2）从潮汐表查得上午 10：00 的潮高为 2.19m，沉箱是否可以拖运？为什么？乘潮拖运的潮高至少应为多少？

3. 解析

（1）不乘潮拖运，即认为潮高为 0。当地港池内的实际水深为 8.0−1.29＝6.71m，水深远小于沉箱的稳定吃水 8.5m，见图 2-44，所以，不乘潮拖运是不可行的。

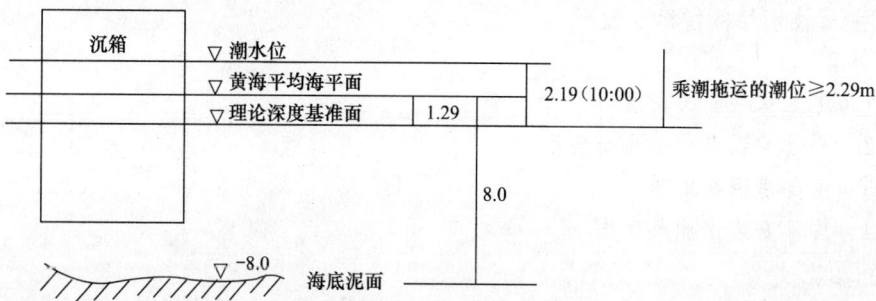

图 2-44 计算简图

（2）上午 10：00 时当地港池内的实际水深为 8.0−1.29＋2.19＝8.90m，此时当地港池内的实际水深虽大于沉箱的稳定吃水 8.5m，但其富裕水深不符合规范要求，所以沉箱不能拖运。

趁潮拖运的潮高至少应为：8.5＋0.5−（8.0−1.29）＝2.29m

【案例 58】

1. 背景

某施工单位承建一高桩码头工程，合同签订后，该单位立即组织了项目经理部，并编制了该项目施工组织设计。其主要内容如下：

1. 编制依据

包括招投标文件、工程承包合同、设计文件等有关文件、会议纪要等。

2. 工程概况

2.1 工程项目主要情况：工程名称、建设地点、建设规模、总工期、质量等级、主要工程量、分包队伍选择、施工设想和工艺特点、新技术、新材料应用等。

2.2 自然条件

2.2.1 岸线和水深情况

2.2.2 水位资料

2.2.3 潮流资料

2.2.4 风

2.2.5 气温

2.2.6 降雨

2.3 技术经济条件

2.3.1 建设项目地区的施工能力：预制构件加工、机械设备租赁、劳动力市场情况；

2.3.2 资源供应情况：钢材、木材、水泥、砂石料等大宗建材供应情况。

2.4 施工特点设想

3. 施工的组织管理结构

……

8. 技术、质量、安全管理和保证措施

建立技术、质量、安全管理体系

9. 文明施工与环境保护

10. 主要技术经济指标

11. 附图

11.1 施工总平面布置图

11.2 测量控制点和基线布置图

11.3 主要模板结构图

11.4 构件安装作业顺序图

2. 问题

施工组织设计第 1、2、8、11 部分的内容是否有缺项？应当是怎样的？

3. 解析

第 1 部分编制依据里缺少施工规范和验收标准。

第 2 部分在工程概况的自然条件里缺少工程地质条件，这是桩基工程中非常重要的条件，应把与施工有关的地质资料列入，并应列表表示。

在工程概况的技术经济条件里缺少交通和水电等条件的分析。

第 8 部分技术、质量、安全管理和保证措施，应补充：

对施工难度大、技术复杂的工程项目，如桩基、大体积混凝土浇筑，新材料、新结构，易产生质量通病和施工经验不足的项目，必须提出质量保证措施。

安全技术措施要从具体工程的结构特征、施工条件、技术要求和安全生产的需要出发，如水上作业、高空作业、夜间作业、潜水作业、立体交叉作业等编写安全措施。

冬天、夏天和雨天施工，应根据实际天气情况，按规范和设计要求制定技术措施。

第 11 部分附图中应补充：临时设施布置图和沉桩施工顺序图。

【案例 59】

1. 背景

某万吨级重力式方块码头长 150m，工期 18 个月；基槽挖泥 120000m³，属黏性土，需外抛，运距 10km；抛石基床厚 2m；墙身由 180 块 200t 以内的混凝土方块、卸荷板组成，现场有旧护岸，可满足预制、出运条件；胸墙、面层等上部结构现浇混凝土 4000m³；棱体和基床抛石共 45000m³，由陆上运输供应。

2. 问题

(1) 指出该单项工程的主要分部工程及其分项工程的名称。

(2) 列出主要分项工程的施工工序。

(3) 提出所需大型施工船舶的名称、规格与数量和大型临时设施的名称与功能。

3. 解析

(1) 该单项工程的主要分部工程是基础、墙身结构和上部结构。其中基础的分项工程为基槽开挖、基床抛石、基床夯实和基床整平；墙身结构的分项工程为预制混凝土方块和方块安装；上部结构的分项工程为现浇胸墙、现浇管沟和构件制安等。

(2) 主要工序如图 2-45 所示。

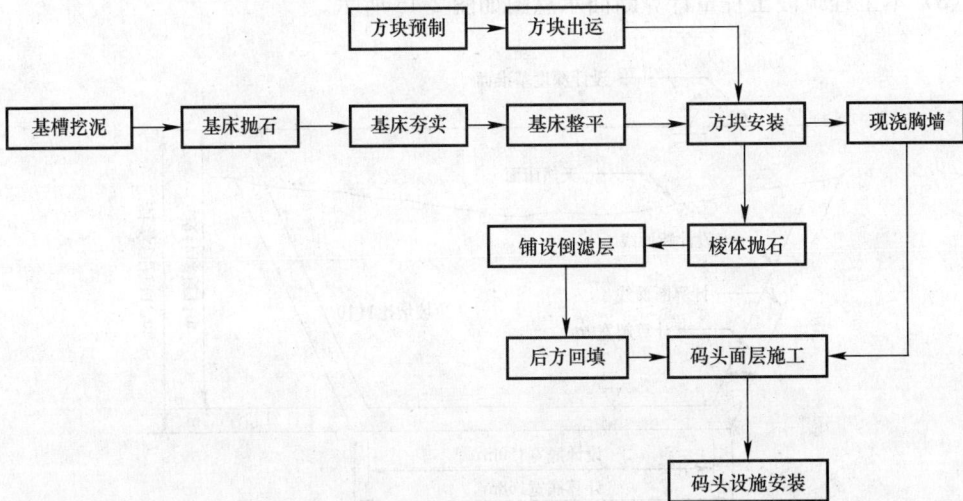

图 2-45　主要分项工程施工工序

(3) 大型施工船舶应包括 200t 固定扒杆式起重船 1 艘、4~8m³ 抓扬式挖泥船 1 艘、500m³ 舱容泥驳 2 艘、400~900hp 拖轮 2 艘、600t 和 1000t 甲板驳各 1 艘。基床夯实可用挖泥船或甲板驳上履带吊解决。各类船舶的规格、性能、数量可作适当和合理的调整。

大型临时设施应包括方块预制场；具备 $50m^3/h$ 搅拌能力，可供预制与现浇混凝土之用的混凝土搅拌站；石料上料栈桥 1 座。搅拌楼的搅拌能力可适当调整。

【案例 60】

1. 背景

某港口航道基建工程，设计尺度为：航道长 10km、底宽 150m、底标高-11m、边坡 1：10，设计工程量为 620 万 m^3。开工前合同甲、乙双方共同进行了浚前测量，并采用同一测图分别进行了浚前工程量计算，甲方计算结果为 629 万 m^3、乙方计算结果为 641 万 m^3。设计采用 $4500m^3$ 自航耙吸挖泥船施工。

根据上述设计资料，绘制本工程疏浚工程量计算断面示意图。

2. 问题

(1) 依据《疏浚工程土石方计量标准》JTJ/T 321，如何核算本工程浚前工程量？

(2) 根据《疏浚工程土石方计量标准》JTJ/T 321，其计算超宽、超深如何取值？

(3) 根据上述设计资料，绘制本工程疏浚工程量计算断面示意图。

3. 解析

(1) 甲、乙双方采用同一测图计算浚前工程量，计算结果分别为 629 万 m^3、641 万 m^3，两者差值为 12 万 m^3，小于 2%。依据《疏浚工程土石方计量标准》，取两者的平均值，为 635 万 m^3，该工程量与设计工程量的差值为 15 万 m^3，小于 3%。因此，浚前工程量应以设计工程量 620 万 m^3 为准。

(2) 采用 $4500m^3$ 自航耙吸挖泥船施工，根据《疏浚工程土石方计量标准》JTJ/T 321，其每边计算超宽值取 9m，计算超深值取 0.7m。

(3) 本工程疏浚工程量计算断面示意图如图 2-46 所示。

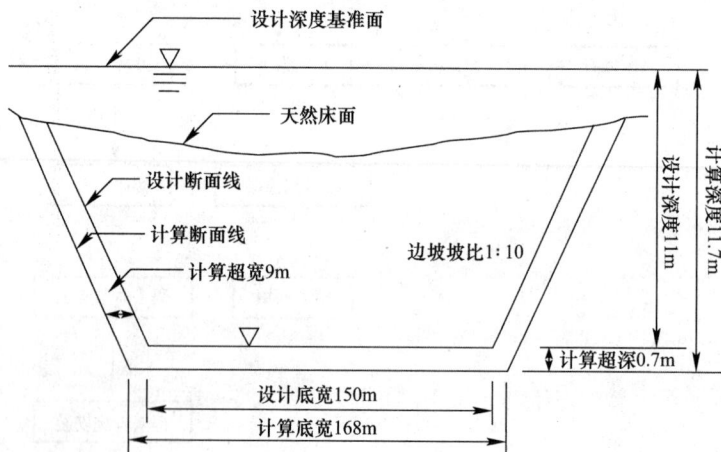

图 2-46　计算断面示意图

【案例 61】

1. 背景

某港口航道扩建工程，设计工程量见表 2-17。

设计工作量				表 2-17
	淤泥混砂	黏 土	岩 石	合 计
设计断面工程量（万 m³）	306.8	65.3	5	377.1
设计超宽、超深工程量（万 m³）	33.0	8.5	1.3	42.8
设计采用的挖泥船	自航耙吸挖泥船	斗式挖泥船	炸礁船、斗式挖泥船	
中标单价（元/m³）	17.65	42.23	216.80	
合同价款（万元）	5415.02	2757.62	1084.00	9256.64

业主要求按照设计断面工程量报价，超宽、超深工程量在总报价中考虑，不另行计量。

某施工单位在交通部颁疏浚工程定额的基础上考虑超宽、超深工程量后报价，中标。各种土质的中标单价见表 2-17。施工过程中，发生了如下的情况：

① 在施工过程中发现原设计土质为淤泥混砂的区域，局部混有较多孤立的石块，严重影响耙吸挖泥船的施工效率，需最后改用斗式挖泥船开挖，监理工程师确认了需改用斗式挖泥船清挖的断面工程量。

② 在施工过程中发现原设计土质为黏土的区域，底层断续分布有岩石，分布面积广、但厚度小。经监理工程师确认，岩石断面工程量为 1.6 万 m³、超宽、超深工程量为 2.3 万 m³。报业主批准后进行了设计变更。

2. 问题

（1）针对情况①是否可进行设计变更，为什么？如何进行工程价款的变更？

（2）针对情况②计算应增加的工程价款。

3. 解析

（1）可进行设计变更。因为原设计土质为淤泥混砂，但局部区域混有较多孤立的石块，属于设计土质与实际不符，应可据此报业主批准后进行设计变更。

可按以下思路进行工程价款的变更：原设计土质中没有孤立的石块，因而没有适用的合同单价，在部颁疏浚工程定额中也没有孤立的石块对应的预算定额，但该类土质用斗式挖泥船开挖，与开挖黏土使用的船型相同，可把斗式挖泥船开挖黏土的合同单价 42.23 元/m³ 作为相类似的单价，在此基础上与业主进一步协商，确定变更单价，计算、确认变更价款。

（2）原合同中有开挖岩石的单价，可据此计算变更价款。但由于新增的岩石分布广、厚度小，造成超宽、超深工程量比断面工程量还大，应考虑这一因素，根据原合同及新增的岩石设计断面工程量与超宽、超深工程量比例的变化调整单价。具体为：

1）先将原合同开挖岩石的单价（仅计算断面工程量，不含超宽、超深工程量）换算为含超宽、超深工程量的单价：

（216.80 元/m³ × 5 万 m³）÷（5 万 m³ + 1.3 万 m³）= 172.06 元/m³

2）套用含超宽、超深工程量的单价计算因增加工程量应增加的工程价款：

（1.6 万 m³ + 2.3 万 m³）× 172.06 元/m³ = 671.034 万元

因此，应增加的工程价款为 671.034 万元。

【案例 62】

1. 背景

某内河航道工程包括 20km 航道疏浚和 A、B 两处礁石清除。施工单位在与业主签订合同后，按照承诺组织了一艘自航耙吸式挖泥船、一艘钻孔爆破船、一艘抓斗式挖泥船及其他辅助船机设备进场。在办理相关手续的过程中发现该河段分属两个海事局管辖，施工单位在规定的时间内向海事局提出了水上水下施工作业安全审核申请，海事局核发了有效期为三个月的《水上水下施工作业许可证》，并发布了航行通告，工程于 2006 年 1 月 15 日按期开工。在春节前的 1 月 28 日该项目监理组织了节前安全大检查，发现了如下一些问题：

（1）没有制订《防护性安全技术措施》，要求限期制订提交；

（2）在作业船舶有船员就餐时饮酒，要求严禁在船期间饮酒；

（3）生活区走道内，船员穿拖鞋行走，要求整改；

（4）炸药库未建立爆破用品进出台账，要求立即建立，认真填写；

（5）炸礁作业的水上安全标志、灯光不够，要求增加安全标志和灯光标志船 2 艘。

监理对上述存在的问题及隐患下达了监理通知，要求逐条落实整改。施工单位通过总结整改，完善了安全措施，同时又向监理提出了增加安全措施费用的要求。

2. 问题

（1）该项目施工单位应向哪一个海事局提出水上水下施工作业安全审核申请？

（2）逐条回答监理提出的问题和隐患及整改要求是否正确？为什么？

（3）施工单位提出增加安全措施费的要求是否合理？为什么？施工单位在《许可证》三个月的有效期内未能完成施工作业，应该在何时办理何手续方可继续施工？

3. 解析

（1）因本河段水域涉及两个海事局，施工方申请《水上水下作业申请》时应按规定向其共同的上一级海事局提出，或向上一级指定的海事局提出。

（2）对监理提出的要求解析如下：

1）监理提出限期制定的要求正确。因为按规定在开工前项目经理部应该制定防护性安全技术措施，该工程未制定属遗漏，必须补制。

2）监理提出严禁在船期间饮酒的要求正确，符合《水上水下施工作业通航安全管理规定》。

3）监理提出警告的要求不正确，生活区没有此规定。

4）监理提出建台账的要求正确，符合民用爆破品管理规定。

5）监理提出要求正确，符合《水上水下施工作业通航安全管理规定》及本工程的情况。

（3）施工方向监理提出支付安全措施费的要求不合理。因为施工作业期间设置必要的安全标志或配备警戒船等施工安全措施是施工作业者的责任。其费用应由施工作业者承担。

施工方在海事局核发的许可证期内未能完成任务时，应持证于有效期满之日 7d 以前到海事局办理延期手续，由海事局在原证上签注延期期限并加盖《施工作业审核专用章》后方可继续使用。

【案例 63】

1. 背景

某 10 万 t 级高桩煤码头工程，桩基础采用 ϕ120mm 的钢管桩，上部结构采用钢筋混凝土梁板结构。业主通过招标，选定了某监理机构；码头主体工程由某施工单位中标承担施工任务，在承包合同中明确，项目中的钢管桩由业主指定某钢结构厂供桩并运至现场，业主单位与供桩单位签订了合同，码头上的装、卸煤设备安装工程由中标承包主体工程的施工单位通过招标另行发包。在施工的过程中，因钢管桩供货单位供桩不及时和部分钢管桩的质量没有达到规范要求的标准等情况，使主体工程的沉桩进度延误了15天，并进一步使设备安装单位的工期延误了7天。

2. 问题

（1）对于工程用的钢管桩可否视为"甲供构件"？为什么？钢管柱的验收应由哪家单位负责组织？哪些单位参加？验收的主要项目有哪些？

（2）对上述因供桩不及时和部分桩质量不合格所造成的工程延误，码头主体施工单位可否进行索赔？涉及工程的各主体之间可能因此发生怎样的索赔关系？

（3）煤码头主体施工单位应在何时对装、卸煤设备安装分包的投标单位进行考察？考察的主要内容是什么？

（4）整个工程的竣工验收由哪家单位提出申请？简要说明竣工验收的程序。

3. 解析

（1）可视为"甲供构件"，因为供桩单位是业主选定的，业主单位与之有供桩合同，码头主体施工单位与供桩单位无合同关系。

桩的验收由码头主体施工单位负责组织，业主、供桩单位、监理单位参加。验收的主要项目有桩的质量、数量及相关的质量证明材料。

（2）码头主体施工单位可以进行索赔，各主体间发生的索赔关系有：

码头主体施工单位向业主索赔；

业主向供桩单位索赔；

装、卸煤设备安装单位向码头主体施工单位索赔。

（3）应在分包招标阶段进行考察。考察的主要内容有：

① 资质等级合格否；

② 技术装备能否满足工程需要；

③ 人员的配置、上岗证齐全否；

④ 质量、安全保证体系是否完善；

⑤ 业绩与信誉状况。

（4）提出申请单位：码头主体施工单位。验收的主要程序有：

① 预验收：当工程具备竣工验收条件后，码头主体施工单位填写工程竣工报验单，并将全部竣工资料报送监理单位申请竣工验收。对监理提出的问题及时整改，合格后报监理单位，直至预验收合格。

② 申请正式竣工验收：码头主体施工单位向业主提出正式竣工验收。

【案例 64】

1. 背景

某航道局承担某港 3 万 t 级航道疏浚工程，采用 1 艘 4500m³ 耙吸式挖泥船施工。航道设计底标高－12.0m，设计底宽150m，底部为淤泥质土，边坡 1∶5，计算超深 0.7m，计算超宽9m，疏浚工程量计算断面如图 2-47 所示。设计疏浚工程量 3178157m³（施工期回淤很小，不计）。开工前，施工单位按浚前测量的水深图计算并经监理确认的疏浚工程量为3200876m³。疏浚土全部外抛至外海指定抛泥区，平均运距16.8km。根据工程环境、施工经验和船机状况，预计的旋工参数如下：船舶平均航速8.6节，往返航行时间2.1h，调头和卸泥时间0.35h，挖泥装舱时间1.2h，装舱量2200m³，三班作业，时间利用率75%。

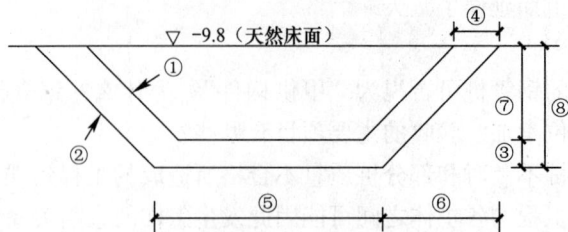

图2-47　疏浚工程量计算断面示意图（单位：m）

2. 问题

(1) 指出疏浚工程量计算断面示意图中①、②项的含义和③~⑧项的数值。

(2) 列出耙吸式挖泥船在本工程中施工工艺流程。

(3) 本工程用于计量的疏浚工程量应为多少？说明理由。该工程量由哪几部分组成？

(4) 计算该耙吸式挖泥船预计可完成的日疏浚工程量和预期的疏浚作业天数。

3. 解析

(1) 示意图中各项含义如下：

①设计断面线（设计边坡线）；②计算断面线（计算边坡线）；③0.7；④9；⑤161；⑥14.5；⑦2.2；⑧2.9。

(2) 施工工艺流程见图2-48。

图2-48　耙吸船施工工艺流程图

(3) 本工程用于计量的疏浚工程量为3178157m³。

因为本工程设计计算的疏浚工程量为3178157m³，施工单位按浚前水深图计算并经监理确认的疏浚工程量为3200876m³，两者的相对差值为（3200876-3178157）/3178157＝0.7%＜3%。按《疏浚工程土石方计量标准》JTJ/T 321，上述两者的差值≤3%时，应以设计土石方量为准。

疏浚工程设计计算的工程量由设计断面工程量、计算超宽和计算超深工程量组成。

(4) 运转周期时间＝挖泥装舱时间1.2h＋往返航行时间2.1h＋调头和卸泥时间0.35h＝3.65h

装舱量2200m³ 运转周期生产率＝装舱量2200m³/运转周期时间3.65h＝603m³/h。

日工作小时数＝时间利用率75%×24h＝18h。

预计日疏浚工程量＝运转周期生产率 603m³/h×日工作小时数 18h＝10854m³

预计疏浚作业天数＝疏浚工程量 3178157m³/日疏浚工程量 10854m³＝293d。

【案例 65】

1. 背景

某船坞工程的总承包人、监理人分别签订了施工总承包合同和工程监理合同。总承包人在征得工程发包人的同意后，将土方开挖、船坞上部设备安装与围堰防水工程分包给相应的专业分包公司，并分别签订了分包合同。

发包人与总承包人所签订的施工总承包合同中规定：施工总工期 318 天，当年的 9 月 1 日开工，工程总造价 5385 万元。合同中双方约定的结算方法为：合同价款调整依据为发包人签认的工程量的增减、设计变更和洽商结论；设备安装工程中零配件、围堰防水工程材料费调整的依据为工程所在地区工程造价管理部门公布的价格调整文件。

工程施工过程中，陆续发生了如下一些事件：

事件 1：总承包人于当年 8 月 25 日进场，进行开工前的准备工作。后因发包人与园林绿化部门办理移树许可手续的原因，致使承包人的开工日期从 9 月 1 日延误至 9 月 6 日才得以开工，因此，总承包人要求总工期顺延 5 天。

事件 2：土方工程的分包人在挖土的过程中，发现了古沉船，经请示发包人获准，按要求在现场采取了保护措施。对于发生的保护措施费用，总承包人要求土方分包人向发包人索赔。

事件 3：在基础回填土及碾压的过程中，总承包人按合同规定取样，并经试验检验合格。但监理人对填土碾压的质量提出异议，要求总承包人按监理的要求再次取样，取样后再次经试验检验，质量合格。总承包人要求监理人支付相应的试验检验费用。

事件 4：总承包人组织对混凝土搅拌系统中的拌合水和外加剂的自动计量系统进行了研究和改装，经鉴定提高了灵敏度、准确性和稳定性，经发包人同意推广应用。总承包人要求发包人承担该项研究改装费用。

事件 5：船坞主体结构施工期间，总承包人经总监理人的同意更换了原项目经理，交接中整体管理一度产生混乱，导致坞底板的计划工期延误了 8 天。总承包人提出此项乃经总监理人的同意，申请给予适当的工期补偿。

事件 6：监理人检查防水工程，发现有部分止水带的安装不符合要求，调查记录后要求防水工程分包人进行整改，防水工程分包人整改后，在现场向监理人作了口头汇报，监理人签证认可。但后来发现仍有部分遗漏，不得不返工。

事件 7：在做船坞基础防水时，经检查，高潮时仍有多处漏水点，影响基层底板施工，此时，防水工程分包人表示，因水头太高，无能力达到合同规定的防水工程质量要求，遂向监理人提出终止合同的书面请求。

事件 8：在进行工程结算时，总承包人根据已标价的工程量清单，要求安装工程配件费用按发票价记取，发包人认为应按合同条件中的约定记取，双方发生争执。

2. 问题

(1) 在事件 1 中，总承包人顺延工期的要求是否成立？根据是什么？

(2) 在事件 2 中，总承包人的做法正确否？为什么？

(3) 在事件 3 中，总承包人的要求是否合理？为什么？

(4) 在事件 4 中，监理人是否批准总承包人的支付申请？为什么？

(5) 在事件 5 中，总承包人是否可以得到工期补偿？为什么？

(6) 在事件 6 中，返修的经济损失应由谁承担？事件处理中监理人是否有不妥之处？

(7) 在事件 7 中，监理人应如何应对防水工程分包人提出终止合同的请求？

(8) 在事件 8 中，安装工程配件费应当如何记取？

3. 解析

(1) 总承包人顺延工期的要求成立。因为事件的发生原因属发包人的责任，即发包人未能按合同要求及时提供施工现场。

(2) 总承包人要求土方分包人向发包人索赔的做法不正确。因为土方工程施工单位是分包总承包单位的工程，与总承包人签有分包合同，而与发包人没有合同关系。

(3) 总承包人要求监理人支付相应的试验检验费用是不合理的。按规定此项费用应由发包人承担。

(4) 监理人不批准总承包人的支付申请。因为该项研究并非发包人要求进行的，施工合同中也没有安排研究项目，而是总承包人为了改进施工条件自行安排的技改研究项目，其费用应自行承担。

(5) 总承包人提出的工期补偿申请不能获得批准。虽然更换项目经理获得了总监理人的同意，但总承包人的合同责任是不变的，交接中管理的混乱造成工期的延误完全是承包人自己的责任。

(6) 返修的经济损失应由发包人依据施工合同向总承包人追究；总承包人依据分包合同向防水分包商追究，返修的经济损失最终应由防水工程分包商承担。但监理人也有如下的不妥：

1) 不应接受防水工程分包人的口头汇报，更不能予以签认。

2) 监理人不能直接要求分包人进行整改，因为监理合同中只规定了监理人和总承包人之间的监理和被监理的关系，所以，监理人应正式要求总承包人进行整改，再由总承包人依据分包合同要求发包商进行整改。

3) 监理人不能对分包商签证，应对总承包人的申请签证。

(7) 监理人应进行的工作是：

1) 监理人应拒绝直接接受分包人终止合同的申请；

2) 应要求总承包人与分包人研究处理，拿出是否终止合同的意见；

3) 要求总承包人承担处理分包人不合格工程的责任和具体处理措施。

(8) 发包人的意见是正确的。安装工程配件费应当按合同中的约定记取。发票的价格不完全是工程所在地区工程造价管理部门公布的价格。

【案例 66】

1. 背景

某护岸抛石工程，发包人与承办人签订了承包施工合同，合同确定抛石工程量 1.59 万 m^3，抛石单价为 180 元/m^3，合同工期 6 个月，此外合同规定：

(1) 工程预付款为签约合同总价的 20%，在开工前约定的时间由发包人向承包人一次付清；

(2) 发包人自开工的第一个月起，月末从承包人完成的工程款中，扣留 5% 作为工程质量保证金；

（3）当累计实际完成的工程量超过合同工程量 110％时，对超出的部分可进行调价，调价系数为 0.9；

（4）每个月签发工程进度款的最低额度为 45 万元；

（5）自承包人累计获得工程进度款额超过工程合同价款的 30％以后的下一个月起，至第五个月止，平均扣回工程预付款。承包人在规定的工期内每个月实际完成并经监理签证确认的工程量列于表 2-18。

承包人每个月实际完成的工程量   表 2-18

月　份	第 1 个月	第 2 个月	第 3 个月	第 4 个月	第 5 个月	第 6 个月
完成工程量（m³）	2400	3000	3600	3600	3600	1500
累计完成工程量（m³）	2400	5400	9000	12600	16200	17700

2. 问题

（1）签约合同的工程价款是多少？

（2）工程预付款是多少？工程预付款从第几个月起开始扣回？每个月扣回工程预付款多少？

（3）每个月完成的工程进度款是多少？应签证的工程进度款是多少？应签发的付款凭证金额是多少？

3. 解析

（1）签约合同的工程价款是 180×1.59 万＝286.2 万元

（2）工程预付款金额为：$286.2 \times 20\%$＝57.24 万元。

第一个月完成工程款为：180×2400＝43.2 万元 $<286.2 \times 30\%$＝85.86 万元，不扣工程预付款。

第二个月完成工程款为：180×3000＝54 万元；连同第一个月累计完成工程款为 43.2 万元＋54 万元＝97.2 万元 >85.86 万元；所以应从第三个月起开始扣回工程预付款。

从第三个月起到第五个月止共 3 个月，所以平均每个月扣回工程预付款额为：$57.24 \div 3$＝19.08 万元。

（3）第一个月完成工程进度款：180×2400＝43.2 万元；扣除 5％的质量保证金，签证工程款为：$43.2 \times (1-5\%)$＝41.04 万元 <45 万元；不签发付款凭证。

第二个月完成工程进度款：180×3000＝54 万元；扣除 5％的质量保证金，签证工程款为：54×0.95＝51.30 万元；连同第一个月完成应签证的工程进度款为 41.04＋51.30＝92.34 万元 >45 万元；应签发付款凭证金额为：92.34 万元。

第三个月完成工程进度款：180×3600＝64.8 万元；扣除 5％的质量保证金，64.8×0.95＝61.56 万元；从本月起要扣除工程预付款 19.08 万元；签证工程款为：$64.8 \times 0.95 - 19.08$＝42.48 万元 <45 万元；不签发付款凭证。

第四个月完成工程进度款扣除 5％的质量保证金、扣除工程预付款 19.08 万元；签发工程款与第三个月相同，为 42.48 万元；连同第三个月完成的签发工程款总计为 42.48＋42.48＝84.96 万元 >45 万元；应签发付款凭证金额为：84.96 万元。

到第五个月止，累计完成工程量 16200m³，较合同工程量超出了：16200－15900＝

300m³，但未超过合同工程量的 10%，即 1590m³，所以对超出的部分不调价。第五个月完成工程进度款扣除 5% 的质量保证金、扣除工程预付款 19.08 万元，签发工程款与第三个月相同为：42.48 万元＜45 万元；不签发付款凭证。

第六个月累计完成工程量 17700m³，较合同工程量的 110% 超出了：17700－15900×1.1＝210m³，对超出的部分进行调价，所以第六个月完成的工程进度款为：210×180×0.9＋(1500－210)×180＝26.622 万元，扣除 5% 质量保证金，应签工程进度款为 26.622×0.95＝25.29 万元，第六个月（包括第五个月）应签付款凭证金额为：42.48＋25.29＝67.77 万元。

【案例 67】

1. 背景

某港口工程项目由政府投资建设，行政监督部门确定以公开招标的方式进行施工招标。招标文件规定：投标担保可采用投标保证金或投标保函的方式进行担保。评标方法采用经评审的最低投标价法。投标有效期为 60 天。招标人为了避免过多的潜在投标人集中投标，决定项目招标公告只在本市日报上发布，且采用邀请招标的方式进行。

项目施工招标公告发布后，共有 12 家潜在的投标人报名参加投标。招标人认为参加的投标人太多，为减少评标工作量，决定仅对报名的潜在投标人的资质条件和业绩进行审查，确定了其中的 A、B、C、D、E 共五家投标。

开标、评标中发现：

(1) A 投标人的投标报价为 8000 万元，为最低标价；

(2) B 投标人在开标后又提交了一份补充说明，表示可降价 5%；

(3) C 投标人投标文件的投标涵盖有企业及其法定代表人的印章，但没有加盖项目负责人的印章；

(4) D 投标人与其他投标人组成了联合体投标，附有各方的资质证书，但没有联合体共同投标的协议书；

(5) E 投标人的投标报价最高，故 E 投标人在开标后的第二天撤回了其投标文件。

经过评标，确定 A 投标人为中标候选人。发出中标通知书后，招标人和 A 投标人进行合同谈判，希望 A 投标人能在压缩工期、降低费用。经谈判后双方达成一致：不压缩工期，降价 3%。

2. 问题

(1) 指出发包人在整个招标过程中作法的不妥之处，并说明理由。

(2) 分析 A、B、C、D、E 五家投标人的投标文件是否都有效，并说明理由。

(3) E 投标人撤回投标文件的行为应如何处理？

(4) 该项目的施工合同应如何签订？签约合同价应是多少？

3. 解析

(1) 招标过程中发包人有如下不妥：

① 招标人决定项目招标公告只在本市日报上发布是不对的。

公开招标项目的招标公告，必须在规定的媒体上发布，任何单位和个人不得非法限制招标公告的发布地点和发布范围。

② 招标人擅自决定对项目采取邀请招标是不对的。

因为该工程项目是由政府投资建设的，相关的法规规定："全部使用国有资金投资或者国有资金投资占控股或主导地位的项目"，应该采用公开招标的方式招标，如果采用邀请招标的方式招标，应由有关部门批准。

③ 招标人决定仅对报名的潜在投标人的资质条件和业绩进行审查，并确定了其中的A、B、C、D、E共五家投标的做法是不对的。

资质审查的内容应当包括：信誉；技术；拟投入的人员、船机设备；资金财务状况等。

（2）A投标人的投标文件有效。

B投标人的原投标文件有效，但补充说明无效。因为开标后投标人不能变更（或更改）投标文件的实质性内容（经评审的计算性算术错误除外）。

C投标人的投标文件有效。

D投标人的投标文件无效。因为组成联合体投标的，投标文件应附有联合体各方联合投标协议。

（3）招标人可以没收E投标人的投标保证金，给招标人造成的损失超过其投标保证金的，招标人可以要求其赔偿。

（4）该项目应自中标通知书发出后30天内按招标文件和A投标人的投标文件签订书面合同，双方不得再签订背离合同实质性内容的任何其他协议。合同价格应为8000万元。

【案例68】

1. 背景

某港口工程建设项目发包单位（甲方）与施工承包单位（乙方）签订了施工承包合同，甲、乙双方合同规定：采用单价合同；每一分项工程的实际工程量增加超过招标文件中工程量的25％以上时调整单价，调整系数0.9；施工网络计划如图2-49所示。

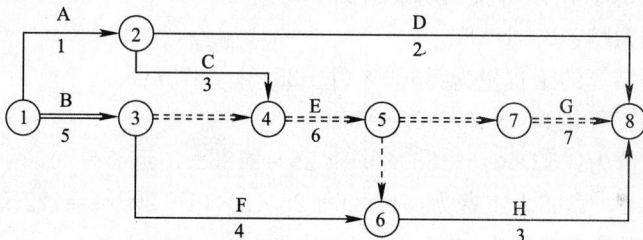

图2-49　施工网络计划图

工作B、E、G作业使用乙方的一艘施工船，艘班费为400元，其中艘班折旧费为50元，合同约定8月15日开工。

甲方同时又与土方开挖单位签订了土方开挖合同。

工程施工过程中发生了如下的一些事件：

（1）土方开挖过程中遇有与原地质资料不符，致使工作D推迟2天，乙方支援用工5工日，受影响窝工6工日；

（2）因设计变更，工作E的工程量由招标文件的300m³增至400m³，合同规定工作E的单价为55元/m³；

（3）为保证工程质量，乙方在施工中将工作B原设计尺寸加大，增加工程量15m³，工作B的综合单价为78元/m³；

（4）在工作E、G完成后，甲方指令增加一项新工作K，经核算，完成该工作需要时间1天，船机1艘班、人工10人。

2. 问题

(1) 在上述事件中，乙方可以提出哪些索赔要求？哪些不能要求索赔？分别说明理由。

(2) 所能提出索赔各事件的工期索赔分别是多少天？，总工期索赔多少天？

(3) 工作 E 的结算价应为多少？

(4) 人工工日费为：25 元/工日，窝工人工费补偿 12 元/工日，因增加用工所需的管理费为所增加人工费的 20%，工作 K 的综合取费为人工费的 80%，结算除事件 3 以外的费用索赔金额。

3. 解析

(1) 对于事件 1，乙方可以提出索赔要求。因为土方工程是甲方自行发包的，土方开挖过程中遇有与原地质资料不符，致使工作 D 推迟 2 天，属于甲方的责任，乙方可以索赔。

对于事件 2，乙方可以提出索赔要求。设计变更以及工程量的增加是甲方的责任。

对于事件 4，乙方可以提出索赔要求。因是甲方指令增加工作量。

(2) 对于事件 1，工作 D 的总时差为 8d，虽延误了 2d，尚有总时差 6d，不影响工期，所以，不能获得工期索赔。

对于事件 2，因为工作 E 处于关键线路上，工作量的增加导致工期的延长为：

$$(400 - 300)/(300/6) = 2d \quad 可获得工期索赔 2d。$$

对于事件 4，E、G 工作均为关键线路上的工作，所以增加的 K 工作也是关键线路上的工作，增加工期 1d。所以可获工期索赔 1d。

总共可获工期索赔：2+1=3d。

(3) 按原单价结算的工程量为：$300 \times (1+25\%) = 375m^3$

按调价结算的工程量为：$400 - 375 = 25m^3$

E 工作总结算价为：$55 \times 375 + 55 \times 0.9 \times 25 = 21862.5$ 元

(4) 对于事件 1，索赔人工费为：$12 \times 6 + 25 \times 5 \times (1+20\%) = 222$ 元

对于事件 4，索赔人工费为：$25 \times 10 \times (1+80\%) = 450$ 元

船机艘班费：400 元

合计费用索赔：222+450+400=1072 元

【案例 69】

1. 背景

某小型滑道工程，发包人与承包人签订了包工、包地方材料的施工合同，施工过程中，在关键工作线路上发生了如下一些事件：

(1) 6 月 20 日～26 日承包人的施工船舶发生故障，不得不临时停工；

(2) 应于 6 月 24 日提交给承包人的施工图纸因故拖延至 7 月 10 日才交给承包人，这期间无法施工；

(3) 7 月 7 日至 12 日施工现场遭遇风暴潮袭击，致使现场 7 月 11 日至 14 日供电中断。

2. 问题

(1) 由于上述事件造成的暂时停工，承包人于 7 月 15 日向监理工程师提交了延长工

184

期 25d、成本损失 2 万元/d（此费用业已经监理工程师核准）和工程利润损失费 2000 元/d 的索赔要求，共计索赔款 55 万元。承包商的费用索赔能否获得支持？

（2）承包人对因业主原因造成窝工损失进行索赔时，要求设备窝工损失按台班计算，人员窝工损失按工日计算，该要求是否合理？应如何计算？

3. 解析

（1）可用核准的工期索赔为 18d，费用索赔 24 万元，计算如下：

1）6 月 20 日～26 日因承包人的施工船舶发生故障，不得不临时停工，属承包人的责任，不应批准任何索赔。

2）6 月 27 日～7 月 6 日，是由于业主迟交图纸，责任在业主，可以计算工期和费用索赔。但不考虑承包人的利润索赔。索赔额度为：2 万元×10＝20 万元。

工期索赔 11d

3）7 月 7 日～12 日风暴潮为双方共同的损失，可考虑承包人的工期索赔，但不应考虑费用索赔。

工期索赔 6d

4）7 月 13 日～14 日的停电是一种承包人不可预见的意外事件，承包人可考虑工期和费用索赔，但不能考虑利润索赔。索赔额度为：2 万元×2＝4 万元。

工期索赔 1d

所以总计索赔工期为：11＋6＋1＝18d　　　　费用索赔为：20＋4＝24 万元

（2）承包人的索赔计算要求不合理。

窝工的设备应按折旧费或停滞台班费计价；

窝工的人工费损失应考虑这部分人员可以调整去完成其他的工作，但应考虑工作熟练程度和工效降低的损失，一般用工日单价乘以一个系数来计算这部分损失，且只能按成本费计算不包括利润。

【案例 70】

1. 背景

我国北方某受冻海港，新建离岸沉箱重力式码头以及钢管桩基桩钢筋混凝土梁结构栈桥接岸。重力式码头沉箱的尺寸为长×宽×高＝12m×10m×12m。沉箱的基础为抛石明基床，夯实后基床厚度为 1.5m。钢管桩顶钢筋混凝土桩帽顶标高为＋2.3m，底标高为－0.6m。地形测量海底高程为－12.0m。

预制沉箱受冻部位采用引气混凝土，其配合比为 1：0.6：1.93，水灰比为 0.38，混凝土的含气量为 4.5%。

预制沉箱混凝土所用材料的相对密度见表 2-19 所列。

预制沉箱混凝土所用材料的相对密度　　　　　　　　　　表 2-19

所用材料	水　泥	砂　子	碎　石
相对密度	3.1	2.75	2.82

该港口所在海域的理论深度基准面与黄海平均海平面的高度相差 1.0m。港口所在海域实测统计的高、低潮潮位累积频率的关系如表 2-20、表 2-21 所列。

累积频率（％）	3	5	10	15	20	25
潮位（m）	3.54	3.02	2.27	1.88	1.26	0.85

累积频率（％）	60	70	80	90	95	98
潮位（m）	1.62	1.05	0.80	0.50	0.12	−0.75

沉箱安放施工地的波浪、水流条件复杂，沉箱安放时的稳定吃水为 10.8m，浮运安装时，沉箱底的富裕水深至少要 0.5m。

2. 问题

(1) 该海港码头水位变动区上、下限的高程各为多少？混凝土抗冻区域的上、下限高程各为多少？

(2) 计算预制沉箱混凝土，每立方米的水泥用量是多少？

(3) 沉箱安装时，潮高至少要多少才能安全地进行施工？

(4) 在波浪、水流条件复杂的条件下，为了保证安全、准确地安放沉箱，要控制哪些要点？

(5) 分别给出本工程钢管桩大气区、浪溅区、水位变动区、水下区、泥下区的防腐蚀措施。

3. 解析

(1) 本题考核的是海港码头水位变动区上、下限的确定，规范中规定了海港码头水位变动区上、下限的确定根据是码头的设计高水位和设计低水位；而设计高水位和设计低水位的确定依据是表 2-20、表 2-21 的高、低潮位统计特征。设计高水位取高潮潮位累积频率 10％ 的潮位，即 2.27m，设计低水位取低潮潮位累积频率 90％ 的潮位，即 0.5m。

水位变动区的上限规定为：设计高水位向下 1m 的标高，即 2.27−1.0＝1.17m；

水位变动区的下限规定为：设计低水位向下 1m 的标高，即 0.5−1.0＝−0.5m；

混凝土的冻融现象主要发生在水位变动区，但为了更好地保证混凝土结构物的耐久性，规范规定浪溅区下限（即水位变动区的上限）向上 1m 的范围也划入抗冻区，所以本码头工程抗冻区的上限为 2.27m；抗冻区的下限为 −0.5m。

(2) 设 1kg 水泥可配制混凝土的体积是 V：

$(1/3.1)＋(0.63/2.75)＋(1.93/2.82)＋0.38＋4.5％V＝V$　　　　　　　解 $V＝1.69l$

每立方米混凝土的水泥用量为：1000/1.69＝＝592kg

(3) 依据背景资料绘出沉箱正常安全安装时的状态图见图 2-50。

依据背景资料，地形测量海底高程为 −12.0m，即黄海平均海平面距海底 12m，该港口所在海域的理论深度基准面与黄海平均海平面的高度相差 1.0m，理论深度基准面一定比黄海平均海平面低 1.0m。

可以计算出沉箱底至沉箱安放时的稳定吃水为 10.8m，黄海平均海平面的深度为 12−(1.5＋0.5)＝10m＜沉箱的稳定吃水 10.8m，所以必须乘潮施工安装。为满足沉箱安装水位的要求，至少安装时的实际潮位应比黄海平均海平面高出 0.8m。即超高应为 0.8＋1.0＝1.8m（潮高的起算面应为理论深度基准面）。

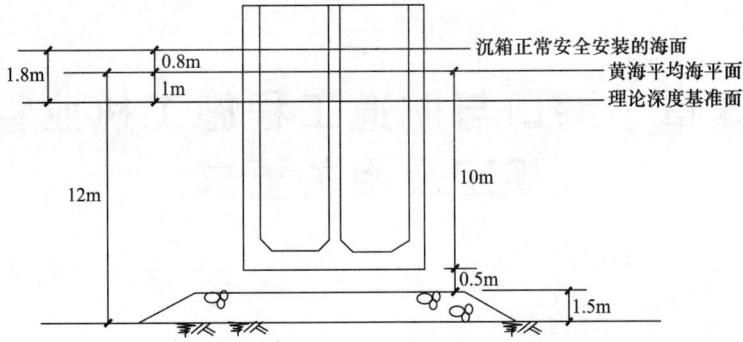

图 2-50　沉箱正常安全时的状态图

（4）控制要点如下：

① 沉箱安放后应立即向沉箱内灌水，以保持沉箱的稳定和安全。

② 在经过 1～2 个潮水之后，趁低潮复测沉箱的位置，并调整至符合质量要求，之后向沉箱内填料。

③ 在上述向沉箱内灌水、抽水调整沉箱位置以及向箱内填充填料时，应保持同一沉箱各仓格同步进行。

（5）海洋大气区：设计高水位＋1.5m 以上的区域　2.27＋1.5＝3.77m 以上的区域

浪溅区：上限 3.77m　下限 2.27－1.0＝1.27m

水位变动区：上限 1.27m　下限 0.5－1.0＝－0.5m

依据以上的计算和背景资料可以绘出码头栈桥桩与桩帽和海洋大气区、浪溅区、水位变动区、水下区、泥下区的状态示意图，见图 2-51。

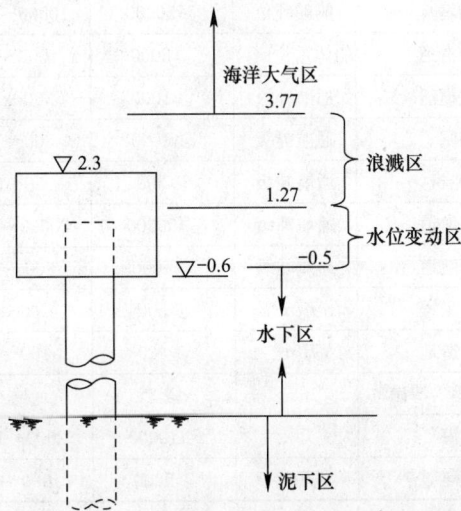

图 2-51　码头栈桥桩状态示意图

钢管桩的水位变动区、浪溅区都包裹在混凝土桩帽内，不需采取防腐措施。

钢管桩的水下区和泥下区采取电化学保护措施（外加电流阴极保护或牺牲阳极阴极保护）。

第3章 港口与航道工程施工执业管理规定及相关要求

3.1 港口与航道工程规模的划分标准

港口与航道工程规模划分标准列于表3-1中。

港口与航道工程规模划分标准 表3-1

序号	工程类别	项目名称	单位	规模			备注
				大型	中型	小型	
1	港口工程	沿海码头	吨级	≥30000	10000~30000	<10000	
		内河码头	吨级	≥5000	3000~5000	<3000	
		防波堤	m	水深≥5 长度≥600	5>水深≥3 长度≥300	水深<3 长度<300	
		围堤护岸	m	≥1000	500~1000	<500	
		港区堆场	万 m²	≥15	10~15	<10	
2	修造船厂水工工程	船坞	船舶吨位	≥50000	10000~50000	<10000	
		船台滑道	船体重量（t）	≥5000	1000~5000	<1000	
3	通航建筑工程	航电枢纽	通航吨级	≥1000	300~1000	<300	
		船闸	通航吨级	≥1000	300~1000	<300	
		升船机	通航吨级	≥300	50~300	<50	
4	航道工程	沿海航道	通航吨级	≥50000	20000~50000	<20000	
		内河航道	通航吨级	≥1000	300~1000	<300	
		疏浚工程	万 m³	≥500	100~500	<100	
		吹填造地	万 m³	≥400	100~400	<100	
		水下炸礁、清礁	万 m³	≥3	1~3	<1	
5	单项工程合同额	沿海	万元	≥10000	2000~10000	<2000	
		内河	万元	≥5000	1000~5000	<1000	

1) 本标准是在水运工程建设行业协会领导下，根据交通部的有关文件规定和《注册建造师管理规定》（建设部令第153号），在征求了业内专业人员意见的基础上编制而成，并经行业主管行政部门的审核，由建设部建市〔2007〕171号发布执行。

2) 本表所列规模为大、中型工程项目的负责人，必须由本专业一级注册建造师担任。

3）化学品、油、气等危险品码头工程无论规模大小，项目负责人必须由本专业一级注册建造师担任。

4）港口与航道工程规模的划定，一方面必须适应国家经济建设发展的需求，同时也是我国港口与航道工程建设能力、水平现状的反映，因此，随着国民经济的发展和港航工程建设向大型化、深水化、外海化的发展，工程规模的划定也将随之而变化，而且将有新的项目补充。因此，工程规模标准的划定，将是一项动态的工作。本表所列工程规模标准反映的是当前行业所达到的平均水平。

5）该工程规模标准，是反映、评价相应建造师、项目负责人、工程技术人员能力、业绩、水平的根据之一，也是选派项目负责人要考虑的因素之一。

3.2 港口与航道工程执业的范围

（1）港口与航道工程执业工程范围包括：

1）沿海码头工程；

2）内河码头工程；

3）防波堤工程；

4）围堤护岸工程；

5）港区堆场工程；

6）船坞工程；

7）船台滑道工程；

8）航电枢纽工程；

9）船闸工程；

10）升船机工程；

11）沿海航道工程；

12）内河航道工程；

13）疏浚工程；

14）吹填造地工程；

15）水下炸礁、清礁工程；

16）按单项工程合同额归类的沿海大中型工程；

17）按单项工程合同额归类的内河大中型工程。

（2）以上17类工程范围内的具体项目内容包括：

土石方、地基基础、预拌商品混凝土、混凝土预制构件、消防设施、建筑防水、防腐保温、附着脚手架、爆破与拆除、港口装卸设备安装、航运梯级设备安装、水上交通管制、水工建筑物及其基础处理、水工金属结构制作与安装、船台、船坞、滑道、航标、灯塔、栈桥、人工岛、筒仓、场地道路及陆域建筑物、围堤、护岸、特种专业。

3.3 港口与航道工程施工管理签章文件目录

港口与航道工程施工管理签章文件目录（试行）列于表 3-2 中。

序　号	工程类别	文件类别	文件名称
1	沿海码头工程	施工组织管理	项目管理目标责任书
			项目管理实施计划
			施工组织设计报审表
			主要施工方案报批
			劳动力计划表
			特殊或特种作业人员资格审核表
			大型船机设备备案表
			工程动工报审表
			工程延期报审表
			工程停工、复工、竣工报审表
			与建设、设计、监理单位的联系函
			工程保险委托书
		施工进度管理	总进度计划报审表
			单位工程进度计划（分部、分项）报审表
			年、季、月进度计划表
			工期索赔申报材料
		合同管理	工程分包合同
			劳务分包申报表、劳务分包合同
			材料采购总计划表
			工程设备采购总计划表
			工程设备、关键材料招标书和中标书
			合同变更和索赔申请报告
		质量管理	主要隐蔽工程、重要（关键）分部工程质量验收记录
			单位工程竣工预验收报验
			单位工程质量控制资料核查记录
			单位工程安全和功能检查资料核查及主要功能抽查记录
			单位工程感观质量检查记录
			有见证取样和送检见证人备案书
			中间验收报告
			工程验收报告
			质量事故调查处理报告
			工程资料移交清单
			工程质量保证书
		安全管理	工程项目安全生产责任书
			分包安全管理协议书
			施工安全技术措施及安全事故应急预案
			大型船机设备检验、使用记录
			施工船舶防风、防台预案
			施工现场安全事故上报、调查、处理报告
		现场环保文明施工管理	施工环境保护措施及管理方案
			施工现场文明施工措施

序 号	工程类别	文件类别	文件名称
1	沿海码头工程	成本费用管理	成本计划申报表
			工程款支付申请表
			工程变更费用报审表
			费用索赔申请表
			费用变更申请表
			月工程进度款报审表
			竣工结算申报表
			债权、债务总表
			工程结算审计表（法律纠纷事务申诉用）
			工程保险（人身、船机设备、运输等）申报表

1) 港口与航道工程一级注册建造师执业签章文件目录（试行）以"沿海码头工程"为例列出。港口与航道工程执业工程范围内的其他工程，如：内河码头工程、防波堤工程、围堤护岸工程、港区堆场工程、船坞工程、船台滑道工程、航电枢纽工程、船闸工程、升船机工程、沿海航道工程、内河航道工程、疏浚工程、吹填造地工程、水下炸礁和清礁工程、按单项工程合同额归类的工程、按单项工程合同额归类的内河工程等港口与航道专业工程的签章文件目录参照执行。

2) 港口与航道工程一级执业签章文件目录是根据《注册建造师管理规定》（建设部令153号），在水运工程建设行业协会的领导下，结合港口与航道工程注册建造师执业工程范围和《水运工程施工质量管理统一用表目录》编制而成，并经行业主管行政部门的审核，由建设部建市〔2008〕42号文发布执行。

3) 本港口与航道工程执业签章文件目录（试行），是需要担任工程项目负责人（项目经理）的执业签章的最基本的文件，在施工中，对超出本"目录（试行）"所列范围的签章文件，仍以《水运工程施工质量管理统一用表目录》为准执行。

4) 在施工过程中，遇有业主要求使用其他的签章文件目录系统时（包括业主自行编制执行的目录系统），应在尊重业主意见的基础上，充分协商统一后执行。

5) 为简化项目负责人在文件上的签章，已将"目录（试行）"中所列文件的签章程序统一进行了表格化处理，项目负责人应将"目录（试行）"与《注册建造师施工管理签章文件样表》对应使用，在相应文件的签章表格上"项目负责人"的位置签章即可。